DEVELOPMENT DILEMMA

AND
SOLUTIONS IN LATIN AMERICA

王效云 著

拉美国家的
发展困境与出路

演 化 发 展 经 济 学 的 视 角

FROM THE PERSPECTIVE OF
EVOLUTIONARY DEVELOPMENT
ECONOMICS

社会科学文献出版社
SOCIAL SCIENCES ACADEMIC PRESS (CHINA)

摘　要

本书试图用演化发展经济学的理论，解读拉美国家的经济发展困境。在20世纪70年代，拉美国家曾是最有希望实现对发达国家赶超的发展中国家。然而，20世纪80年代爆发的债务危机，似乎证明拉美国家曾经的辉煌只不过是昙花一现，危机打断了之前良好的赶超势头，并造成其经济发展模式发生大转型。人们因危机爆发而否定之前的进口替代工业化发展模式，寄希望于新自由主义的发展模式。然而，新自由主义没能将拉美国家重新拉回到赶超轨道上，反而使拉美国家经济长期在低水平徘徊，而且危机和动荡不断，拉美国家随之落入所谓"中等收入陷阱"的困境之中。与此同时，贫富两极分化加剧，社会矛盾进一步激化。不满于新自由主义的失败，21世纪以来，拉美一些国家开始探索新的发展道路，其中以委内瑞拉的21世纪社会主义最为突出，这一新的发展理论和模式将矛头指向积怨已深的社会矛盾，试图通过再分配领域的改革缓和社会矛盾、减少贫困。在经济领域则实行国有化，将重要部门的私有产权变为国有产权，以便重新分配社会财富。这一发展模式在21世纪最初十年展现出颇具希望的势头之后，很快归于沉寂了，这些国家陷入更深的混乱之中。拉美国家的人民从来没有放弃改变命运的努力，他们对有可能改变落后现状的理论和模式抱有极大热情，拉美国家因此被称为发展经济学理论的试验田。然而，拉美国家至今仍没有找到那条能真正实现赶超的正确发展道路。为什么自进口替代工业化以来的所有发展模式，在拉美国家都失败了？如何看待拉美国家面临的发展困境？摆脱发展困境的突破口和出路在哪里？本书以演化发展经济学的发展观为指导，采用较长时期的历史视角，对拉美国家进口替代工业化时期以来的发展模式进行剖析，得出结论：生产方式或曰生产结构是拉美国家陷入低增长困境的根源。低端的、远离技术中心的生产结构，使拉美国家缺乏对知识、技术和创新的内在需求，无法启动技术和创新这一经济增长的发动机；这些低端的生产活动都是报酬不变或报酬递减的，产品市场基本都是完全竞争的，难以为国民福利的增加提供基础；这些生产活动生产环节少、产业链条短，提供的就业岗位有限，也难以形成产业间的协同。造成这种生产结构的原因，在于20世纪90年代以来的新自由主义改革使拉美国家在工业化完成之前，就放弃了对高端产业的保护和扶持，按照比较优势原则进行专业化分工和生产。进口替代工业化时期的失败，不是因为政府对经济的选择和干预（对于发展中国家来说，政府干预是实现赶超和发展的前提），而是因为政府干预的方式和方向出现偏差，拉美国家没有真正建立起本国具有竞争力的高端产业和与之相应的技术能力。对于拉美国家来说，要突破经济发展困境，就要在生产领域谋求大变革，综合借助产业政策、贸易政策和技术政策等有利于生产和创新的工具，建立和发展高质量的生产活动，改变当前的生产结构。

目 录

导　论……………………………………………………………………… 001

第一章　拉美国家的发展困境：穿透历史与思想的迷雾…………… 007
　第一节　拉美国家发展困境的历史考察…………………………… 007
　第二节　对拉美各阶段经济发展主导思想的反思和评价………… 017

第二章　演化发展经济学的分析框架………………………………… 031
　第一节　演化发展经济学的经济发展机制和逻辑………………… 031
　第二节　市场的创造、培育和保护——发展的起点和动力……… 048
　第三节　知识、创新与技术——发展的核心驱动力……………… 053
　第四节　制度与政策——发展的保障……………………………… 059
　小　结……………………………………………………………… 064

第三章　从市场的角度看拉美土地改革的历史性延误与经济发展困境
　……………………………………………………………………… 066
　第一节　拉美国家的市场特征……………………………………… 067
　第二节　制约市场扩张的背后因素——土地改革的延误与失败… 084
　小　结……………………………………………………………… 107

第四章　技术在拉美国家中的地位与作用 …………………………… 109

　　第一节　拉美地区科技发展状况 ………………………………… 110

　　第二节　技术进步与经济增长的实证考察 …………………… 143

　　小　结 …………………………………………………………… 153

第五章　制约生产和技术的制度与政策 ………………………… 155

　　第一节　简要的分析框架 ……………………………………… 155

　　第二节　需求侧的考察 ………………………………………… 159

　　第三节　供给侧的考察 ………………………………………… 170

　　小　结 …………………………………………………………… 190

第六章　结论与启示 ………………………………………………… 194

　　第一节　对拉美国家发展困境的认识 ………………………… 194

　　第二节　从拉美国家经验中获得的启示 ……………………… 200

参考文献 ……………………………………………………………… 208

导　论

各国经济在起步时期都会经历一段由要素投入增加所带来的粗放式经济增长阶段，例如，持续了三个多世纪的英国"圈地运动"和长达一个世纪的美国"西进运动"，以及"东亚小虎"的经济起飞[①]。由于之前闲置的要素投入使用，以及要素的利用率提高，经济会获得较高速的增长。随着闲置要素潜力发挥殆尽和报酬递减效应的显现，必须进行相应的结构调整和制度变革，否则这一初始的经济快速增长势头将难以持续。1978 年改革开放以来，中国经济发展潜力极大释放，1979~2010 年，中国经济以年均 10% 的增长率高速增长了 30 多年。中国自 2010 年步入中高收入国家行列以来，经济的结构性障碍已经开始显现。受结构因素制约以及 2008 年国际金融危机的影响，中国经济增长速度自 2011 年开始放缓，由 2010 年的 10.6%，下降为 2011 年的 9.5%，2012 年进一步放缓至 7.86%，2015 年跌破 7%，降为 6.9%，此后三年保持在这一水平附近。中国经济"换挡降速"，告别了过去三十多年的高速增长，进入中高增速的"新常态"，经济结构转型调整压力增大。与此同时，城乡居民之间和地区之间收入差距增大、资源环境瓶颈显现、腐败和社会冲突加剧等社会问题开始凸显。

历史上由低收入跨入中等收入的经济体相对较多，而由中等收入进一步迈入高收入行列的经济体非常少。2013 年世界银行和中国国务院发展研究中心联合课题组发布的《2030 年的中国：建设现代、和谐、有创造力的社会》指出，在 1960 年的 101 个中等收入经济体中，到 2008 年只有 13 个成为高

[①] 美国教授保罗·克鲁格曼（Paul R. Krugman）曾撰文指出，东亚几只"小老虎"的经济高速发展，靠的是投入增加而非效率提高，因而不能持久，有朝一日将会遇到经济学所说的"报酬递减"问题，甚至会像苏联那样经济陷入停滞，因而根本就没有什么"东亚奇迹"，所谓"东亚奇迹纯属夸大其词"。此观点曾引起学术界激烈的讨论。见李晓：《东亚奇迹与"强政府"：东亚模式的制度分析》，经济科学出版社，1996，第 8、13 页；吴敬琏：《"东亚奇迹"的政策根源和克鲁格曼教授的挑战》，《改革》1995 年第 2 期，第 5~6 页。

收入经济体，它们是欧洲的希腊、爱尔兰、葡萄牙、西班牙，亚洲的日本、韩国、新加坡、中国香港、中国台湾、以色列，北美洲的波多黎各，非洲的赤道几内亚和毛里求斯。[①] 根据 2018 年世界银行对世界经济体的收入分类，2009~2018 年，又有 15 个经济体由中等收入跨越到高收入阶段。其中 9 个位于拉丁美洲，分别是智利、巴拿马、乌拉圭、圣基茨和尼维斯、特克斯和凯科斯群岛、英属维尔京群岛、库拉索岛、圣马丁（荷）和法属圣马丁；4 个位于欧洲，分别是波兰、拉脱维亚、立陶宛、直布罗陀；其他两个分别是非洲的塞舌尔和大洋洲的帕劳。此外还有一个经济体由高收入下降为中等收入，即非洲的赤道几内亚。其他中等收入经济体中，除阿拉伯叙利亚共和国由下中等收入下降为低收入阶段外，其他都继续在中等收入阶段徘徊，迟迟不能进入高收入行列。[②] 停留在中等收入阶段的国家之多、持续时间之长，似乎说明在中等收入阶段更难实现经济增长。这有多方面客观因素，第一，制度与结构的路径依赖和调整的滞后性。马克思主义政治经济学指出，生产力决定生产关系，生产关系促进或阻碍生产力的发展。新的生产关系建立时是基本适应生产力的要求的，但当生产力发展到一定程度之后，原有的生产关系就成为生产力进一步发展的桎梏，必须进行相应的变革，以重新适应生产力的发展。人均收入 10000 美元时的经济结构与制度要求必然不同于人均收入 1000 美元时的情形。生产关系与生产力相比，具有相对稳定和保守的特质，用制度经济学的观点来说，就是制度和生产结构都具有路径依赖性，其调整必然滞后于生产力发展的需要。因此当一国实现收入阶段的跨越时，原有的相对落后的制度与生产结构通常会阻碍经济的持续发展。此时，制度变革和结构调整的时机与成效将决定一国能否顺利完成经济转型，实现经济的持续增长。而制度变革和结构调整都是系统性工程，具有长期性，进一步增加了经济转型的难度。第二，前期发展所积累的社会问题威胁经济发展的

---

① 世界银行和国务院发展研究中心联合课题组：《2030 年的中国：建设现代、和谐、有创造力的社会》，中国财政经济出版社，2013 年。

② 根据世界银行 2019 年排名得出，https://datahelpdesk.worldbank.org/knowledgebase/articles/378833-how-are-the-income-group-thresholds-determined。

社会环境。赶超阶段的国家通常会牺牲一定程度上的公平目标，而把效率即劳动生产率的提高和经济增长放在优先地位。例如中国改革开放之初，邓小平同志就提出让一部分人先富起来，先富带动后富，最终实现共同富裕的发展目标。1993 年的十四届三中全会进一步提出"效率优先，兼顾公平"的收入分配原则。但随着经济的增长，贫富分化问题愈加严重，社会矛盾增加，积累到一定程度则有可能危害社会稳定，损害经济发展的根基。第三，法治化和民主化的提高有时也可能影响效率。与经济增长伴随发生的，通常是教育的普及、公民受教育程度的提高和公民政治参与意愿增强，以及政治民主化、社会法治化程度的提高。这一方面是社会进步的积极因素，但就对经济增长的影响而言，有时也会带来社会治理成本的增加和决策流程的延长，进而影响效率。

针对中等收入国家的发展困境，世界银行在《东亚经济发展报告（2006）》中提出了"中等收入陷阱"的概念，指一个经济体迈入中等收入阶段以后，既不能继续发展又难以摆脱以往的增长模式，经济出现大幅波动甚至基本停滞，陷入增长的困境而难以自拔。这时该经济体如果不能抓住时机进行发展方式的转变，就容易在中等收入阶段徘徊不前。[①] 正如世界银行东亚与太平洋地区高级经济学家米兰·布拉姆巴特（Milan Brahmbhatt）指出的："中等收入陷阱"的概念是，使各国赖以从低收入国家成长为中等收入国家的战略，对于它们向高收入攀升是不够的。从历史上看，几乎没有哪个国家实际驾驭了出现的复杂的技术、社会和政治挑战。[②] 尽管由于缺乏理论依据、世界银行划定的收入分类依据不够严格[③]、对中等收入陷阱的概念

[①] 郑秉文主编《中等收入陷阱：来自拉丁美洲的案例研究》，当代世界出版社，2012，序言一。

[②] 《东亚要摆脱中等收入陷阱》，《国际融资》2007 年第 5 期。

[③] 根据世界银行的分类标准，高收入门槛与中等收入门槛之比高达 12.5 倍。如果要在 20 年内完成这一进程，需要人均国民收入年均增长 13.5%；如果要在 50 年内完成这一进程，需要人均国民收入年均增长 5.2%。这样长时期的增速是人类历史上罕见的，这样看来，不能在 50 年内跨越中等收入阶段似乎是正常现象。见姚枝仲：《什么是真正的中等收入陷阱?》，《国际经济评论》2014 年第 6 期。

缺乏严格的限定和可操作性的识别方法等原因，这一概念在提出之后受到了诸多质疑[1]，但其对于处于中等收入阶段的国家和地区的长期可持续发展仍然具有重要的警示意义。

对中国是否会落入中等收入陷阱的讨论始见于世界银行 2007 年的《东亚经济半年报》。报告指出，东亚摆脱中等收入陷阱所面临的首要挑战是以可持续的方式维持高速增长。在中国，这意味着要采取新的策略来应对严重的环境问题以及过去 20 多年的快速增长带来的其他压力和不平衡。[2] 同年，蔡昉撰文指出中国的"刘易斯转折点"近在眼前，变化了的经济发展环境迫切地提出了经济增长方式转变的要求。[3] 2010 年中国人均国民收入突破 4000 美元跨入上中等收入阶段之后，社会各界对这一问题的关注越来越多。特别是 2012 年以来中国经济告别 30 多年年均 10% 左右的高速增长，进入中高增速之后，对这一问题尤为关注。他山之石可以攻玉，对国际经验的考察和借鉴成为一个重要的研究方向。我们既要学习跨越中等收入陷阱的发达经济体的成功经验，也要对落入中等收入陷阱的经济体进行深入研究，汲取教训，避免走同样的弯路。针对后者，拉美国家成为我们进行国际经验分析的重点案例。

拉丁美洲是中等收入经济体最集中的地区。大多数拉美国家早在 20 世纪六七十年代就已经摆脱贫困陷阱跨入中等收入阶段，例如，阿根廷、墨西哥、巴西和哥伦比亚这几个拉美重要经济体分别于 1962 年、1974 年、1975 年和 1979 年迈入中等收入阶段。它们在中等收入阶段滞留的时间已分别长达 62 年、50 年、49 年和 45 年，且至今看不到跨越中等收入阶段的迹象。尽管最近几年有少数拉美国家跨入高收入阶段，但这几个国家也曾长时期徘

---

[1] 见刘福垣：《中等收入陷阱是一个伪命题》，《南风窗》2011 年第 16 期；江时学：《真的有"中等收入陷阱"吗》，《世界知识》2011 年第 7 期；江时学：《"中等收入陷阱"：被"扩容"的概念》，《国际问题研究》2013 年第 2 期；徐康宁：《"中等收入陷阱"：一个值得商榷的概念》，《中国社会科学报》2012 年 3 月 26 日；杨承训、张新宁：《科学运用"两期论"把握阶段性特征——兼析"中等收入陷阱"论的非科学性》，《政治经济学评论》2012 年第 1 期；方烨：《刘伟：警惕中国进入"中等收入陷阱"》，经济参考报，http://www.jjckb.cn/dspd/2011-05/23/content_ 320365.htm，2011 年 5 月 23 日。

[2] 《东亚要摆脱中等收入陷阱》，《国际融资》2007 年第 5 期。

[3] 蔡昉：《"刘易斯转折点"近在眼前》，《中国社会保障》2007 年第 5 期。

徊在中等收入阶段,比欧洲和亚洲部分发达经济体用了更多时间实现高收入。① 实际上中等收入陷阱的概念就是世界银行基于拉美和中东地区的经验提出的。而在这一概念出现之前,自 21 世纪初开始,就有学者针对拉美国家 20 世纪 80 年代以来发生的大面积、普遍化的经济增长停滞、倒退,现代化进程中断,过度城市化,贫富分化严重,社会动荡不安等经济和社会现象,提出"拉美化""拉美陷阱"的概念,担心中国会步拉美国家后尘,出现贫富两极分化、社会矛盾激化、现代化进程陷入困境、经济社会发展长期徘徊不前等问题。

对中国的上述担忧不无道理,特别是最近几年,中国经济面临的外部和内部环境都很严峻。外部而言,新冠疫情拖累全球经济陷入衰退,以意识形态划界的保护主义上升,逆全球化力量进一步增强,俄乌冲突、巴以冲突的爆发以及由此激发的矛盾,冲击着原有的国际经济秩序和全球经济治理体系,全球经济面临的形势更加复杂严峻,不确定性不稳定因素进一步增加;内部方面,改革进入深水区,结构转型压力增大。因此,研究作为发展中国家现代化之路先行者的拉美国家的经验教训具有重要意义。

无论是"中等收入陷阱",还是"拉美化",其作为一种概念界定并不

---

① 亚洲发达经济体由中等收入迈入高收入平均用时最短,日本、中国香港、新加坡和韩国分别用了 7 年、7 年、8 年和 11 年。欧洲的西班牙十年间(1969~1978 年)实现了由中等收入向高收入行列的跨越;意大利 1963 年达到中等收入水平,1975 年成为高收入国家,用时 13 年;葡萄牙 1971 年达到中等收入水平,1987 年进入高收入行列,用时 17 年。而拉美的几个经济体从中等收入跨入高收入行列用时都超过了 30 年。例如智利 1971 年进入中等收入行列,2012 年跨入高收入行列,用了 42 年;乌拉圭 1973 年跨入中等收入行列,2012 年跨入高收入行列,用了 40 年;巴哈马、特立尼达和多巴哥、巴巴多斯分别用了 30 年、33 年和 36 年。而且智利、巴拉圭和巴拿马都是最近几年进入高收入行列的,其是否能长期保持在这一阶段还有待观察。例如阿根廷就曾在 2014 年和 2017 年两度跨入高收入行列,但随后又跌回中等收入行列。克罗地亚和匈牙利也曾在跨入高收入行列之后又短暂回落到中等收入行列。参考 How are the income group thresholds updated? 世界银行网站,https://datahelpdesk. worldbank. org/knowledgebase/articles/378833 – how – are – the – income – group – thresholds-determined;郑秉文:《"中等收入陷阱"与中国发展道路——基于国际经验教训的视角》,《中国人口科学》2011 年第 1 期;郑秉文主编《中等收入陷阱:来自拉丁美洲的案例研究》,当代世界出版社,2012,第 127 页。

科学严谨①，但最本质的一点是明确的，即发展困境，反映的都是发展中国家在赶超过程中遇到的困境和赶超的前景问题。传统的经济增长理论认为，随着时间的推移，穷国的人均收入将向富国收敛。而现实中，穷国与富国之间的差距不仅没有缩小，反而继续扩大了。穷国富国的分化自古有之，在漫长的农耕文明时期，无论穷国还是富国的经济发展都很缓慢，穷国与富国之间的差距很小。自18世纪60年代始于英国的工业革命将人类社会带入工业文明以来，工业国家的生产力极大提高，与农业国家之间的差距急速拉大。根据经济史学者安格斯·麦迪森（Angus Maddison）的估算，在1700年，按购买力平价计算的人均收入，最富的国家荷兰（2130美元）是最穷的国家南非（415美元）的5倍。到1900年，最富的国家（英国）的人均收入是当时最穷的国家（中国）的8倍，而到了2008年，这一比例增大到了125倍（美国与刚果）。巨大的差距也显示了当今世界发展中国家实现赶超，比历史上其他时期更为困难。拉美国家在20世纪早期就已经达到相对较高的收入水平，根据麦迪森的估算，1920年最发达的美国的人均收入（根据购买力平价计算）是当时阿根廷的1.60倍、智利的2.01倍、乌拉圭的2.08倍、墨西哥的3.05倍、秘鲁的4.53倍、哥伦比亚的4.42倍、巴西的5.77倍、委内瑞拉的4.73倍。1950年美国人均收入是当时阿根廷的1.92倍、智利的2.61倍、乌拉圭的2.05倍、墨西哥的4.04倍、秘鲁的4.14倍、哥伦比亚的4.44倍、巴西的5.72倍、委内瑞拉的1.28倍。到2008年，美国人均收入是阿根廷的2.84倍、智利的2.36倍、乌拉圭的3.15倍、墨西哥的3.91倍、秘鲁的5.79倍、哥伦比亚的4.93倍、巴西的4.85倍、委内瑞拉的2.94倍。这期间，大多数拉美国家与美国之间的收入差距都进一步扩大了。我们不禁要问，拉美国家实现赶超的困境究竟是什么？是制度的问题、文化的问题、资源的问题，还是教育的问题？发展中国家如何才能实现赶超，顺利完成现代化进程？经济和社会学界对此已经给出了诸多解释，本书将试图给出演化发展经济学的另一种解释。

---

① 例如，对于"拉美化"就有多种解读，包括政治动荡、社会分配不公、社会危机频发、外资主导和对外依附、民粹主义和新自由主义等，见曾昭耀：《拉丁美洲发展问题论纲——拉美民族200年崛起失败原因之研究》，当代世界出版社，2011，第1~16页。

第一章　拉美国家的发展困境：
穿透历史与思想的迷雾

第一节　拉美国家发展困境的历史考察

从 15 世纪末哥伦布通过大航海发现美洲开始，美洲人民平静原始的生活被打破，美洲大陆被融入欧洲列强主导的世界经济体系之中。在 15 世纪末到 19 世纪漫长的三百多年间，美洲大陆都是作为欧洲列强的殖民地存在，为宗主国提供源源不断的金银等贵金属和矿产品，以及棉花、蔗糖、咖啡等农产品，以供宗主国发展生产和消费使用，同时从宗主国进口纺织品等工业制造品。宗主国不希望殖民地发展制造业，丧失了经济自主权的美洲国家也就谈不上经济发展，只是一直在为欧洲宗主国"担水劈柴"。根据麦迪森的估计，整个殖民时期拉美经济发展十分缓慢，1500 年拉美国家的人均 GDP 为 416 美元，1600 年为 438 美元，1700 年为 527 美元，1820 年为 691 美元。[①] 19 世纪初以来拉美国家陆续独立，但独立之初的几十年拉美各国普遍经历了政治动荡和经济停滞，直到 1850 年（部分国家到 1870 年）[②]，拉美各国才形成比较稳定的国内政治环境，为民族经济的建立和发展创造了必要条件。

自此开始，根据经济发展指导思想的不同，可以将拉丁美洲现代化进程的探索划分为四个阶段，分别是初级产品出口导向时期、进口替代工业化时期、新自由主义时期、21 世纪新的探索时期。每个发展阶段都由不同的经济发展观所指导，每个阶段取得的经济发展成效也差异很大。

---

① http://www.ggdc.net/maddison/oriindex.htm.
② 根据麦迪森的估算，1820~1870 年，拉美八个最主要的经济体（阿根廷、巴西、智利、哥伦比亚、墨西哥、秘鲁、乌拉圭和委内瑞拉）的人均 GDP 增长近乎停滞，由 1820 年的 712 美元增加到 1870 年的 742 美元，50 年共增长了 30 美元。

一 初级产品出口导向时期

第一个阶段是 19 世纪 50 年代到 20 世纪 30 年代的初级产品出口导向型的经济发展阶段。拉美国家的初级产品出口发展模式是在特定的历史条件下形成的。

第一，经济发展理论上，始于亚当·斯密的自由市场理论成为当时的主流经济发展理论，指导了各国发展道路的选择。亚当·斯密 1776 年就发表了《国富论》，但在发表之后的若干年内都没有受到很大的关注。18 世纪末 19 世纪初，英国崛起为领先国家之后，开始在世界范围内大力推崇亚当·斯密的自由市场学说，才使其获得主流经济理论的地位。

第二，统一国际市场的形成和自由贸易的国际市场环境。19 世纪上半叶英国巩固了通过工业革命获得的世界领先国地位之后，率先扛起了自由贸易的旗帜，引领了世界自由贸易进程，并掀起了人类历史上第一轮自由贸易的浪潮。

第三，殖民经济"遗产"。长达三个世纪的欧洲殖民统治，塑造了拉美国家出口原材料和初级产品、进口工业制成品的经济基础。

因此，在世界主义的自由市场理论指导下，拉美国家延续了殖民时期的初级产品出口导向的经济模式，只不过独立后的拉美国家拥有了生产和贸易的自主权，贸易对象也由原来的宗主国扩大到更广范围的工业国家。①

1850 年至一战爆发前的 1913 年，拉美国家经历了一段较长时期的初级产品出口繁荣②，初级产品出口量大幅增长，贸易条件持续改善，拉美国家的出口收入大幅度增加。按 1900 年美元计，1870～1913 年拉美八国③的人

---

① 主要是英国、德国、法国和美国四个国家，19 世纪最后 25 年间，四国占世界进出口总量的 60% 左右，在拉美对外贸易中起着主导作用。见维克托·布尔默-托马斯：《独立以来拉丁美洲的经济发展》，张凡、吴洪英、韩琦译，中国经济出版社，2000，第 65 页。

② 这主要是由如下几种因素推动。第一，发达国家工业化的发展促进了对原材料前所未有的进口需求。第二，发达国家的工业化导致资源配置由农业转向制造业、农业人口向城市迁移，以英国废除《谷物法》为代表的农业贸易自由化，导致自拉美进口农产品的需求增加。第三，由贸易保护向自由贸易的转换，在拉美国家与英国等国的贸易中，产生了贸易创造效应。见维克托·布尔默-托马斯：《独立以来拉丁美洲的经济发展》，张凡、吴洪英、韩琦译，中国经济出版社，2000，第 65 页。

③ 指阿根廷、巴西、智利、哥伦比亚、墨西哥、秘鲁、乌拉圭、委内瑞拉。

均出口收入由 9 美元增加到 20 美元，年均增长率为 1.88%。^① 但这并不意味着所有国家都获得同样的增长。出口导向型经济发展的核心是出口的增长和出口产品多元化，这两方面表现最突出的是阿根廷和智利。1850～1912年，阿根廷的出口以年均 6.1% 的速度稳定增长，智利则以 4.3% 的速度稳定增长。根据麦迪森的估算，在统计的六个拉美主要经济体中，四个实现了与头号发达国家英国之间的收入收敛，即阿根廷、智利、墨西哥和委内瑞拉四国；巴拉圭不变；而巴西与英国的收入差距扩大了。^②

1914 年第一次世界大战爆发中断了拉美国家的出口繁荣，自拿破仑战争以来发展的国际贸易和支付体系陷入混乱中，旧的国际经济秩序已经消亡，新的国际经济秩序又很不稳定，这使像拉美这样的边缘地区成了 20 世纪 20 年代末国际贸易萎缩和国际资本流动迟滞的严重受害者。^③ 虽然出现了 1922～1929 年短暂的出口繁荣，但紧接着就被 20 世纪 30 年代的世界经济大萧条所打断，国际贸易保护主义卷土重来，各国高筑贸易壁垒，国际贸易环境持续恶化。与此同时，由于初级产品缺乏供应弹性、技术进步导致替代产品的出现，以及受恩格尔定律支配的食品消费增长缓慢等因素的影响，原来有利的贸易条件持续恶化，如以 1913 年为基数 100，1926 年降为 70，1933 年降至 63。^④ 此外，来自发达国家的资本流入也大幅降低。多重因素影响下，拉美国家的出口额锐减，进口能力急剧下降^⑤，由出口收入支撑的

---

① 谢文泽：《拉美地区的产业结构与"中等收入陷阱"：基于美、日的比较分析》，载郑秉文主编《中等收入陷阱：来自拉丁美洲的案例研究》，当代世界出版社，2012，第 172 页。

② 根据麦迪森的估算数据，1870 年英国的人均收入是阿根廷的 2.4 倍、巴西的 4.5 倍、智利的 2.5 倍、墨西哥的 4.7 倍、乌拉圭的 1.5 倍、委内瑞拉的 5.6 倍，1913 年相关数字分别为 1.3 倍、6.1 倍、1.6 倍、2.8 倍、1.5 倍和 4.5 倍。http://www.ggdc.net/maddison/oriindex.htm。

③ 维克托·布尔默-托马斯：《独立以来拉丁美洲的经济发展》，张凡、吴洪英、韩琦译，中国经济出版社，2000，第 185 页。

④ 苏振兴主编《拉丁美洲的经济发展》，经济管理出版社，2000，第 57 页。

⑤ 根据联合国拉美经济委员会提供的资料，以 1925～1929 年为基数 100，1930～1934 年，拉美的出口量下降 8.8，贸易比价下降 24.3，进口能力下降 31.3；1935～1939 年，又分别下降 2.4、10.8 和 12.9。见苏振兴主编《拉丁美洲的经济发展》，经济管理出版社，2000，第 58 页。

公共财政陷入困境，绝大多数拉美国家停止了公共债务的还本付息，陷入严重的债务危机和经济危机，国内经济遭受重创，初级产品出口导向的经济发展模式难以为继。

二 进口替代工业化时期

20 世纪 30 年代到 80 年代的进口替代工业化时期是拉美国家现代化进程的第二个阶段。与初级产品出口导向发展模式的自主选择不同，拉美国家的进口替代工业化模式最初是无奈选择。如上所述，20 世纪 30 年代的世界经济大萧条使拉美国家出口收入锐减，形成外汇短缺的局面，不得不减少对发达国家的工业制成品进口，而国内的需求则被迫通过国内生产来满足。

部分国家在此前的初级产品出口导向时代就开始发展工业了，比如阿根廷、巴西、墨西哥和智利四国于 19 世纪晚期，哥伦比亚于 1910 年左右开始了工业的起步。这时的工业主要是由出口部门的发展和需求引致的，其效果因出口产品的不同而差异很大。比如矿产品生产具有高度的资本和技术密集型特征，与产业的前向和后向关联很小，而且为采矿业服务的基础设施也高度专业化，因此，采矿业通常是一国经济的飞地，对工业化的培育效果有限。典型的国家如智利，该国 1929 年时工业化系数（工业产值占国内生产总值的比重）为 7.9%。而温带农产品的生产因涉及的地域广阔，需要建立庞大的运输系统，有助于国内统一市场的形成，但其生产流程短，生产工艺比较简单，与产业的前向和后向关联也不大，只能带动简单的工业化。代表性国家为阿根廷，该国 1929 年时的工业化系数为 22.8%，是当时拉美国家工业化程度最高的国家。热带农产品对工业化的影响介于矿产品和温带农产品之间，典型国家如巴西，该国 1929 年的工业化系数为 11.7%。进入 20 世纪 30 年代，除几个有一定工业化基础的国家加大工业化的发展力度之外，乌拉圭、委内瑞拉和秘鲁等国也开始了工业化进程，只不过这一时期的工业化不是由出口扩大引致的，而是由出口部门的衰退或增长不足引起的结构问题导致的。而且，对比早期的工业化进程，在这一时期的工业化过程中国家发挥了主导作用，例如提供信贷支持、对民族工业实施保护政策、国家兴办工业等。到 20 世纪 50 年代之前，拉美国家的这种自发的进口替代工业化取得了一定的成效，各国的工业化发展水平差距进一步拉大。到 1950 年时，阿根廷、巴西、墨西哥三国的制造业产值占拉美地区制造业总产值的 72.4%，哥伦比亚、智利、秘鲁和委内瑞拉四国合计占 18.1%，其他拉美国家合计只占 9.4%。[①]

二战后，民族主义思潮席卷了世界各国。以劳尔·普雷维什（Paúl Prebisch）为代表的拉美经委会学者，在吸收其他发展思想，并总结拉美前期工业化成就的基础上，提出了拉美结构主义的发展思想，并指导了拉美国家 1950 年之后第二阶段的工业化。这一时期，拉美国家将自发的进口替代工业化自觉化和制度化，除了前期开启工业化的国家外，其他拉美国家也相继开始了进口替代工业化的道路，以期通过工业化摆脱对发达国家的依附和在国际分工中的不利地位。

1950~1980 年的进口替代工业化时期是拉美国家历史上经济发展最好的时期，拉美国家取得了连续 30 年持续、稳定的经济增长。1950~1980 年，拉美地区经济年均增长 5.6%，1980 年地区生产总值是 1950 年的 5 倍，同期人均国内生产总值年均增长 2.8%[②]，大部分拉美国家在这个时期都摆脱了"贫困陷阱"，率先进入中等收入阶段。经过 30 年的发展，拉美地区的经济结构发生了较大的变动。从 1950 年到 1980 年，拉丁美洲的农业产值增长了 1.8 倍，工业产值增长了 5.2 倍，其他部门的产值增长了 4.6 倍。农业产值在国内生产总值中的比重由 20.8% 下降为 11.1%，工业产值由 29.8% 增加到 35.6%，其他部门产值由 49.4% 增加到 53.3%。作为工业部门核心的制造业产值占国内生产总值的比重由 1950 年的 18.8% 增加到 1977 年的 25.2%。制造业本身的结构也发生重大变化，1950 年非耐用消费品、中间产品、耐用消费品和资本品在生产中的占比分别为 65.5%、23.3% 和 11.2%；1974 年这三个部门的比重分别为 40.3%、34.1% 和 25.6%。[③] 这样

---

① 苏振兴主编《拉丁美洲的经济发展》，经济管理出版社，2000，第 72 页。
② 苏振兴主编《拉丁美洲的经济发展》，经济管理出版社，2000，第 79 页。
③ 苏振兴主编《拉丁美洲的经济发展》，经济管理出版社，2000，第 78~81 页。

的结构变化是由 20 世纪 60 年代中期开始的进口替代工业化战略的调整带来的。部分拉美国家自那时开始逐步将工业生产的重心由非耐用消费品转向耐用消费品和资本品，例如汽车、家电、钢铁、化工、机械设备等。工业结构的重工业化是当时工业发达国家的特征，拉美国家这样的结构变化也被认为是工业发展水平提高的表现。

拉美国家进口替代工业化的发展有三个特点。一是制造业对跨国公司的依赖很大。[①] 二是在技术领域过分偏重于技术引进，比较忽视本国研制创新。三是工业化发展所需的资金很大部分来自外部资金，除了跨国公司的直接投资外，拉美国家还在国际市场上大规模举债。这导致如下后果：一是拉美国家对市场的保护很大程度上变成了对跨国公司的保护；二是本国技术创新能力提高不显著，难以摆脱对外国技术的依赖；三是没有形成互相支撑的良好产业循环，易受外国资本市场的影响。

这一时期的拉美国家曾与取得同样瞩目的经济发展成效的东亚国家一同被视为"经济奇迹"，作为发展中国家实现经济赶超的样本被研究和分析。正是因为对拉美国家普遍看好，1973 年石油危机后，大量石油美元源源不断地涌向拉美地区。大量低息贷款的涌入，使拉美国家对经济形势做出过于乐观的判断，包括石油出口国在内的拉美国家大量举债，大规模扩大公共开支，以期加速实现工业化。1981 年中期石油价格下跌之后，流入拉美的石油美元锐减，拉美国家外汇储备迅速下降，无法偿还到期本息，最终引发了债务危机。这一次债务危机，使拉美国家整个 20 世纪 80 年代都在经济衰退、居民收入水平下降、通胀高企、生产失序的泥潭中挣扎。为摆脱危机，拉美国家接受了国际货币基金组织等国际机构有条件的贷款和援助，进口替代工业化发展模式难以为继，被迫转为以新自由主义为主导的对外开放和自由化改革之路。

---

① 跨国公司在拉美制成品的出口中起关键作用。1973 年，跨国公司在阿根廷的制成品出口占 42%。1976 年，在巴西制成品的出口中，跨国公司占电器出口的 71%、运输器材出口的 94.7%、药品出口的 100%。见苏振兴主编《拉丁美洲的经济发展》，经济管理出版社，2000，第 82 页。

三 新自由主义时期

20 世纪 80 年代到 21 世纪初的新自由主义时期是拉美现代化进程的第三个阶段。这一时期拉美地区出现了两种发展的思潮。一种是新自由主义。这一理论认为，拉美爆发债务危机的原因是深层次的，诸如长期实行的进口替代工业化发展模式，使政府干预太多扭曲了市场激励，资源不能实现有效配置。新自由主义开出的药方是实行外向型的经济政策，大幅削减政府职能，严格财政纪律，放松政府管制，建立现代产权制度，进行私有化、自由化、对外开放的市场化改革。

另一种思潮是新结构主义。这一思潮是在新自由主义思潮在拉美国家大行其道的背景下出现的，是对拉美结构主义的继承和发展。新结构主义对结构主义的理论体系和政策主张进行了反思，同时批评了新自由主义的调整政策和结构改革方案。新结构主义认为拉美危机爆发的内在原因是产业结构的脱节和不均衡，以及收入分配的集中性。认为按照新自由主义政策，重新依据比较优势和市场原则参与国际贸易，将使拉美国家陷入贫困的专业化。新结构主义主张发挥国家的作用，把生产置于优先地位并创造动态比较优势，强调收入分配和社会公正，培育支柱产业，将技术进步作为结构调整的主攻方向，注重外部市场和内部市场的结合等。

拉美国家显然最终选择了新自由主义作为经济发展的指导理论，这有多方面原因。一是从 20 世纪 70 年代的滞胀开始，新自由主义理论战胜了凯恩斯经济学，成为世界经济的正统理论。在拉美学术界，新自由主义的思想也得到了广泛的推崇和传播。[1] 二是美国政府、国际货币基金组织和世界银行

---

[1] 例如，20 世纪 90 年代初美国学者福山的《历史的终结与最后的人》一书的西班牙语版在智利等国发行时，曾连续数周名列畅销书排行榜之首。福山认为，信奉国家干预或市场机制的不同意识形态经过长时期的较量和争论之后，自由市场经济终于取胜。在福山眼中，这象征着历史的终结。著名的秘鲁学者赫尔南多·德·索托（Hernando de Soto）于 20 世纪 80 年代后期出版了《另一条道路》。他在书中提出了政府应该减少对经济生活的干预和大力发展市场经济的主张。该书出版后立即在许多拉美国家成为畅销书。这些宣传新自由主义理论的著作经拉美媒体和学术界的炒作，影响不断扩大。见江时学：《新自由主义、"华盛顿共识"与拉美国家的改革》，《当代世界与社会主义》2003 年第 6 期，第 30~33 页。

对拉美施加压力。1985 年美国提出的 "贝克计划" 就是以新自由主义为基础的，认为拉美国家应该将国企私有化、开放国内市场、放松对外资的限制等。国际货币基金组织、世界银行等国际金融机构在给拉美国家提供贷款和援助时，通常也都附加新自由主义改革的条件。三是许多在拉美民主化浪潮中上任的领导人有在西方受教育的经历，比较容易接受市场经济理论和西方经济学的主张。[①]

20 世纪 80 年代上半期，拉美国家开启了以削减政府支出、货币贬值、提高利率为主的财政、汇率和货币政策的临时应急性调整。这一调整的目的主要是抑制高企的通胀、稳定经济，但结果不仅没有达到预期，反而是紧缩性的政策进一步抑制了投资[②]，拉美国家陷入更严重的衰退。从 20 世纪 80 年代下半期开始，拉美国家由前期的应急性调整转向结构改革（部分国家从 20 世纪 90 年代开始，如巴西）。经过改革，拉美国家大幅降低了贸易壁垒，降低对外资的限制，放宽外资进入的领域，将大量国有企业私有化，实施金融改革，开放资本市场，进行利率和汇率的市场化。改革取得了一定成效，但效果有限，同时也带来了其他问题。就投资来说，80 年代后半期投资率有所恢复，但在主要国家仍未恢复到 80 年代初的水平。1980~1990 年整个地区的投资实际下降了 25%，平均每年下降 3.2%。出口恢复增长，以 1988 年不变价格计算的全地区出口占 GDP 的比重由 1980 年的 11% 上升到 1990 年的 17%。但出口的产品仍以矿产能源和农产品等初级产品为主，制造业产品的出口能力下降了。进入 20 世纪 90 年代，拉美国家终于从 20 世纪 80 年代的持续衰退中走出来，经济开始恢复增长，但增长速度并不高，远远没有恢复到债务危机爆发前的水平。在新自由主义的信条下，国际资本市场看好拉美国家的

---

① 江时学：《新自由主义、"华盛顿共识" 与拉美国家的改革》，《当代世界与社会主义》2003 年第 6 期，第 30~33 页。

② 拉美国家的资本形成率（一定时期内的资本形成总额占国内生产总值的比重）大幅度下降，到 20 世纪 80 年代中期大多数拉美国家资本形成率下降到 20% 以下，与 1980 年的情况形成强烈对比，当年至少有 8 个国家的资本形成率超过 25%。见维克托·布尔默-托马斯：《独立以来拉丁美洲的经济发展》，张凡等译，中国经济出版社，2000，第 464 页。

经济改革前景，1991年大量短期和长期资金又开始流向拉美国家，推高了拉美国家的债务风险，增加了拉美经济的脆弱性。自1994年墨西哥爆发债务危机开始，拉美国家刚刚恢复不久的经济发展势头被打断，此后在短短的数年间又相继经受了多次金融危机的冲击①，拉美经济呈现剧烈的波动性。更严重的问题可能是，拉美国家出现了普遍的"去工业化"，失业工人涌入质量低下的服务业，造成了大量非正规就业。他们收入低且工作不稳定，缺乏社会保障，引发拉美国家持续的社会动荡。因此，到21世纪初，拉美国家进行了20多年的新自由主义改革基本宣告失败。②

四 21世纪新的探索

进入21世纪之后，一些国家开始了社会主义思潮和改革实践，例如委内瑞拉的21世纪社会主义、厄瓜多尔的21世纪社会主义、玻利维亚的社群社会主义，以及巴西的劳工社会主义③，其中以委内瑞拉的21世纪社会主义思潮为代表。这一发展思潮将矛头对准新自由主义和资本主义，倡导平等、民主和自由，认为社会分配不公、财富差距过大是拉美国家社会动荡和经济停滞的根源。试图通过社会主义的发展道路，提高所有公民的政治和社会地位，通过改革所有制、大幅提高对中低收入人群的再分配、为所有公民提供非歧视性的终身保障等社会改革来缓解社会矛盾，促进经济发展。为此，委内瑞拉开启了全面的政治、经济和社会改革。首先，委内瑞拉试图通过修改宪法改革所有制，改变私有制的优势地位，确立公有制、集体所有制和合作制的主导地位，但这一宪法修正案并没有在全民公投中通过。不过委内瑞拉还是进行了大规模的国有化改革，将能源、电力和电

---

① 分别是1994年墨西哥金融危机、1997年东南亚金融危机和1998年俄罗斯金融危机波及产生的巴西和厄瓜多尔货币危机，以及2001~2002年阿根廷金融危机。

② 经济学界如果还有共识，那就是对"华盛顿共识"失败的共识。见黄平：《中国与全球化：华盛顿共识还是北京共识》，社会科学文献出版社，2005。

③ 相较于其他几个国家较为激进的社会主义，巴西的劳工社会主义温和得多，其对待新自由主义的态度也不是全盘推翻，而是对其进行修改。

信等行业国有化。其次，进行土地改革，颁布《土地法》，规定政府有权收回或低价收购私人土地，进行重新分配，希望实现耕者有其田，并于2007年将大庄园200公顷空置土地收归国有。再次，开展广泛的社会改革，包括扶贫、实施新的社会保障制度，为所有公民提供非歧视性的终身保障等。委内瑞拉还实行了多项社会计划，为贫困人群提供住房、为中低收入人群购买食品提供补贴、扫除文盲并整体上提高了委内瑞拉各层次教育的普及率、建立国家公共卫生网络为所有公民提供健康医疗保障等。此外，还多次提高最低工资标准，使委内瑞拉成为拉美地区最低工资最高的国家。虽然委内瑞拉进行了激进的政治、经济和社会改革，但在生产结构方面变化不大。查韦斯曾在讲话中指出，委内瑞拉不应满足于石油出口，而要发展成为工业化国家，[①] 但该国显然将公平放在了效率之上。在21世纪最初十年，中国工业化的蓬勃发展带动大宗商品进入超级周期，价格大涨，委内瑞拉获得了大量石油美元，国家财富大幅增加。但这些收入没有被用来有效支持工业发展，而主要被投向再分配和社会保障等社会项目。在良好的国际环境下，这一项目显著改善了委内瑞拉普通民众的生活水平，大幅削减了贫困人口，查韦斯和21世纪社会主义也因此赢得群众的广泛支持和国际社会的赞誉。但随着2008年国际金融危机持续发酵，2011年以来大宗商品价格大幅下跌，以石油出口为主的委内瑞拉经济遭受重大冲击，石油收入锐减，难以支撑庞大的刚性再分配和社会保障等项目支出，继而爆发了严重的衰退和经济社会危机。其他几个实行所谓的社会主义改革的拉美国家也都因国内外各种条件的变化，庞大的社会保障和再分配支出难以为继，相继陷入了不同程度的危机。拉美的左翼力量由此开始锐减，在最近几年拉美国家的大选中，奉行市场化的右翼政府又重新占据优势地位。

---

① "委内瑞拉不应满足于石油出口，也应成为工业化的国家、农业国家、旅游国家，这一切，工业应起主导作用。"见朱继东：《查韦斯的21世纪社会主义》，社会科学文献出版社，2013，第34页。

第二节　对拉美各阶段经济发展主导思想的反思和评价

通过上述对拉美国家独立后 200 多年经济发展历程的简短回顾可以看出，在不同时期，拉美各国对经济增长和国民财富增加的动力具有不同的认识。本节将对各时期主导拉美经济发展的思想进行简要的评析。

一　比较优势理论评析

初级产品出口导向时期指导拉美国家经济发展的主要是古典自由主义理论体系下的比较优势理论。根据这一理论，在不考虑交易成本的情况下，如果每个国家都专业化生产并出口具有比较优势的产品，进口具有比较劣势的产品，则每个国家的福利都可以增加。

比较优势的来源有两种解释：一种是 1817 年大卫·李嘉图（David Ricardo）提出的劳动生产率差异；另一种是 19 世纪初赫克歇尔（Eli F. Heckscher）和俄林（Bertil Ohlin）提出的生产要素的相对丰裕度，即生产要素禀赋理论。赫克歇尔-俄林理论指出，在生产技术水平相同的情况下，两国生产要素的相对丰裕程度决定了生产要素的相对价格，进而决定了产品的生产成本差异。每个国家专业化生产并出口相对丰裕要素密集度高的产品，进口相对稀缺要素密集度高的产品，将会带来福利的增加。发达国家的资本、技术相对丰裕，而发展中国家的自然资源和劳动力相对丰裕，根据比较优势原则进行贸易，意味着发展中国家将专业化生产并出口自然资源和劳动密集型产品，进口发达国家资本和技术密集型产品。

基于生产要素禀赋理论，1948 年经济学家保罗·萨缪尔森（Paul A. Samuelson）进一步提出了要素价格均等化假说（即 HOS 理论），即如果按照比较优势原则开展自由贸易，两国生产要素价格最终将趋于相等。这意味着发展中国家仅仅通过与发达国家的自由贸易，就可以缩小与发达国家之间的收入差距，甚至实现对发达国家的赶超。

对比较优势理论的批评主要集中在其动态效应，即对一国经济增长的长期影响上。早在 1841 年，德国经济学家弗里德里希·李斯特（Friedrich List）就曾在其《政治经济学的国民体系》一书中指出，财富的原因不同于财富本身（交换价值），生产财富的能力远比财富本身更重要。[①] 李斯特指出财富生产力的发展主要受自然资本、物质资本和精神资本的影响，其中最重要的是精神资本。精神资本的获得离不开制造业这个载体，因此一国一定要发展自己的制造业。对于落后国家来说，通过发挥比较优势进行初级产品的专业化生产和贸易交换，虽然可以增加财富（即交换价值），却损害了未来的财富生产力，而财富生产力才是实现一国长期经济发展的决定因素，奉行比较优势的自由贸易理论，会将穷国锁定在为发达国家"担水劈柴"的不利地位。

韩裔英国经济学家张夏准从比较优势理论的假设出发得出同样的结论。基于生产要素禀赋的比较优势理论的假设之一是两国具有相同的技术水平，这意味着，如果厄瓜多尔不应该生产宝马车，不是因为它不能生产，而是因为这样做有太高的技术成本，因为生产宝马车将使用太多的稀缺要素——资本。这恰好把决定一国是否为发达国家的最关键因素给假设没了，即技术能力。最终的结果是，富国富有，穷国贫穷，是因为前者可以使用并开发技术，而后者不会使用技术，更不用说开发了。[②]

有学者指出，比较优势本身也是动态变化的。一个国家一开始可能具有自然资源或劳动力比较优势，当其按照比较优势理论进行专业化生产和自由贸易时，随着比较优势要素的持续投入和使用，这部分要素将变得越来越稀缺。同时，因为按照比较优势原则指导生产，生产要素的配置是最有效率的，因此可以获得最大限度的经济剩余的积累。随着资本技术的积累和丰裕

[①] 财富的原因与财富本身完全不同。一个人可能拥有财富，即交换价值，但如果他没有能力生产比自身消费的产品更有价值的产品和更多的产品，那他将会变穷。一个人也许很穷，但是如果他能生产比自身消费的产品更有价值的产品和更多的产品，那他将会变得富有。因此，生产财富的能力比财富本身更为重要，它不仅确保拥有财富、使财富增值，而且还能弥补那些失去了的财富的损失。这种情形从个人来看是这样，从整个国家来看更是如此。见弗里德里希·李斯特：《政治经济学的国民体系》，邱伟立译，华夏出版社，2013，第 101 页。

[②] 林毅夫：《新结构经济学——反思经济发展与政策的理论框架》，苏剑译，北京大学出版社，2012，第 115~116 页。

要素变得越来越稀缺，这一国家的比较优势最终会从自然资源或劳动力转变到资本和技术要素上。此时，再按照新的比较优势原则，可以顺利进入资本密集型和技术密集型产品的生产上。

对此，张夏准指出，落后的国家不能等到积累了足够的物质资本和技术（人力资本）后再进入更先进的、更密集使用资本和技术要素的行业。这是因为，不存在普适性的"资本"或"劳动"，可以配置在任何需要的地方。资本的积累一定是以具体的形式进行的，而生产所需的技术知识和能力则主要是在"干中学"中通过具体的生产经验积累获得的，并具有组织特定性。因此，"即使一个国家拥有所有恰当的机器、工程师和工人，它们仍然不能在一夜之间组合成一个具有国际竞争力的企业，因为它们实际上需要经过一个（可能非常冗长的）学习过程，才能获取所有必要的技术能力"。①

上述讨论富有洞见，把一国经济增长的动力从具有迷惑性的财富本身拉回到财富的生产力，特别是技术能力上。也有学者从生产要素之间的可替代性和市场竞争力出发，分析指出一国根据比较优势生产的产品，不一定在国际上具有竞争优势，并提出比较利益陷阱的概念：在劳动密集型产品、自然资源密集型产品与技术密集型产品的贸易中，以劳动密集型和自然资源密集型产品出口为主的国家总是处于不利地位。一种产品是劳动密集型产品还是资本密集型产品不是固定不变的，而是按照投入要素区分的，但鉴于资本和劳动之间可以互相替代，同一种产品，可能在发展中国家是劳动密集型的产品，在发达国家却是资本密集型的产品。发达国家的劳动力成本虽然高，但劳动生产率更高，因而价格比发展中国家更低。这意味着，发展中国家根据比较优势生产的劳动密集型产品在国际市场上并不具有竞争优势。因而，虽然发展中国家按照比较优势原则参与国际分工能获得一定的贸易利益，却无法缩小自身与发达国家的经济差距。②

---

① 林毅夫：《新结构经济学——反思经济发展与政策的理论框架》，苏剑译，北京大学出版社，2012，第116页。

② 洪银兴：《从比较优势到竞争优势——兼论国际贸易的比较利益理论的缺陷》，《经济研究》1997年第6期，第20~26页。

如果不考虑时间因素，从静态角度来看，比较优势理论具有积极意义，即在现有的禀赋下，按照比较优势理论进行专业化生产和贸易将最大化当前消费。但这并不意味着贸易利得将在贸易双方之间公平分配。有学者分别就李嘉图和赫克歇尔-俄林的比较优势理论贸易利得的分配进行了探讨，分析发现在两种情形下，按照比较优势理论进行自由贸易，高生产率国家长期都将获得大多数贸易利得，由此将进一步扩大发达国家和不发达国家之间的差距。[①]

上述讨论说明，无论从动态角度，还是从静态角度上来看，比较优势理论都无助于落后国家实现对发达国家的赶超，反而可能进一步巩固落后的地位。

二 拉美结构主义理论评析

拉美结构主义是拉美国家土生土长的经济发展理论，其基本思想和主张主要是通过 1948 年成立的拉美经委会提出来的，代表人物是阿根廷经济学家劳尔·普雷维什，又被称为拉美经委会主义、拉美发展主义、普雷维什主义等。这一理论使用结构主义分析[②]和历史分析相结合的方法论，认为不同于西方发达国家，发展中国家的经济结构具有特殊性，导致价格机制和市场调节的作用不可能实现，因而西方主流经济理论并不适用于拉美国家。这一

---

① 见王凌云：《比较利益原理合理性质疑》，《金融教学与研究》1996 年第 6 期，第 26～29 页。

② 结构主义是由结构主义方法论联系起来的一种现代西方哲学思潮。这种结构主义方法论认为："一种结构的构成因素之间的关系比单个因素更重要……在构成结构的因素之间有一种有规律的、系统的和有秩序的关系。"二战后兴起的发展经济学的早期代表人物一般都坚持结构主义方法论，注重对发展中国家经济和社会结构的分析，强调经济发展过程中的非均衡状态，认为发展中国家的经济具有结构上的特殊性。这种特殊性决定了发展中国家的经济既不同于西方发达国家目前的经济，也不同于其早期发展的经济。结构的特殊性使价格机制和市场调节的均衡作用不可能实现，相反，发展中国家经济普遍存在的是非均衡现象，即在某些市场中，求过于供，在另一些市场中，又供过于求。结构的特殊性也使经济增长的利益不易普及于广大的人群，从而造成有增长而无发展的情况。见 Jameson, Kenneth P., "Latin American Structuralism: A Methodological Perspective", *World Development*, 2 (1986): 45; 韩琦：《拉美结构主义研究中的几个问题》，《世界历史》2008 年第 2 期，第 86~97 页。

理论还吸收了其他一些理论的思想，包括凯恩斯主义、李斯特主义、马克思主义、制度主义、现代化理论等。拉美结构主义主张既不走发达国家的发展道路，也不走依附性的道路，而是在国家干预下走民族经济自主发展的资本主义道路，主要内容包括中心-外围体系论、贸易条件恶化论、外围工业化思想等。

拉美结构主义的分析建立在中心-外围体系的结构差异之上。这种结构差异有两层含义。首先是静态意义上的，即中心和外围国家生产结构的差异。拉美结构主义认为，生产技术在中心和外围的扩散是不一样的。在外围地区，生产技术仅能渗入极少数为中心生产廉价食品和原料的部门。当外围经济处于初级产品出口的外向发展阶段时，专业化生产出口产品的生产部门技术进步快，生产效率高，而其他部门技术进步机会少，效率也较低。因而，外围生产结构具有专业化（专业化于少数几个初级部门生产）和异质性（与出口联系的出口部门效率高，而其他部门效率低）的特点。与此相对应，中心的生产结构具有均质性（现代化的生产技术贯穿整个经济体系）和多样化（中间品、资本品、消费品生产部门齐全）的特点。其次是动态意义上的，从长期看，中心的发达国家和外围的不发达国家之间的差距会不断拉大。这主要是因为中心的技术进步快于外围，中心以更高的速度提高平均生产率，因而可以比外围更快提高平均实际收入。

基于中心-外围的结构差异，拉美结构主义提出了外围国家贸易比价恶化论。由于外围国家过剩劳动力的存在，对生产价格形成的压力使外围国家的贸易比价恶化，并通过资本主义特有的商业周期表现出来：在繁荣时期，初级产品价格上涨大于工业品；在衰退时期，初级产品价格下跌远超过工业品，外围因此遭受的损失超过繁荣时期的所得。因而贸易比价的恶化是一种长期趋势。中心与外围交换制成品与初级产品的世界贸易结构，将使拉美国家长期陷入不发达的困境。

拉美结构主义指出，工业化是拉美国家摆脱贫困、走向民族经济独立的唯一途径。普雷维什指出："工业化是拉美国家可以充分获得技术进步利益的唯一手段。"① 世界形势的变化（两次世界大战和世界贸易保护主义倾向等）使拉美国家产生了工业化的自发需求，但这种自发的工业化进程存在诸多问题，诸如劳动力过剩、生产部门间失衡、资本积累不足、基础设施匮乏等等。这些问题是自发的工业化过程所固有的，为了通过工业化提高生产效率、优化资源配置，必须用一种深思熟虑的发展政策来引导工业化。鉴于上述问题所具有的结构性质，还必须使用规划对进口替代工业化进程进行自觉的引导，使发展政策变得有序和理性化。② 因此，拉美结构主义重视国家和政府的作用，认为发展过程离不开政府的大力干预。

拉美结构主义的内容体系十分丰富，除了上述核心内容，拉美结构主义对通货膨胀问题的分析影响也十分广泛，认为通胀不是货币问题，而是两种因素互相作用的结果：通胀的基本压力（或结构原因）和扩散机制。通胀的基本压力是指农业部门和外贸部门的价格刚性；扩散机制指的是财政赤字、因生活费用增加而相应提高的工资，以及生产成本增加对产品价格的传导。基于对通货膨胀结构性原因的分析，拉美结构主义提出税收和土地改革的政策主张。此外，拉美结构主义不断深化对发展的结构性障碍的认识，从单纯的经济因素逐渐扩展到经济因素与社会因素、政治因素的结合，形成了一种关于发展结构性障碍的政治经济学分析。

作为一种土生土长的发展理念，拉美结构主义对拉美国家经济与社会的历史和现实问题理解深刻。拉美结构主义从结构失衡出发，提出一系列富有见地的发展思想、理念和政策，试图改善失衡的结构，但最终拉美国家旧的结构失衡尚未完全改善，新的结构失衡问题又爆发，并导致拉美进口替代工业化失败，这不能不说是拉美结构主义理论在实践上的遗憾。

进口替代工业化的失败使拉美结构主义遭到广泛的批评，但这并不意味着拉美结构主义理论本身是不足取的。一方面，任何一种理论不可能从诞生开始就是完美无瑕的，理论来源于实践，又接受实践的检验，人们对于理论

---

① Prebisch, Raul, "The Economic Development of Latin America and Its Principal Problems", *Economic Bulletin for Latin America* 7 (1962), No. 1: 7.

② 苏振兴主编《拉丁美洲的经济发展》，经济管理出版社，2000，第116~121页。

的认知也会不断调整完善。事实上，拉美结构主义也在不断根据现实情况自我调整和完善。例如，20世纪50年代末，拉美经委会注意到拉美国家国内市场狭小对经济增长的限制，强调为防止拉美经济增长放慢，必须建立共同市场。在拉美经委会的推动下，20世纪60年代初建立了中美洲共同市场和拉美自由贸易协会。1960~1980年，中美洲区内贸易额从3000万美元上升到10亿美元，其中90%是制成品。阿尼瓦尔·平托（Aníbal Pinto）在1976年发表的《拉美发展的方式》中指出拉美有增长而无发展的事实，呼吁改变拉美的发展方式，进行更加公正的财富和收入分配。[①] 普雷维什在1981年出版的《外围资本主义：危机与改造》一书中指出，拉美国家的工业化"从社会观点来看发展已偏离方向"，"外围资本主义主要是建立在不平等基础上"，即"那些集中了大部分生产资料的人们将经济剩余据为己有"，普雷维什提出要探索一种对外围资本主义改造的理论，"体系的改造必须建立在对剩余的社会实用的基础上"，寻求社会主义与经济自由主义的某种综合。[②]

另一方面，理论并不一定被完美理解和践行。实际上，作为拉美结构主义大本营的拉美经委会毕竟不是某个拉美国家的政府机构，它对拉美国家的影响是间接的、有限的。在20世纪50年代末之前，拉美经委会的政策主张对各国的影响很有限。50年代末之后，拉美经委会的影响才开始变大，但也常常出现理论与实践不一致的情况。例如有学者指责拉美结构主义将进口替代工业化视为唯一的工业化模式，导致拉美国家工业化模式转换的延误。但普雷维什指出，他早在1961年就指出拉美所有的工业产品都面向国内市场的问题，鼓励制成品出口。这说明拉美结构主义理论和拉美国家进口替代工业化实践之间存在的偏差。[③]

此外，思想和政策存在偏差。即便发展思想非常科学，为了践行这一发展理念所制定和执行的具体政策，也可能最终与理念相悖。这可能是由于理

---

① Pinto Santa Cruz, Aníbal, "Styles of Development in Latin America", *Journal of Farm Economics* 5 (1976), 41.

② 苏振兴主编《拉丁美洲的经济发展》，经济管理出版社，2000，第121~122页。

③ 韩琦：《拉美结构主义研究中的几个问题》，《世界历史》2008年第2期，第86~97页。

念不够清晰，① 也可能是由于对政策执行可能引起的后果认识不足。普雷维什在拉美经委会的早期论著中对发展的定义是"技术进步及其成果"，并且强调技术进步及其成果应该比较均衡地分配。为此，提出通过政府的积极干预政策保护"幼稚产业"，进行工业化的发展主张。但在技术能力的培育和对外资的态度方面，拉美国家执行的政策与上述理念并不一致。拉美国家普遍缺乏系统的教育和促进自主创新与技术能力提升的配套政策，对外资较为开放，除能源矿产等部门外，外资进入制造业部门基本不受限制。"可以断言，本地区在技术领域持一种比较被动的态度。……工业化的推进过程得不到技术发展所要求的相关的政府政策，以及法律和体制方面的支持"。② 这样的政策与发展的理念是相悖的，最终使拉美国家为发展民族工业和技术能力保护的国内市场，最后变成了对跨国公司的保护，核心技术一直掌握在跨国公司手中，拉美国家难以实现"技术进步"的发展。

三 新自由主义理论评析

新自由主义是在亚当·斯密古典自由主义思想基础上建立起来的新的理论体系，该理论体系以市场为导向，是一个包含一系列有关全球秩序和主张贸易自由化、价格市场化、私有化观点的理论和思想体系。狭义的新自由主义特指以哈耶克和弗里德曼为代表的新自由主义政策主张和思潮。这一理论体系在继承了亚当·斯密"自由放任"思想的同时，极力夸大"看不见的手"的作用，将市场的功能和作用推向极端，反对政府干预，主张"小政府"和"去政府"论。广义新自由主义的学派构成较多，理论内涵较广，

---

① 拉美结构主义思想最初是因拉美经委会关注拉美发展的主要障碍和提出克服这些障碍的政策建议而出现的。在刚开始的时候，拉美经委会并没有着手建立一种系统的和统一的发展理论。理论化和系统化的任务发生在后来，并且不是专门由拉美经委会来完成的。松克尔和巴斯在他们1970年出版的著作中，对拉美经济思想的演变做了最初的梳理。拉美经委会的思想并不是一成不变的，当它获得的经验增多，或政策受到实践检验发生问题时，会不断地做出修正。见韩琦：《拉美结构主义研究中的几个问题》，《世界历史》2008年第2期，第86~97页。上述因素说明拉美结构主义发展理念一开始可能不够系统、不够清晰。

② 联合国拉美经委会：《跨入80年代的拉丁美洲》，智利圣地亚哥，1979，第15~16页，转引自苏振兴主编《拉丁美洲的经济发展》，经济管理出版社，2000，第81~82页。

通常是指 20 世纪 70 年代以来快速发展并已成为主流经济学重要组成部分的一些新兴经济学分支和思想流派的理论观点与政策主张的总和，包括奥地利学派、芝加哥学派、理性预期学派、新制度学派与公共选择理论、产权经济理论、新增长理论等。狭义新自由主义与广义新自由主义之根本不同，在于它更加强调恢复亚当·斯密的"看不见的手"，更加注重市场的自组织功能和调节作用，更加主张限制或取消政府对经济生活的干预。因此，狭义新自由主义是一个具有明显"市场原教旨主义"倾向的政策思想流派。[①]

新自由主义产生于 20 世纪 30 年代中期，因适逢资本主义大萧条，新自由主义一出生便遭受冷遇，此后在哈耶克的带领下，进入了长达几十年的"经院修炼时期"。直到 20 世纪七八十年代，资本主义社会发生经济停滞和通货膨胀并存的"滞胀"危机，传统的凯恩斯主义政策束手无策，长期处于边缘地位的新自由主义开始兴起并逐渐成为英美等西方发达国家的主流经济学。20 世纪 80 年代末 90 年代初，在英美等发达国家和世界银行、国际货币基金组织等国际组织的推动下，新自由主义开始向全球蔓延，以"华盛顿共识"的形成和推行为标志，新自由主义成为全球的主流经济理论和政治、经济范式。[②] 20 世纪 90 年代末，随着新自由主义改革在拉美、东亚以及俄罗斯等国家和地区的失败，学术界、理论界掀起了一轮批判新自由主义的高潮。彼时发达国家尚认为，新自由主义在拉美等地的改革之所以失败，不是新自由主义理论体系本身的问题，而是因为这些地方制度存在问题。但 2007 年肇始于美国的全球金融危机，暴露了新自由主义制度模式的

---

① 刘迎秋：《国际金融危机与新自由主义的理论反思》，《经济研究》2009 年第 11 期，第 12~21 页。

② 新自由主义上升为主流经济理论有其历史必然性，因为新自由主义适应了国际金融垄断资本向全球扩张的需要。经过战后二十多年"黄金时代"的发展，资本主义国家垄断资本特别是金融垄断资本大幅扩张，再加上技术的进步，使得生产的社会化程度进一步提高，国内市场已经满足不了国际垄断资本特别是金融垄断资本的需要，它们迫切需要突破国界，在更广阔的市场上寻求高额利润。奉行国家干预的"凯恩斯主义"满足不了国际金融垄断资本发展的需要，20 世纪 70 年代爆发的"滞胀"危机，直接催生了凯恩斯主义的下台，而主张自由化、私有化、市场化和全球经济一体化的新自由主义，恰好适应资本主义由国家垄断向国际金融资本垄断过渡的需求，在美国总统里根和英国首相撒切尔的推动下逐渐上升为英美等发达国家的主流经济理论。见何秉孟、李千：《新自由主义评析》，社会科学文献出版社，2012。

内在缺陷，标志着新自由主义经济理论，特别是新自由主义思潮和政策主张的大失败，新自由主义的主流经济学地位开始动摇。

指导 20 世纪八九十年代拉美国家改革的"华盛顿共识"是狭义新自由主义政策典范。主要内容包括十个方面：①加强财政纪律，压缩财政赤字，降低通货膨胀率，稳定宏观经济形势；②把政府开支的重点转向经济效益高的领域和有利于改善收入分配的领域（如文教卫生和基础设施）；③开展税制改革，降低边际税率，扩大税基；④实施利率市场化；⑤采用一种具有竞争力的汇率制度；⑥实施贸易自由化，开放市场；⑦放松对外资的限制；⑧对国有企业实施私有化；⑨放松政府的管制；⑩保护私人财产权。上述政策主张的前两项旨在降低通胀、稳定宏观经济形势，第四至第七项旨在开放市场，第三项以及第八至第十项旨在"去政府"、解除管制和私有化。考虑到"华盛顿共识"出台的背景，致力于降低通胀和缩减政府赤字的改革方案具有一定的合理性。当时该地区的市场运转不良，政府预算赤字极高——有时甚至达到国内生产总值的 5%~10%。赤字首先是通过借款，包括外债来填补，1980 年之后借款利率上升，加重了拉美国家的利息和公共支出负担，迫使许多国家求助于铸币税筹措经费，结果导致极高且变化莫测的通货膨胀。但其过度强调市场机制的功能和作用，将恢复经济增长的希望过分寄托于市场化和私有化，似乎认为只要政府在上述两方面做出努力或者政府放任不管，市场便会自动解决经济发展的一切问题，是一种"市场原教旨主义"。

作为一种经济发展思想，无论是狭义的新自由主义，还是广义的新自由主义，都与亚当·斯密的古典自由主义一样，建立在对人的利己性、资源的稀缺性以及经济人行为理性的假设基础上，本质上都是一种世界主义的交换经济学，将经济发展寄托于资源配置，而非资源创造。以"华盛顿共识"为范本的新自由主义的改革，过分注重控制通胀和宏观经济稳定，片面强调市场和私有化的作用，忽视就业和对人力资本、技术创新等长期生产能力的培育。

新自由主义认为市场可以自动实现经济发展的立足点在于市场竞争机制，认为充分的市场竞争可以激发创新精神，从而提高效率。基于理性人的假设，新自由主义片面地认为相比国营企业，私有制交易成本更低，更具有竞争力，将目标（即促进市场竞争），与实现目标的手段（即私有化、贸易投资自由化等）混淆。似乎只要实现私有化、贸易自由化，就会自动促进市场竞争，没有意识到二者之间是目标和手段的区别。贸易自由化固然可以将竞争范围由国内扩大到国外，但在本国企业不具有竞争力的情况下实施贸易自由化，国内企业有可能被挤出竞争，而不是卷入竞争，消费者可能从中受益，但对长期增长的影响则较难以预测了。[①] 私有化要实现竞争效益，需要必要的制度基础，包括竞争性市场和管理机构等，而这对于一直实行国家主导型经济发展政策的拉美等地来说，是不具备的条件。贸然实施"私有化""自由化"改革，大量企业在短时间内因无法应对国内外激烈竞争而大批倒闭，造成失业人员大量增加，家庭收入下降，贫困现象加重，经济不仅不能自动恢复增长，反而陷入更深的衰退泥潭。

除了错误地将经济增长的动力单纯寄希望于市场机制，新自由主义不注重甚至刻意忽视社会分配问题，哈耶克作为新自由主义思潮的代表人物，曾不遗余力地宣扬"自由主义只关注交换正义，而不关注所谓的分配正义或现在更为盛行的'社会'正义"，甚至声称"坚定的自由主义者……必须拒斥分配正义"。[②] 在这种理念指导下的经济发展，不仅不能使发展成果惠及全民，反而导致贫富差距越来越大，贫困现象越来越严重，社会矛盾激化，经济赖以发展的稳定社会环境也难以实现。

因此，实施"华盛顿共识"的新自由主义改革，不仅没有使拉美地区恢复20世纪80年代危机爆发之前的经济增长水平，反而进一步加剧了拉美地区的贫富分化和社会冲突。而私有化和自由化的政策，特别是金融部门的极端自由化，使拉美地区外部脆弱性加大，并酿成了20世纪90年代以来的多次金融危机，导致拉美国家的经济和社会持续动荡。

除了上述学术思想方面存在的问题，有学者从政治经济学的角度出发对

---

① 斯蒂格利茨、段丽萍：《后华盛顿共识（下）》，《现代外国哲学社会科学文摘》1999年第2期，第16~21页。

② 中国社会科学院"国际金融危机与经济学理论反思"课题组、刘迎秋：《国际金融危机与新自由主义的理论反思》，《经济研究》2009年第11期，第12~21页。

新自由主义进行了批判，指出新自由主义作为一种经济理论被美国等发达国家意识形态化、政治化和范式化。对于拉美国家等发展中国家来说，新自由主义的改革是被发达国家强加的。"华盛顿共识"表面看来中立，实际上却维护了霸权者的地位和利益。例如，"华盛顿共识"主张紧缩财政政策的公开目的是促进宏观经济和价格稳定，但其背后的动机是确保借贷国偿还外债所需要的财政盈余；金融自由化是为国际资本和跨国公司在发展中国家攫取利润提供方便；贸易自由化是为了在第三世界国家打开市场。私有化过程中，国有资产被以极低的价格出售，为西方发达国家以极其低廉的价格购买发展中国家宝贵的自然资源和国有企业提供了机会。①

四　21世纪社会主义理论评析

21世纪，委内瑞拉、厄瓜多尔、玻利维亚、巴西等国的左翼执政党开始深刻反思新自由主义改革和资本主义制度，认为资本主义制度是万恶之源，提出在拉美国家实施社会主义的改革之路。不同于马克思的科学社会主义，委内瑞拉等国的社会主义理论还处在探索中，缺乏系统的理论构建和阐述，更多体现在查韦斯、科雷亚和莫拉莱斯个人及其政府的零散表态和政策主张中。其思想除了借鉴马克思的科学社会主义之外，通常还受到基督教主义以及当地印第安传统文化和价值观的影响，具有鲜明的地方特色。②

---

① 何秉孟、李千：《新自由主义评析》，社会科学文献出版社，2012，第44页。

② 查韦斯曾解释，委内瑞拉21世纪社会主义的思想带有委内瑞拉民族英雄玻利瓦尔、耶稣、创建科学社会主义学说的马克思和以集体主义思想为其灵魂的土著印第安人部落的鲜明特征，其思想原则是科学社会主义、基督教思想、解放神学和人道主义。科雷亚提出的21世纪社会主义是具有厄瓜多尔特色的，是一种原则而不是模式，"21世纪社会主义"永远都在建设中，没有教条。见刘瑞常：《查韦斯的"21世纪社会主义"模式》，《决策与信息》2007年第5期，第58~62页；徐世澄：《当代拉丁美洲的社会主义思潮与实践》，社会科学文献出版社，2012，第32页。玻利维亚莫拉莱斯提出的社群社会主义充分吸收本国印第安传统文化和价值观，借鉴科学社会主义的部分内容，汲取各种反新自由主义思想的成分，接受了古巴和委内瑞拉社会主义思想的影响。莫拉莱斯指出，社群社会主义不只承认社会的问题，还承认大自然的问题，提倡保护自然环境……社群社会主义不只对付资本主义，还注重人和自然界精神上的关系……见沈跃萍：《莫拉莱斯"社群社会主义"评析》，《马克思主义研究》2011年第10期，第119~127页。

拉美 21 世纪社会主义思潮没有系统完善的经济发展理论，但实施社会主义的拉美国家，大都进行了所有制、收入分配、社会保障、外资政策等方面的改革，在自然能源和国家关键部门开展国有化，增加对低收入和中低收入人群的社会保障和福利支出，使经济增长的成果在社会范围内获得了更广泛的分配，降低了外资和私有化程度，大大增强了国家对经济活动的干预和控制。

在新自由主义改革过于强调效率忽视公平而使拉美国家社会贫富差距过大，由此导致社会冲突不断、社会稳定受损的背景下，上述改革具有积极意义，低收入和中低收入人群的收入和保障得以大幅度提升，低收入人群和印第安土著的政治经济和社会地位得到提升，社会矛盾得以缓解。这样的改革，如果是基于经济长期稳定可持续的增长，将有助于实现经济增长和社会稳定的良性循环。如果缺乏经济长期稳定可持续增长的基础，过于重视再分配和消费的改革，不仅不能实现上述良性循环，反而会因为社会再分配的刚性而在经济增长势头停止时出现更严重的社会动荡。因此，社会再分配改革必须与提升效率、促进经济长期可持续增长的改革同步进行，而后一方面却是拉美国家所忽视的。用于再分配的经济收入来源方面，即生产结构方面，实施社会主义的拉美国家并没有做出实质性改变。从国际分工来看，实施社会主义改革的拉美国家与改革前也没有本质变化，依然是按照比较优势原则参与国际分工，通过出口能源、农产品等初级产品，来交换其他国家的工业制成品。只不过新自由主义改革时期，出口收入主要被大资本家和外国投资者所垄断，而现在则更多由国家掌控，并通过再分配使穷人获得更多的份额。这样的经济发展模式难以抵御外部风险，经济增长呈现较大的波动性。可以说，在经济方面，拉美国家实施的社会主义改革，更多是通过体制改革和制度调整，进行效率与公平之间的重新协调，而非构建长期经济增长的核心动力，因此这一过程潜藏了改革的风险和失败因素。

拉美国家的现代化探索实践说明，主流经济学家开出的药方，包括使价格正确、激励正确、制度正确等，没有使拉美国家走上经济增长的轨道，反而使其陷入了混乱。而 21 世纪拉美国家出于对主流经济理论的抵制，实施的国有化和以收入分配和社会保障为主的旨在降低社会不平等程度的改革，经实践证明也失败了。我们需要另一种理论视角——演化发展经济学，来解释拉美国家的增长困境，探寻最本源的经济增长动力。

演化发展经济学不同于现代主流经济学，它的发展建立在对新古典经济学思想体系彻底反思，并寻求替代性理论的理念之上。现代主流经济理论的基本缺失在于没有一个真正能够解释发展的理论，而这根源于其将整个理论体系建立在对生产的物质主义基础之上并将交易问题作为研究的核心。① 演化发展经济学以发达国家过去五百年的经济政策史为经验基础，综合了演化经济学的新发展和经济思想史中远溯至文艺复兴时期的乔万尼·博塔罗（Giovanni Botero）、安东尼奥·佘拉（Antonio Serra）和德国官房学派等的重商主义经济学，再到李斯特、德国历史学派直至熊彼特等的富有洞见的经济发展思想，为发展中国家提供一种替代"华盛顿共识"的发展理论和政策分析框架。这一理论对落后国家的不发达问题和赶超问题具有深刻洞见，以此理论来分析拉美国家在经济赶超中的发展困境，将使我们对拉美问题有更为深入的理解，对中国避免落入"拉美化"和"中等收入陷阱"，也将具有深刻的启迪。

---

① 曾云敏：《重构经济发展理论的"另类教规经济学"——评〈穷国的国富论〉》，《经济社会体制比较》2007年第3期，第155~159页。

第二章　演化发展经济学的分析框架

第一节　演化发展经济学的经济发展机制和逻辑

一　演化经济学的研究范式

在经济思想史上有两种研究传统。一种是始于 18 世纪 60 年代法国重农学派和亚当·斯密所奠基的古典自由主义经济思想，经大卫·李嘉图、杰文斯–瓦尔拉斯、萨缪尔森等人传承发扬一直到现在的新古典主流经济学研究传统，至今有两百多年的历史。另一种是更为久远的，始于 15 世纪末期文艺复兴时期乔万尼·博塔罗、安东尼奥·佘拉等人所推崇的重商主义思想，经美国学派、德国历史学派、马克思主义经济学[①]、老制度经济学、熊彼特经济学等继承发展，一直到目前由马克思主义经济政治学和现代非马克思主义异端经济学所构成的研究传统，其中非马克思主义异端经济学现在正被演化经济学所囊括，埃里克·S. 赖纳特（Erik S. Reinert）将其称为替代性教规。两种经济传统基于不同的哲学基础和人性观，遵循不一样的方法论，得出对经济增长的核心动力的不同理解。

1. 哲学基础

新古典主流经济学研究传统建立在牛顿时空观的经典物理学隐喻下。牛顿认为，时间和空间与运动着的物质无关，它们先验地存在于人的意识之中。时间是同质的、对称的和可逆的，"未来"同"过去"没有区别，它只是标志着运动和变化的量的大小。这是一种静态的、原子论的、封闭的、机

[①]　按照埃里克·S. 赖纳特等人的观点，马克思主义经济学可以一分为二地看，马克思对资本主义引发的动态性和社会问题的分析，应该分属于第二类传统，而他为资本主义提出的政策建议，特别是从李嘉图那里继承的以劳动价值论为基础的分析，应该属于第一类传统。

械的宇宙观，均衡是其重要隐喻。在这种绝对时空观和均衡隐喻下的经济学研究传统，很自然地就忽视了时间维度（历史）和空间维度（地理），主张无视于任何背景的、普遍适应的经济政策。① 亚当·斯密的第一个工作是研究天文学，他将牛顿力学的均衡隐喻应用到经济学上，得出这样的结论：就像行星被一只无形的手牵引着围绕太阳保持在固定的轨道上运转，只要不被干预，市场这只无形的手就能自动地找到它的均衡状态。建立在均衡隐喻下的经济学研究传统是高度抽象和"自上而下"的。但实际上，20 世纪 30 年代以来这种"均衡隐喻"的物理学就被物理学家抛弃了。

另一种经济学（演化经济学）研究传统建立在达尔文主义和拉马克主义的生物学隐喻之上②，这是一种动态的、系统的、开放的、有机的世界观，以时间不可逆、个体群思维和不确定性为特征。在这一研究传统看来，不确定性和不可预测性是经济过程的基本特征，意外和偶然性因素，而非必然性因素，在经济过程中常常起到关键作用。用达尔文的生物学隐喻理解经济，比如发明，就类似于自然界的突变。用拉马克的获得性状可遗传的生物

① 正如 20 世纪 90 年代以国际货币基金组织等机构在拉美、东亚、中东欧转型经济体中推行的高度一致的新自由主义改革一样。

② 演化发展经济学的代表人物埃里克·赖纳特认识到演化经济学在生物学类比上存在的局限性，提出以人类的理性和灵魂为基础的动态世界观。赖纳特指出，按照定义，在任何演化系统中都不存在最优，而只有一种始终在移动的遥远目标。按照这种有机的观点，人类的最基本特征是倾向于探索、发明以及不断创造出新的知识。从这个角度看，如今的演化经济学有点太"机械"了。演化动态被纳入经济理论中，但这种类型的演化经济学似乎低估了人类有意识的努力（包括个人的和集体的）所发挥的作用，即没有把这种努力作为推进演化变迁的主要引擎。如果演化经济学仅仅意味着从以前的"物理学崇拜"转向现在的"生物学崇拜"，那么，经济学将仍然摆脱不了缺乏"心智"（这是 19 世纪的德国理论家在批判英国古典经济学时使用的一种术语）的苦恼。经济学应该大胆地摆脱自然科学——无论是物理学还是生物学——的束缚，从而使自己置身于一种"心智科学"（sciences of the mind）即人文科学的环境中。这两种理论（机械世界观和以人类的理性和灵魂为基础的有机世界观的理论）或许始终都存在于某个人和某个社会，但就不同的人以及不同的历史时期而言，两者之间的平衡点是不一样的。某些人或某些历史时期具有更大的创造力。动态的有机世界观带给我们一个失去平衡和不稳定的变化世界，而机械的世界观展示给我们的是一幅稳定、平衡而且似乎是井然有序的世界景象……从总体上讲，目前面临的主要问题是过多的"秩序"以及过多的机械经济学。这给人们带来了一种虚幻的"和谐"——收入创造和分配过程中的一种消极的自动和谐体系。见埃里克·S. 赖纳特、贾根良主编《穷国的富国论》（上卷），贾根良等译，高等教育出版社，2007，第 76~77 页。

学隐喻，就可以理解现实经济中经验和知识在代际的积累，即路径依赖现象。这是一种以经验为基础的、"自下而上"的、抽象程度较低的经济学，注重历史背景和时空特定性，创新是其研究主题，主张采用动态演化的观点看待经济发展的过程。

2. 人性观

两种研究传统建立在对人类及其活动根本特性的不同理解上。

亚当·斯密在《国富论》中指出，劳动的分化起因于人性的倾向……物物交换、交换和交易……这种倾向是人类共有且特有的，其他动物不具备，一般动物，似乎都不知道这种或任何其他种类的契约。……没有人曾经看到两条狗公平审慎地交换骨头。

而美国总统亚伯拉罕·林肯①在1860年的选举中则说：海狸建造房子；但是它们建造房子绝不会不同于它们在五千年前建造的，或者较之更好。人类并不是唯一的劳动动物，却是能提高技术的唯一动物，这些技术提高通过发现和发明而得到。②

对人类活动的不同认识，反映了两种经济研究传统不同的人类观和经济观。新古典主流经济学研究传统认为，人是一种被动的、被外生事物控制的享乐主义的生物，这个观点产生了一个快乐主义的、基于交换基础的经济学，并具有相应的价值系统和激励系统。而经济增长则趋向于被视为机械地将资本加到劳动中。另一种经济研究传统则认为，人本质上拥有积极的大脑、高贵的心灵，按自己的目的不断认识、分析周围的世界。在这类传统中，经济学以生产和创新而不是交换为中心，经济的驱动力量不是资本本身，而是尼采所谓的人的智慧和意志。③

3. 方法论

新古典主流经济学的研究传统以演绎法为主，这是一种从抽象到抽象的

---

① 林肯的竞选纲领依托的主要是保护主义的美国学派的施政理论。
② 埃里克·S.赖纳特：《富国为什么富 穷国为什么穷》，杨虎涛等译，中国人民大学出版社，2013，第37页。
③ 埃里克·S.赖纳特：《富国为什么富 穷国为什么穷》，杨虎涛等译，中国人民大学出版社，2013，第38页。

高度抽象的推理方法，数学是其主要的语言。在自然科学领域（硬科学），演绎法被认为是最科学的研究方法，亚里士多德只承认演绎法，他曾经给出演绎法的一个三段论的公式：

大前提：所有人都会死。

小前提：苏格拉底是人。

结论：所以苏格拉底会死。

演绎法的核心是，只要前提正确，就能保证后续的推论是对的。也就是说，结论是蕴含在前提条件中的，因而存在"自证明"的倾向。

基于演绎法的经济分析有两个问题。第一，演绎法构成一个从前提假设到结论的封闭体系，当设定了一定的前提假设，必然得出相应的结论。因此，假设的科学性、合理性和与现实的相关性问题，成为这一理论体系下的核心问题。然而，新古典主流经济学的核心假设，往往是对现实世界的高度抽象，而且是高度不相关的抽象。[①] 比如理性人的假设，以及代表性消费者、代表性厂商这类同质性的假设。基于这样的假设，不论生产的是大豆、玉米还是飞机芯片，都适应同一套生产函数。基于这样的假设下推导出来的结论，看似科学严谨，却不真实，难以对现实问题做出真正可信的解释。第二，演绎法与数学化语言结合在一起，使这类经济学传统只能度量经济活动中量的差异，而不能抓住经济行为之间质的差异。只有极少数可以量化的因素，例如资本、劳动，可以被纳入数学模型进行分析。而大量关于经济增长的质的因素，例如报酬递增、协同效应、结构性因素和创新等，因不容易量化或无法量化而被排除在这一经济理论之外。

---

① 维克多·诺曼（Victor Norman），一位国际贸易理论家，对新古典主流经济学理论做了一个简要的评价：经济学作为一门科学的好处之一在于，它只是一种思维方式，事实性知识并不存在（*Dagens Noeringsliv*, 31 December 1994：21）。据说，李嘉图的一个朋友指责他的理论体系没有标上事实的标签，李嘉图回答："没有比事实更糟糕的了。"（Ferguson, John M. *Landmarks of Economic Thought*, New York, 1939：142.）米尔顿·弗里德曼在 1953 年的著作（Friedman, Milton. *Essays in Positive Economics*, Chicago, 1953：14）中指出，真正重要而且有意义的假设，往往是那种对现实描述相当不精确的假设，一般而言，理论越重要，假设越是与现实不相关。见埃里克·S. 赖纳特：《富国为什么富　穷国为什么穷》，杨虎涛等译，中国人民大学出版社，2013，第 2 章、第 8 章。

　　演化经济学研究传统以归纳法和不明推理论（或溯因推理，abduction）为主。归纳法是一种建立在经验基础上的、从特殊到一般、从具象到抽象的推理方法，注重对经验和历史的研究，注重对经济的历史分析、制度分析、比较分析。弗朗西斯·培根在其著作《新工具论》中提倡说，科学的研究方法应该是归纳法。大卫·休谟也是归纳法（经验论）的三大奠基人之一，他相信一切知识起源于我们目之可及的经验。但休谟也是第一个发现归纳法问题的人，归纳法从有限的经验中提取出共性的因素并将其上升为一种一般化的知识，除非能将所有的事例穷变，否则难以保证结论的正确。只要举出一个反例，就足以将其所有的结论推翻。也就是说，归纳法可以证伪，但不能证明。这与演绎法刚好相反，演绎法只能证明，但不能证伪。在经济学中应用归纳法的另一个问题或者说困难在于，遵循归纳法的研究传统以相关性而非"数学阻力最小"原则进行资料的收集和分析，这使问题的分析远比演绎法要复杂得多，也不容易得出像数学分析那样简明清晰的结论。但这一研究传统能把经济学带回真实的世界，而且能更好地包容经济行为质的因素。所以，赖纳特指出，在两种经济学之中，我们面临着一个选择：要么是简洁的解释，但没有什么相关性；要么是复杂的解释，但具有相关性。

　　赖纳特同时指出，在更具"生命力"的演化经济学研究传统中，即从文艺复兴到尼古拉·卡尔多（Nicholas Kaldor）的经济学研究传统中，经济理论倾向于以一种非传统的推理方式，即不明推理论（abduction）为基础，而不是以归纳或演绎为基础。美国哲学家皮尔斯（C. S. Pierce）认为，（归纳）根本不可能产生任何新的想法。演绎也是如此。所有科学想法都来自不明推论。不明推论是指研究事实，并设计出一种理论来解释这些事实。[①]不明推论式方法与归纳法类似，建立在事实基础上，与归纳法不同的是，在事实基础上，不明推理论还有一个重要的环节，即构建假说。各种假说能孕

---

① Piece, Charles S., in Hartshorne, C. and Weiss, P., eds., *Collected Papers of Charles Sanders Pierce*, Cambridge, Mass., Harvard University Press, 1867. Vol. Ⅴ: 146. 转引自埃里克·S. 赖纳特、贾根良主编《穷国的富国论——演化发展经济学论文选》（上卷），贾根良等译，高等教育出版社，2007，第98页。

育出新的想法，是创造力的根本。因此，假说突出反映了与事实相关联的、狭隘的经验主义与动态的理性主义之间的区别。假说是科学进步的根本基础，它们不可能通过线性逻辑而只能通过以直觉为基础的隐喻和悖论来加以解释和深化。不明推论法，就是通过经验、假说和试验来发现原理，并以这些原理来指导人类的行为。这种方法源于实践，与现实相关，同时又具有逻辑性（不同于正式逻辑，即公理化的演绎主义的逻辑/欧几里得几何学），因而可以超越归纳法可能陷入的经验主义谬误和演绎法的自我封闭与脱离现实问题，并体现人类的创造力。

4. 对经济增长和发展的理解

在新古典主流经济学研究传统中，经济增长和发展问题经历了繁荣—消失—重新崛起的循环。在亚当·斯密时期，经济发展问题是其研究的核心问题之一，这从其著作《国民财富的性质和原因的研究》一书的书名就可以看出。亚当·斯密认为，通过劳动分工可以提高生产效率，从而增加社会财富。亚当·斯密从分工引出交换，再从交换引出价值，提出了劳动价值论理论，他将生产和贸易都简化为劳动时间，从而把生产、知识和创新都排除在经济学理论体系之外了。后期的古典经济学家如李嘉图和马尔萨斯把报酬递减引入经济理论，发展了一种悲观主义的经济增长前途观。他们更关注产品和收入的分配以及价格的决定机制，将价值理论和收入分配理论置于经济学的中心。1872年瓦尔拉斯发表的《纯粹经济学要义》开启了边际革命，他把经济体看成一个封闭系统，其中财富的数量和种类是一定的，通过市场被随机分配给具有不同偏好的人，这些人可以通过交易来达到经济的"均衡状态"。自此开始一直到20世纪30年代，主流经济学放弃了对经济增长和发展的理论研究，转而一心关注价值理论和分配理论，以及资源的配置效率问题。

20世纪30年代发生的世界经济大萧条，使边际主义经济均衡观念受到冲击。主流经济学开始重新关注经济增长问题，但其并没有脱离新古典主流经济学的研究范式。假设—推理—结论的演绎推理法是主要研究方法，对数学的应用更加极致，数学模型化是其典型特征。将经济增长要素简化为资本、劳动和技术，并不断将外生变量内生化实现增长模型的迭代。这一时期的经济增长理论被称为现代主流经济增长理论。哈罗德（R. F. Harrod）和多马（E. Domar）建立了最初的现代经济增长理论模型，强调资本在增长中的作用。随后，索洛（Robert Merton Solow）和斯旺（Swan Diagram）将技术进步引入模型中，强调技术进步对经济增长的重要作用，但将技术进步视为外生给定的。同时，索洛-斯旺模型将哈罗德-多马经济模型中外生给定的资本-产出比内生化，拉姆齐-卡斯-库普曼斯（Ramsey-Cass-Koopmans）模型将索洛模型中外生给定的储蓄率内生化，建立了新古典增长理论（外生增长理论）；接着，罗默（Paul Romer）和卢卡斯（Robert E. Lucas）分别将知识和人力资本纳入模型中，从而将技术内生化，建立了新增长理论（内生增长理论）。

高度模型化的现代主流经济增长理论将经济增长的因素简化为资本、劳动、技术等可量化的几大要素，缺乏对经济结构、制度等因素的考察。不仅受到演化经济学的批评，也受到新古典主流经济学研究传统内的以诺斯为代表的新制度经济学的批评；而其基于新古典的分析范式做出的代表性生产者和总量生产函数的假设，抹杀了生产活动的质的差异，难以揭示经济增长存在绩效差别的真正原因。对此，以赖纳特为代表的演化发展经济学家指出，被纳入这种盎格鲁-撒克逊传统的经济学里的生产理论，将生产看作一种十分机械的过程，即将资本添加到劳动中的过程，好比给相同条件下的作物浇水一样。主流经济增长理论"没有认识到不同技术机会窗口是如何创造了巨大的经济活动变化的，由于机会窗口的差异，将资本添加到劳动中的潜在获利可能性也会有巨大的差异"，[①] 也没有认识到协同效应的重要性：只有在制造业存在的地方，农业才有可能实现现代化。报酬递增、技术变迁和协同效应才是促进经济增长和发展进入良性循环的核心因素。生产活动是高度异质的，只有那些创新和技术进步机会窗口大、报酬递增效应强的高质量生产活动，才是经济长远发展最重要的载体，因而经济发展是生产活动特定的，这就是演化发展经济学的经济发展观。

---

① 埃里克·S. 赖纳特：《富国为什么富　穷国为什么穷》，杨虎涛等译，中国人民大学出版社，2013，第51页。

事实上，在长达几个世纪的时间里，都是演化经济学（替代性教规）这种以经验为基础的经济学理论一枝独秀，而新古典主流经济学的标准抽象理论到今天仅有不超过 300 年的时间。在历史上，新古典主流经济学的研究传统曾三次居于支配地位。第一次是 18 世纪 60 年代，法国的重农学派曾在大革命前短暂地掌控了政策制定权；第二次是 19 世纪 40 年代中期到 20 世纪初，英国在工业革命中崛起为世界第一大国并稳固了地位后，在亚当·斯密和大卫·李嘉图的自由贸易理论支持下，开始在世界范围内推行自由贸易；第三次是 20 世纪 90 年代，冷战结束后，新自由主义理论取得了支配地位，而以经验为基础的经济学研究传统，在冷战的左派和右派的交战中被逐渐边缘化了[①]。然而，历史上这三次由主流经济学研究传统占据支配地位的时期，都积累了严重的社会问题。第二次所积累的社会问题最终促使欧洲建立起现代福利制度；而第三次（仍在进行中）则导致了发展中国家多次金融危机，以及 2008 年始于美国的全球金融危机，并催生了发展中国家和美国等诸多国家民粹主义政府的上台。

以经验为基础的经济学研究传统虽然被边缘化了，但并没有消失。新自由主义改革在发展中国家的失败，特别是 2008 年美国金融危机的爆发，掀起了一轮对主流经济学理论反思的热潮，而以经验为基础的经济学研究传统（演化经济学）开始获得越来越多的关注。这一研究传统因其对经济增长内涵的深刻揭示和对现实现象的高度解释力，在当前的历史背景下越发彰显出生命力。本章下面内容，将对这一传统的经济增长理论进行介绍。按照赖纳特的解释，演化发展经济学的理论主要源于两方面：一是对美国、英国等国家历史上经济崛起之路的政策经验总结，二是对文艺复兴时期博塔罗和佘拉的思想，德国官房学派、美国学派、熊彼特经济学的思想和二战后的冈纳·缪尔达尔（Gunnar Myrdal）等经典发展经济学思想，以及克里斯托夫·弗

---

① 左右两派的交战实际上是新古典主流经济学研究传统内部的事。在这一研究系统内，生产过程被简化成无差别的劳动时间的应用，世界经济因此也被简化为买卖生产出来的货物，人类行动被相似地简化为单一的劳动时间提供者和消费者，没有任何特质。只不过右派主张通过市场进行资源分配和供需协调，而左派认为行政计划可以取代市场并创造相同的结果。

里曼（Christopher Freeman）、卡洛塔·佩蕾丝（Carloto Perez）等当代演化发展经济学家思想的综合。

二　基于历史的政策经验总结：英国、美国等的崛起

欧洲的繁荣始于文艺复兴。作为文艺复兴发源地的意大利汇集了当时最富裕的几个城邦：威尼斯、热那亚和佛罗伦萨。这些富裕城邦都建立在繁荣的工商业基础之上。威尼斯和热那亚地处沿海，这两个城邦几乎没有什么适合耕种的土地，只能被迫实行专业化的工业生产并进行海外贸易。佛罗伦萨虽然地处内陆，但通过政府的有意行为，在 12~13 世纪，佛罗伦萨的丝织业和毛纺织业非常发达。很明显，这些富裕城邦的生产结构和财富之间有非常重要的联系，工商业在这些城邦都有突出的地位。通过海外贸易进口原材料、出口工业制成品是这些富裕城邦典型的对外经济模式。虽然不一定理解其中的原理，但贫穷的城邦和国家依然可以通过模仿这些富裕城邦的生产结构来致富。英国的崛起是有意识模仿这种产业结构的结果。1485 年，英国国王亨利七世登基，开创了都铎王朝。彼时英国是个一贫如洗的国家，在汉萨商人建立的国际贸易网络中，对外出口羊毛原材料，进口羊毛纺织品。亨利七世继位时，英国未来几年的羊毛都抵押给了意大利的银行家。亨利七世意识到英国处于一种错误的发展模式中，他决定实行一种新的政策，使英国成为一个纺织品生产国而不是原材料输出国。亨利七世制定了大规模的产业政策，首先，对原材料羊毛出口征收关税，抬高外国纺织品生产者的原材料价格；其次，对国内新成立的羊毛制造厂许诺一段时间的免税，并授予一定时期和特定地区的专营权；再次，制定政策吸引海外尤其是荷兰和意大利工匠和企业家。整个都铎王朝时期这种产业政策都得到了持续的贯彻执行，并随产业发展情况相应调整。羊毛原材料出口关税的提高随着羊毛纺织业生产能力的提升同步进行，当英国有能力消化掉它所生产的所有羊毛时，也就是在一百多年后，伊丽莎白一世就禁止所有的羊毛原材料出口。1485~1603 年，英国建立起强大的以羊毛纺织业为基础的制造业。到詹姆士一世时，英国对外出口的羊毛纺织品已经高达二百万英镑，羊毛纺织品出口占各种出口

品总量的 90%。此时，英国出口的羊毛纺织品绝大部分都未经加工就运往比利时，在那里进行染色和进一步的加工处理。在詹姆士一世和查理一世时代，由于采取了保护和鼓励措施，英国的羊毛纺织品加工技术日趋完善，之后英国基本不再进口国外的优质羊毛纺织品，而英国出口的羊毛纺织品全部都是经过染色和精加工处理的。英国的羊毛纺织工业是支柱产业，在羊毛纺织工业的带动下，煤业得到快速发展，煤业的发展又促进了沿海贸易和渔业，这两者构成了英国海军力量的基础。[①] 最终，强大的制造业、基于羊毛的原材料租金，以及强大的海军力量保护下的长途贸易使英国获得了成功。

在 1721 年英国议会上，国王乔治一世公然指出："输出制成品并输入原料，对于公共福利的促进显然是再有利也没有的。"[②] 输出制成品输入原材料，这是从都铎时期开始英国制定商业政策的主导原则。根据这样的原则，在与东方进行贸易时，英国禁止质优价廉的印度棉织品和丝织品输入英国，而他们却很乐意将印度产的精美织物供给欧洲大陆各国，自己使用代价较高、质量较次的自己的东西。也是基于这样的原则，英国不允许殖民地建立制造业。[③] 英国执政者所在意的并不是获得价格低廉的工业制成品，而是获得价格虽高但能够长期存在的制造业能力。

17 世纪的法国、德国都模仿了英国都铎王朝的战略，建立了本国的工业，并实现了国家的统一。19 世纪美国的崛起也遵循同样的战略，"做英国人所做的，而非做英国人所说的"是美国发展早期的座右铭。美国第一任

---

① 弗里德里希·李斯特：《政治经济学的国民体系》，邱伟立译，华夏出版社，2013。

② 弗里德里希·李斯特：《政治经济学的国民体系》，邱伟立译，华夏出版社，2013。

③ 吉·乔舒亚（Gee Joshua）在《大不列颠王国贸易和海运备忘录》（1729）中写道：禁止所有黑人编制亚麻或羊毛制品、纺羊毛绒或者梳理羊毛，禁止他们在任何制铁工厂或者铁钉和铁条加工工厂工作，还禁止他们从事诸如制帽业、制袜业、制革业等任何种类的制造行业……当然，如果他们建立了制造业，政府就必须阻止他们的发展，我们不能期望这项任务还能像现在这样完成起来那么容易。在吉·乔舒亚的时代，经济学家们提出建议，以免殖民地居民怀疑限制其工业发展与造成其贫穷之间存在某种关系。对策就是允许他们自由出口农产品，混淆视听，使之迷惑："如果整个欧洲利用农作物的自由贸易来引诱他们，种植园中的人们就会努力提高产量，以满足广阔的自由贸易带来的巨大需求，这就可以抹去他们头脑中对制造业的追求，使我们与他们的利益不再冲突……"见 Matthew, Decker, *An Essay on the Cause of the Decline of the Foreign Trade*, George Faulkner, Dubulin, 1744。

财政部部长亚历山大·汉密尔顿（Alexander Hanmilton）在 1791 年《关于美国制造业的报告》中提出了类似于亨利七世的政策工具箱。但当时美国正处在初级产品出口导向型经济繁荣时期，国内没有什么值得保护的工业，汉密尔顿的思想被束之高阁。1807 年的禁运法案和 1812 年美国第二次独立战争导致对外贸易中断，迫使许多大贸易商和资本家将资金投资于工业，美国的民族工业得以诞生和发展。1815 年签署的《根特条约》，使得美国重新开始与英国开展对外贸易，大量涌入的英国廉价工业制成品冲击着美国新生的工业资本，导致美国工业保护主义运动高涨。马修·凯里（Matthew Carey）重新将汉密尔顿的思想引荐给美国新一代民族主义政客，美国学派因此诞生，并被辉格党和共和党作为竞选和国家治理的指导思想，主导了美国 1865~1894 年的工业化进程。①

三　演化发展经济学的思想渊源：从佘拉到熊彼特

英国作家约翰·海尔斯（John Hales）指出制造业乘数对国民财富的重要性："我们非常愚蠢……那就是把我们自己的商品外包，让外国人有工作，然后再从他们手中买回来。"② 西班牙是一个反面典型，它执行的政策恰恰和英国相反。西班牙很早就建立了自己的毛纺织工业和其他工业，法国在 17 世纪中叶还经常从西班牙采购毛纺织品。但是后来西班牙发生了大规模宗教排除异端行为，将本国最勤奋、最富裕、最富有进取精神的摩尔人和犹太人，连同他们的资本赶出了西班牙。美洲大陆和好望角航线的发现，给西班牙带来了大量的金银，这些金银却被用来向外国购买工业品，从而助长了英国和荷兰的工业、商业和海上实力，而给本国的工业以致命的打击。到

---

① 迈克尔·赫德森：《保护主义：美国经济崛起的秘诀（1815—1914）》，贾根良等译校，中国人民大学出版社，2010，第 4 页。

② Hales, John, A Compendious or Briefe Examination of Certayn Ordinary Complaints of Divers of Our Countrymen in These Our Dayes: Which Although…in Some Parte Unjust and Frivolous, Yet Are All, by Way of Dialogue, Thoroughly Debated and Discussed, London, 1561/1715, 转引自埃里克·S. 赖纳特：《富国为什么富　穷国为什么穷》，杨虎涛等译，中国人民大学出版社，2013，第 56 页。

18 世纪时，西班牙的制造能力和财富大大下降了。[①] 法国意大利经济学家博塔罗在 1589 年论什么创造了城市的财富时指出："这就是工业的力量，绝非新西班牙或秘鲁的金矿或银矿所能相比，对天主教皇来说，来自米兰的商品关税要比波托西（Potosi）和哈里斯科（Jalisco）的矿井更有价值。意大利是这样一个国家，在这个国家……没有大的金矿或银矿，法国也是这样。由于拥有工业，因此这两个国家都有大量的金钱和财富。"[②]

人们渐渐明白制造业对一国财富增长的重要性，从 16 世纪末一直到 18 世纪，关于制造业才是真正的金矿的阐述在整个欧洲以多种形式出现。与此同时，哲学家和经济学家对制造业创造财富的内在机制的理解也逐渐深刻。人们很早就发现了协同效应、技术进步（创新）、规模报酬递增对创造财富的重要性。佛罗伦萨的学者和政治家布鲁乃陀·拉蒂尼（Brunetto Latini）在解释为何财富集中在城市而非农村时，提出了"共同体"或"公共福利"的概念，用以描述集中在一个区域的来自不同行业的人之间的协作效应，早期的重商主义经济学家把协作看作财富来源的基本要素。弗朗西斯·培根在《新工具论》中提出了创新（技术）是贫富差异巨大的主要原因的假说。他认为，世界各地生存状况的巨大差异"不是来自土壤、气候，也不是来自种族，而是来自技术"。佘拉在其 1613 年的著作[③]中第一次将报酬递增和劳

---

① 16 世纪中叶时，西班牙的经济学家已经意识到问题。1558 年，西班牙财政部长路易斯·奥蒂斯（Luis Ortiz）在致国王菲利普二世的一份备忘录中描述了这种状况："那些外国人花 1 弗罗林货币从西班牙和西印度购买原材料，尤其是丝绸、铁和胭脂虫（一种红色染料），然后他们把原材料生产制成成品再卖回西班牙，这样他们就能获得 10~100 弗罗林货币。其他欧洲国家以这种方式对西班牙的侮辱比他们强加在印度人身上的侮辱更大。西班牙人用价值大致相等的小饰品去交换金银；但他们却用高价买回他们自己的原材料，西班牙人成了全欧洲人的笑柄。"Ortiz, Luis, "Memorandum to the King to Prevent Money from Leaving the Kingdom", Madrid, 1558, 转引自埃里克·S. 赖纳特：《富国为什么富 穷国为什么穷》，杨虎涛等译，中国人民大学出版社，2013，第 66 页。

② 埃里克·S. 赖纳特：《富国为什么富 穷国为什么穷》，杨虎涛、陈国涛译，中国人民大学出版社，2013，第 65 页。

③ 埃里克·S. 赖纳特：《富国为什么富 穷国为什么穷》，杨虎涛等译，中国人民大学出版社，2013，第 6 页。

动分工（协同效应）置于财富创造机制的核心。① 余拉指出，威尼斯之所以成为世界的中心，是因为威尼斯恶劣的自然资源条件逼迫其走上制造业的道路，从而有效利用了制造业活动所提供的规模报酬递增效应。余拉认为，所谓发展，就是有大量不同的经济活动，它们都是报酬递增且成本下降的。21世纪初，熊彼特提出了系统的创新理论，他将创新与报酬递增联系在一起，提出了"历史报酬递增"的概念。19世纪的美国学派深刻认识到创新和技术进步、报酬递增以及协同效应是怎样推动一国经济进入累积向上的因果循环的，美国学派提出了基于资本生产率理论、保护性关税和国内市场的政纲，美国经济几乎完全是按照美国学派的理论崛起的。德国经济学家李斯特曾长时间生活在美国，他是第一代美国学派的代表人物，也是德国历史学派的开创性人物。李斯特在《政治经济学的国民体系》（1841）一书中提出的生产力理论就是在与第一代美国学派代表人物马修·凯里等人讨论保护主义时产生的。② 李斯特指出，体力劳动是生产力，人类的脑力劳动（精神力量）更是一种生产力，他强调创新、协同效应等的作用。李斯特的生产力理论直接推动了19世纪的德国和其他欧洲大陆国家的工业化。李斯特的理论也被翻译成多种语言，影响了19世纪明治维新时期的日本以及20世纪

---

① 自从余拉把报酬递增置于财富创造机制的核心之后，17世纪50年代，余拉的思想被德国南方的一位经济学教授安东尼奥·杰诺韦西（Antonio Genovesi）复兴了。之后，理论却围绕着相反的现象建立，报酬递减在农业中被发现，而报酬递增则被马尔萨斯和他的朋友大卫·李嘉图完全放弃。归因于1803年再版的余拉的书，两位德国经济学家李斯特和威廉·罗雪儿分别重新将规模报酬理论引入政策和理论中。新古典经济学的奠基者马歇尔始终都提及规模报酬理论，最后它却从新古典经济学理论中消失了。随着1923年弗兰克·格雷厄姆（Frank Craham）和1928年阿林·杨格（Allyn Young）所发表的几篇文章，报酬递增理论在美国得到了复兴，但很快在20世纪30年代时被另一位美国经济学家雅各布·维纳（Jacab Viner）所抛弃，理由是报酬递增与均衡理论不符。20世纪80年代，保罗·克鲁格曼重新将报酬递增理论引入国际贸易理论之中，但是他的相关性很快又被贾格迪什·巴格沃蒂（Jagdish Bhagwati）相当权威地质疑了，他称克鲁格曼是年轻人，被不理性的乐观冲昏了头脑。见埃里克·S.赖纳特、贾根良主编《穷国的富国论——演化发展经济学论文选》（下卷），贾根良等译，高等教育出版社，2007，第47页。
② 迈克尔·赫德森：《保护主义：美国经济崛起的秘诀（1815—1914）》，贾根良等译校，中国人民大学出版社，2010，第74页；贾根良等：《美国学派与美国19世纪内需主导型工业化道路研究》，中国人民大学出版社，2017，第54~56页。

60 年代后的韩国。事实上，除了那些天然富裕的城邦小国，现在的发达国家无一不是通过有意识建立和培育本国先进的制造业部门而发展起来的。

四 以报酬递增的高质量生产活动为核心的累积因果循环演化发展观

正是基于从文艺复兴时期的意大利，到 18 世纪的英国，再到 19 世纪和 20 世纪的美国，以及 21 世纪的日本、韩国等发达国家的发展经验，并综合了远溯至博塔罗和佘拉、德国官房学派等的重商主义经济学，到李斯特、美国学派、德国历史学派、熊彼特直到缪尔达尔等的经济发展思想，以及当代的佩蕾丝、弗里曼等的技术变迁理论之后，以赖纳特为代表的演化发展经济学家提出了以报酬递增的高质量生产活动为核心的累积因果循环演化发展观。

这种发展观认为，报酬递增、技术变迁和协同效应是经济发展的核心因素。技术进步产生报酬递增，这两者塑造了产业进入的经济壁垒，报酬递增效应的发挥使得工人工资的提高与生产成本的下降同时发生成为可能，国民福利得以增加。协同效应的存在使技术进步和工资的提升蔓延到其他部门，提高了其他部门的生产率。而实际工资的提升一方面扩大了市场需求，推动报酬递增效应的进一步发挥，从而使成本进一步下降，国民福利进一步增加；另一方面又进一步刺激科技进步，而科技进步又推动报酬递增，如此循环……技术进步、报酬递增和协同效应共同推动经济进入实际工资提高和福利增加的累积向上的因果循环。要实现这样一种循环的起点和关键是选择正确的生产活动。对于发展中国家来说，"做什么"是比"怎么做"更为首要的问题。

之所以这样说，是因为经济活动是高度异质的。首先，不是所有的生产活动都具有报酬递增的性质。农业、牧渔业、矿业等这种本质上依靠自然产出而得到生产要素的生产活动都是典型的报酬递减的生产活动。这是因为，自然资源可能是不可再生的，矿山可能被掏空、鱼类种群可能会灭绝、牧场也会因过度放牧而被毁坏。自然资源的品质也不尽相同，人们总是先开发利用品质最好的土地、牧场、矿山，随着产量增长，那些更贫瘠的自然资源会被开发利用。因此，到了某个时候，当产出增加时，生产率会降低；而如果没有别的部门提供就业，人们被迫仅仅依靠自然资源来生存，到了某一时刻，同样的产出将需要更多的劳动，这会对国家工资水平形成一个向下的压力。因此，专业化于这类生产活动的国家，随着人口和产量的增加将会越来越贫困。对这类生产活动规模报酬递减效应的观察，塑造了零和博弈的经院哲学世界观：财富主要是现存的那些，只不过所有者换来换去。也是基于这一观察，古典经济学家马尔萨斯和大卫·李嘉图才发展出了悲观主义的经济增长前途观。

那么什么样的生产活动具有报酬递增性质呢？这就要追究报酬递增的起源。亚当·斯密认为，报酬递增起源于劳动分工。劳动分工是财富增长的主要原因，分工提高了工人的劳动熟练程度，节约了劳动时间，促进了技术进步（机器的发明和改进），从而提高了劳动生产率。而劳动分工的发展又受到市场规模的限制。经济发展程度越高、市场规模越大，越有利于分工的深化。因此，分工促进经济发展，又被经济发展反哺，这个因果累积的过程体现出的就是报酬递增机制。斯密认为制造业因能进行劳动分工而具有报酬递增性质，农业没有。① 斯密的分工理论主要是在企业内或产业内探讨的，美国经济学家阿林·杨格（Allyn Young）发展了斯密劳动分工的思想，重点探讨了产业间的分工。他在 1928 年的《报酬递增与经济进步》一文中指出，表现为报酬递增的主要经济是生产的资本化或迂回方法的经济。所谓资本化是指使用机器的迂回生产，而迂回生产主要指两个方面：第一，密集使用资本货物的生产（生产率提高的基本原因）；第二，在资本代替劳动的过程中，生产按照环节不断细分和专业化，中间产品部门越来越多，产业链条也越来越长。② 杨格指出，这种迂回生产的产业间分工带来报酬递增的机制，不只在于技术进步，还在于"可以发挥不依赖于技术进步的某些自身优势"，例如管理

---

① "农业的性质与制造业不同，不容许做那么细致的劳动分工，也不容许将一种业务同另一种业务截然分开……不可能把农业中使用的所有各种不同种类的劳动做完全彻底地划分，或许是在这种技艺中劳动生产力的改进不能总是和制造业中的改进保持相同步伐的原因"。见亚当·斯密：《国民财富的性质和原因的研究》，杨敬年译，陕西人民出版社，2001，第6~7页。

② "经济发展过程就是在初始要素与最终产品消费者之间插入越来越多的生产工具、中间产品、知识的专门化等生产部门"，见迈克尔·赫德森：《保护主义：美国经济崛起的秘诀（1815—1914）》，贾根良等译校，中国人民大学出版社，2010，第8页。

的专业化、更合理的地理分布等，而最重要的则是由此带来的市场规模的扩大，进而可以使经济进入正反馈的报酬递增自我激励机制。马克思更为深刻地讨论了劳动分工促进报酬递增的机制，在《资本论》中，马克思同时讨论了企业内分工（内部分工）和企业间分工（社会分工）。与斯密和杨格不同的一点在于，马克思在讨论分工的同时更看重分工基础上的协作。对于分工所导致的生产力的提高和报酬递增方面，马克思更强调分工产生的协作力。马克思认为，"通过协作提高了个人生产力，而且是创造了一种生产力，这种生产力本身必然是集体力"。[1] 这种对分工的看法，与李斯特不谋而合。李斯特在《政治经济学的国民体系》一书中曾批判斯密的分工理论，认为劳动分工能促进经济发展，不仅仅在于分工，更在于分工引起的"联合"，他批判斯密清楚地提到了这一点，但没有深入探究下去。[2] 马克思的这一见解将报酬递增与协同效应联系起来，生产链条的延长增加了协作带来的额外创造力。

其次，创新和技术变迁的机会窗口在各种经济活动之间的分布是非常不均衡的。创新有着不同的形式，也有大小之分。真正巨大的创新浪潮并不多见，根据佩蕾丝和弗里曼的研究，进入工业社会以来真正巨大的创新浪潮一共有五次，每一次都带来技术经济范式的转变。这种范式转变改变了通用技术，新的行业和产品产生了，与此同时，大量旧的产业则因需求模式的彻底改变而消失，即产生了熊彼特的"创造性毁灭"。不仅如此，范式的转变也会引起政治结构和社会制度的变革，范式转变的同时世界权力关系也发生改变，是落后国家实现赶超的机会窗口。[3] 每一次范式转变都会启用一种新的廉价资源，建立新的基础设施，而其最重要的现象就是核心产业发生的

---

① 《马克思恩格斯全集》（第二十三卷），人民出版社，1972，第362页。
② "这类活动（即斯密所指的通过劳动分工开展的生产活动）之所以具有生产性，不单单是由于'划分'，主要还是由于'联合'……他已经这样清楚地说到了这一点，但是对于联合劳动这一观念终于没有能根究到底，这是多可惜的一件事。"见弗里德里希·李斯特：《政治经济学的国民体系》，邱伟立译，华夏出版社，2013，第13章。
③ 英国在蒸汽机和铁路范式下达到了其权力的巅峰，德国和美国在电气和重工业时期取得了领先地位，美国则在福特时期成为无可争议的领导者。

"生产率爆炸"。最近的一次范式转变发生在 20 世纪 90 年代初，计算机和信息技术的发展推动人类社会由大规模生产的福特时代进入信息和通信时代。数据、软件、生物技术等产业是新范式的核心产业，这些产业的创新和技术变迁的机会窗口最大，享受熊彼特动态不完全竞争所带来的高的进入壁垒和高回报，在提高实际工资方面最有潜力。而农业和一些无法再机械化的传统制造业，创新和技术变迁的机会窗口最小，即使把全世界所有的资本都投入进去，也不能产生创新并推动生产力的发展，赖纳特称之为"技术死胡同"模式。这类产品在市场上是完全竞争的，没有熊彼特租金，对增加实际工资的潜力有限。其他的经济活动介于两者之间。值得注意的是，创新和技术变迁的技术窗口，以及由此带来的增加实际工资的潜力不是固定不变的，随着创新被模仿、技术潜力发挥殆尽，学习曲线将由陡峭变得平坦，市场竞争程度随之增加，熊彼特租金将慢慢消失，生产率改进和实际工资提高的潜力也将变小。赖纳特依据创造生活标准的能力对经济活动的质量进行了分类，并制定了一个由低到高的动态谱系。

上述论述说明，经济活动是高度异质的。只有某些经济活动可以成为创新和技术变迁，以及报酬递增的载体（我们称之为高质量的生产活动），而另一些（低质量的生产活动）却不能。要想实现经济发展，必须要抓住高质量的报酬递增的经济活动。对于发达国家来说，高质量的经济活动是其比较优势和竞争优势所在，自由竞争的市场机制不仅不会冲击到这些高质量的经济活动，还会起到激励的作用，促使其以更快的速度创新和改进生产率。而对发展中国家来说，自由放任只能让其专业化于低质量的经济活动（这是发展中国家的比较优势所在），要想开展高质量的经济活动，必须要靠政府的支持和保护。正如经济史学家早就指出的，一个后进国家的政府在经济发展中所发挥的作用远比处于领先地位的工业国家的政府大得多。

那么，发展中国家如何能建立和发展高质量的生产活动呢？基于发展中国家的技术和市场发展水平，参考发达国家历史上崛起过程中所采取的战略和政策，围绕报酬递增的高质量经济活动，发展中国家应抓住三个关键点，即市场、技术和制度（政策）。

第二节　市场的创造、培育和保护——
发展的起点和动力

一　什么是市场

市场是经济发展的起点和报酬递增生产活动的内在动力。这里的市场既指市场规模，也指协调社会化大生产和消费的市场机制。

报酬递增的直接原因是高昂的固定（沉没）成本。没有足够大的市场，采用先进技术和设备的生产方式就不如自给自足的小手工业有效率和有竞争力。因为小的市场规模（需求）无法承担先进技术和设备的高额固定资本支出，没有足够大的市场，报酬递增效益就无法显现。要建立和发展报酬递增的高质量生产活动，必须要有相应的大规模市场支撑，因为供给只能由需求引致，而不能自动产生需求。只有轻工业的市场规模足够大，将轻工业的部分生产环节进行机械化的重工业才有利可图，而只有重工业的市场规模足够大，研发设计等高质量的服务业才有足够的需求支撑。在需求积累形成大规模市场，大规模市场推动产生报酬递增的大规模供给，大规模供给增进社会财富并积累新的需求，需求积累产生新的大规模市场从而推动更高水平的大规模生产活动，如此循环累积的机制下，经济步入报酬递增效益不断显现、产业不断升级和社会福利不断增加的自我反馈的良性发展轨道。引爆这样一个良性发展循环的，是一个能良好运转的统一、有序、大规模的市场。

这样的市场在发展中国家的发展初期是缺失的。首先，发展中国家的收入水平低，可支撑的市场规模小。其次，发展中国家公共交通、通信等基础设施比较落后，商品远距离交易困难，信息不对称问题突出，供给与需求之间的反馈时滞长，因此不仅市场机制的作用难以发挥，而且原本就小的市场因高昂的交通、信息成本而被分割成若干更加小的市场。再次，发展中国家的信用体系通常更为落后，难以为大规模生产所需的大规模融资提供足够的支撑。因此，发展中国家发展的首要问题，就是将分散、低效的小规模市场统一成有序运转的大规模市场，为市场机制作用的发挥以及大规模生产提供支撑。问题在于，试图通过自然演化建立这样的市场，不仅缓慢低效，而且难以实现，因为统一、有序的大规模市场的建立需要付出巨大的经济和社会协作成本。不仅涉及政治稳定和社会稳定的良好外部宏观环境，还涉及交通、通信等基础设施的建设，促进市场有序运转的信用体系的建立，以及保障社会信任的法律制度的建设等内容，这些都是具有外部性的公共产品。从这个意义上来讲，市场本身就是一种成本高昂的公共物品，必须依靠政府的力量创造和培育起来。

二 市场的创造和培育

那如何创造和培育这样一个成本高昂的市场呢？关键就在于重商主义政府和基于农村的原始工业化。① 这种基于农村的原始工业化与马克思描述的早期资本主义的城镇手工作坊有很大不同，后者主要为满足本地区对基本工业品的需求，而前者是为了满足国内外更大市场和远距离贸易品的需求。农业是典型的报酬递减的生产活动，通过发展农村工业化，可以将大量过剩农业人口转移到工业中来，从而提高农业生产率，增加农民收入，破除受困于土地之上的马尔萨斯陷阱。通过在农村组织过剩农业人口和农民的空闲时间就地进行简单的低附加值的劳动密集型工业生产，并通过远距离贸易将产品销售到全国乃至全球的各个角落，可以最大限度扩展市场的边界。在这一过程中，企业家得以培育，供应链网络、商品销售网络、配送网络、基础设施、社会信用体系得以建立，农民收入和国民财富得以积累。通过发展农村工业化增加农民收入，可以使最广大群众的收入较为均衡地得到改善，从而能更有效地积累需求，扩大市场规模，最终推动产业升级，技术进步，经济进入上升轨道。

---

① 文一：《伟大的中国工业革命——"发展政治经济学"一般原理批判纲要》，清华大学出版社，2016。

那么，如何能开启农村的原始工业化呢？要开启农村工业化，首先要有过剩的农村劳动力以及对简单工业品的需求和支付能力。这通常意味着要进行一场较为彻底的土地改革，改变传统落后的以封建土地占有制为基础的农村经济关系，使农民真正成为土地的主人，享受农产品剩余价值支配权，从而激发生产的热情，提高农业生产率进而推动农业的发展。农业的发展是开展农村工业化的前提。但仅有这个还不够，在落后封闭的农村社会，基于农村生产率的提高，人们会产生一些对工业品的需求，并刺激当地手工作坊的生产。但在交通不畅、信息闭塞的农村社会，本地市场因高昂的交易成本而与外部割裂，本地手工作坊也只能零散地进行小规模的生产以满足本地较小的需求。在这种情况下，农村固然有原始工业，但谈不上工业化。在农村开展原始工业化的关键是，通过远距离贸易，沟通本地供给与外部需求，从而使农村的生产不断组织化、规模化，在供给与需求的不断反馈中，市场逐渐统一、扩大、有序运转。因此，商业是关键。要开启农村原始工业化，必须要借助商业的力量，而这离不开重商主义政府的支持和鼓励。重视商业，也就是重视由商业所推动的工业，也就是重视大规模市场。重商主义政府的本质，就是一种把国家的繁荣和强大建立在制造业和商业上的经济民族主义。事实上，正是重商主义对大规模市场的重视，使欧洲分散的小规模城邦联合起来发展成为统一的民族国家。

历史上无论是英国等欧洲民族国家，还是美国、日本，战后的新加坡、韩国以及改革开放后的中国，重商主义政府和基于农村的原始工业化都是开启工业化和经济大发展的关键所在。欧洲的原始工业化是由强大的商人阶层在重商主义政府的保护和支持下推动的。在重商主义政府的强力支持下，具备企业家精神、愿意冒险、有商业头脑的商人，为了追求利润，在农村牵头投资，为农村剩余劳动力提供原材料（从海外殖民地掠夺来的原材料），组织他们进行工业生产（主要是纺织品），并将其产品分销到全国和世界各地。这是一种掠夺性的市场创造过程，强大的商人阶层作为市场创造的主体，在重商主义政府的政策支持和军事力量保护下，通过掠夺性的海外贸易获得巨额财富，弥补了市场创建过程中高额的交易成本，创建了统一的大规模世界市场，并为工业革命奠定了基础。美国是在重商主义原则上立国的，美国的开国总统乔治·华盛顿就是富有的商人。[①] 19世纪初美国已经在广袤乡村展开轰轰烈烈的原始工业化进程，而不是在当时已经较为发达的商业口岸和金融中心城市。[②] 日本在江户时期（1603~1868年）就开展了深入的原始工业化，明治维新时期政府进行了有力的经济和政治改革，促进了商业、基础设施和贸易的发展，并动员农村劳动力参与原始工业化的积累，进一步加快了这一进程。明治政府并没有尝试通过在大的商业化城市中建立大型的制造企业来开展工业化，相反，它集中在农村地区大力发展劳动密集型的小型纺织厂和食品加工厂，逐步在日本建立起具有国际竞争力的小商品轻工业基础。[③] 中国的工业化是从乡镇企业开启的。改革开放之初的中国，缺少强大的商人阶层牵头开展农村工业化和市场创造，中国的农村工业化和市场创造过程是由政府牵头实施的。集权的中央和地方政府具有强大的组织能力和动员能力，中国农村的村镇政府结构和土地集体所有制度，之前通过农村合作化运动、人民公社等培育的村民和村领导的务实精神和企业家精神，以及村民家庭之间高度的社会信任，使得中国地方政府较快建立起集体所有制的乡镇企业，在农村组织专业化生产。中国政府"不管黑猫白猫，抓住老鼠就是好猫的"的务实主义发展战略，让村、镇、市、省各级政府为当地经济的发展展开激烈的全国竞争。各级政府千方百计招商引资、建立分销网络、为当地商品开拓国内和国际市场，在更大规模和更高效率上，开启了工业化和市场创造过程。

① 乔治·华盛顿是一个不折不扣的民族主义者，在总统就职仪式上，华盛顿坚持穿着美国服装——他在康涅狄格州专门定做了一套衣服——而不愿穿着高贵的英国服装。美国第一任财政部长，美国学派创始人物亚历山大·汉密尔顿，就是华盛顿任命的。

② 美国作家安东尼·F.C.华莱士（Anthony F.C. Wallace）在描写他的老家——罗克代尔（Rockdale）这个小镇在19世纪上半叶美国工业革命初期的经济繁荣时这样写道：美国当年开启的工业化制造业体系遍布农村而且依赖这个新兴国家的河流所产生的动力。罗克代尔作为一个当年的制造业基地完全位于自给自足的乡村，只不过在经济上，通过不断买进棉花和卖出纱线、布匹，与遥远的世界和金融中心紧密相连。见文一：《伟大的中国工业革命——"发展政治经济学"一般原理批判纲要》，清华大学出版社，2016，第67页。

③ 文一：《伟大的中国工业革命——"发展政治经济学"一般原理批判纲要》，清华大学出版社，2016，第64页。

三 市场保护和开放的逻辑

自由贸易有两种理论基础，一种是比较优势理论，这一理论被视为新古典经济学体系下穷国与富国之间进行国际贸易的基石。根据比较优势理论，各国只要专业化生产自己具有比较优势的产品，通过自由贸易与别的国家进行交换，就可以获得福利增进。穷国的比较优势主要在于自然资源和劳动力，而富国的比较优势在于资本、技术和知识。按照比较优势理论进行国际贸易，意味着穷国将专业化生产并对外出口低附加值的自然资源密集型产品和劳动密集型产品，同时从发达国家进口高附加值的技术和知识密集型产品。比较优势理论的合理性在于，通过专业化生产和国际贸易，一国在现有的资源和技术水平下，可以以更低的成本获得更加丰富的产品，从而增加短期福利。但这一理论对于长期经济增长来说，具有严重的误导性。因为经济长期可持续的增长依赖报酬递增的生产活动，而市场是报酬递增生产活动的基础和支撑。穷国与富国按照比较优势理论进行分工和自由贸易，等于穷国把高质量的报酬递增生产活动赖以存在的市场，拱手让给了富国。在富国的竞争下，如果没有政府的支持和保护，穷国将难以建立起自己的报酬递增生产活动实现产业升级，也就无法实现以报酬递增生产活动为核心的、自我激励的经济发展的累积循环。

自由贸易的另一种理论基础是规模经济贸易理论。20世纪70年代以来，发达国家之间的贸易远远超过发达国家和发展中国家的贸易，比较优势理论无法解释这一现象。美国经济学家保罗·克鲁格曼和埃尔赫南·赫尔普曼（Elhanan Helpman）据此提出了规模经济贸易理论：规模收益递增为国际贸易提供了基础，某一产品的生产发生规模收益递增时，因生产规模扩大、单位产品成本递减而取得成本优势，由此推动专业化生产并出口这一产品。规模经济贸易理论虽然是为解释发展水平和自然禀赋相似的发达国家之间的大量贸易提出的，但这一理论将目光聚焦到了市场规模和报酬递增的生产活动，更加接近经济增长的本质，从而对于一国试图通过开展国际贸易促进经济增长来说更具有指导意义。

德国经济学家李斯特在其 1841 年的著作《政治经济学的国民体系》一书中，提出了著名的贸易阶段理论。他认为不顾发展阶段的差异而盲目进行自由贸易对于穷国来说是有害的，而如果发展水平大致相同的国家之间开展自由贸易，对双方都是有益的。这背后的原理就在于，经济水平相差不大的国家之间开展自由贸易，双方企业的竞争力差距不大，不至于产生一方对另一方的彻底碾压，从而既可以通过开放市场促进有效竞争，提高效率，又可以扩大市场规模，为报酬递增的生产活动提供更大的支撑。李斯特的这一关于自由贸易的阶段理论，对于发展中国家来说，仍然具有重要的指导意义。

对于发展中国家来说，是否要对发达国家开放市场，实行自由贸易，取决于对两方面的权衡：要当期消费最大化，还是要长期经济增长。如果要实现当期消费最大化，那就按照比较优势理论开展自由贸易。如果要实现长期增长，就必须保护本国高端产业，也就是保护为高端产业提供需求的市场，同时加强对外部市场的开拓，以创造大规模市场来支撑高质量生产活动的开展。当然，这里的高端产业不一定是指世界上技术最先进、资本和知识密集度最高的产业，而是超越本国当前比较优势，但又可以在本国获得市场需求支撑的产业，也即遵循产业升级路径的新产业。比如，当本国轻工业生产规模足够大，将轻工业生产的中间环节机械化有利可图时，按照产业升级的顺序，轻工业生产中间环节机械化的产业就是需要保护的高端产业。这个时候如果开放市场，使外国先进的机械化产业进入本国，在强大的竞争压力下，本国基于市场需求新生的机械化产业将很难抵御外国的竞争，本国更为进步的新产业就难以建立起来，无法实现产业的升级。

第三节　知识、创新与技术——发展的核心驱动力

一　知识和创新是经济发展的核心驱动力

知识和创新是经济发展的驱动力，这一点目前已成为演化经济学和新古

典主流经济学的共识。① 但在很长一段时间内，人们对这一问题的认识都不像现在这样自然和深入。早期的人们倾向于认为，是气候、地理因素等自然条件的差距造成了各国之间经济增长的不同。古典经济学的奠基者亚当·斯密提出源于人类交换倾向的劳动分工是经济增长的原因，但斯密关于劳动分工的观点并没有被纳入新古典主流经济学理论中，反而其对交换问题的偏爱②，将经济学引向了以交换和分配为主的研究领域，生产和创新问题被忽略了。之后的主流经济学对经济增长的解释大都是从资本、劳动力等生产要素的角度开展的，并将资本积累视作推动经济增长的核心因素。对此，熊彼特认为，"这是一种缺乏想象力的观点，即把资本积累本身看作资本主义发展的推动力"，以资本积累解释资本主义是一种同义反复。主流经济学家也开始不满意这种解释，20 世纪 60 年代后期开始，人们开始将焦点转向技术。最开始只关注物化于机械设备中的"有形技术"，之后开始慢慢意识到了知识的重要性。时至今日，人类知识越来越被当成创造财富的基础，而这也使得以完全信息为核心的新古典主流理论体系的不足日益显现。

在新古典主流经济学研究传统中，知识和创新长时期没有得到重视，与其哲学基础有重要关系。新古典主流经济学持有的是经亚里士多德完善的经院哲学观，这是欧洲中世纪晚期的哲学观，是一种静态、机械、零和博弈的世界观，以"物质"和"存在"为核心，它强调世界财富的总量是既定的，只能在持有者中换来换去。在整个中世纪，这种哲学观使宗教成为寻求新实用知识的巨大障碍。人们认为《圣经》是人类知识的总和，在此之外寻求知识被认为是异端邪说。③

① 巴罗等人认为"经济增长来自知识的积累"，见 Barro, Robert J. and Sala-I-Martin, Xavier, *Economic Growth*, New York, McGraw-Hill, 1995：P. X Vi。

② 斯密认为人区别于动物的首要特征在于对交换的偏爱：（对交换的偏爱）是所有人的共同特征，而其他种类的动物却没有这种特征——它们似乎并不了解这一点，也不了解任何合约……没有任何人曾看见某只狗在有意识地与另一只狗公平地交换骨头。见 Smith, Adam, *The Welth of Nations*, Chicago University Press, Chicago, 1976。

③ 罗杰·培根（Roger Bacon）于 1257 年被赶出大学讲坛，并在巴黎寺院里被幽禁 10 年，原因在于他的教学内容中包含了可疑的创新。佐丹奴·布鲁诺（Giordano Bruno），于 1600 年 7 月 1 日在罗马的火刑柱上被烧死。布鲁诺被处死的罪名之一是，他认为宇宙是无限的。《圣经》被看成是"或者至少被人们默认为是人类（可能）有用知识的总和"。

在中世纪的哲学中，宗教成了阻碍经济增长的重要因素，慢慢地人们开始以柏拉图的动态理解重新解读《圣经》：如果人类是按照上帝的形象创造的，那么我们就有责任仿效上帝。上帝最典型的特征是他的创造力和创新，上帝花了 6 天时间创造世界，然后把剩下的创造任务交给了人类自己，因此，创造和创新成了令人愉悦的职责。这种对上帝和《圣经》的全新诠释，经罗杰·培根（Roger Bacon）、尼古拉·库萨（Nicolas of Cusa）、戈特弗里德·威廉·莱布尼茨（Gottfried Wilhelm Leibniz）、克里斯琴·沃尔夫（Christian Wolff）的努力逐步完善。基于这种对《圣经》新的动态的理解，创新和发明不仅得到了许可，还成为人类的责任。① 对待发明创新的态度的转变，推动了欧洲文艺复兴和欧洲经济重心的迁移。早期欧洲的经济中心在南部和地中海国家，然而，随着保守的欧洲南部国家对新知识的态度越来越敌视，以及欧洲北部国家对创新和新知识的态度越来越开明，南部大量受到宗教迫害的流亡学者和技术人才涌向欧洲北部，知识也随之转移，最终促进了欧洲北部的发展和南部的衰落。演化发展经济学正是起源于推动欧洲文艺复兴的库萨、布鲁诺、莱布尼茨和沃尔夫的哲学和经济学，这种研究传统持有有机、动态的世界观，在"存在"之外，重视"思想"和"生成"。这一研究传统，将作为"生成"重要因素的知识和创新视为经济增长的核心驱动力。正是人类的创造力和创新，使财富可以不靠对外征服而获得增长。知识的积累和创新，为报酬递增提供了源源不断的动力，从而打破了马尔萨斯陷阱，实现人口和财富的同步积累。

二　创新的两种类型及收益

人类的创造力和创新是经济增长的核心驱动力，但这并不意味着所有的创新都能增进一国的财富。创新有着不同的形式，也有大小之分。总的来说，人类的创造力和创新会以技术进步的方式影响经济，对新技术的采用会

---

① 赖纳特称人们对上帝和《圣经》的新的理解为宗教的格式塔转换，并且认为西方世界的经济增长和福利是以宗教格式塔转换为基础的。见埃里克·S. 赖纳特、贾根良主编《穷国的富国论——演化发展经济学论文选》（上卷），贾根良等译，高等教育出版社，2007，第75~116页。

以两种方式体现到经济中：新产品或者新工艺。这两种创新具有截然不同的收益模式，对一国财富的影响也十分不同，赖纳特将其总结为"共谋型"收益模式和"古典型"收益模式。

基于新产品的创新为产品创新，这类创新的收益模式是"共谋型"的。巨大的创新浪潮会带来社会技术-经济范式的转变，携带新的技术-经济范式的产品创新形成新的技术-经济范式下的核心产业，这些产业采用最新的技术和管理模式，在最初的一段时间内生产率将会产生爆炸式增长，具有高度的进入壁垒和动态不完全竞争特点，因而可以产生动态熊彼特租金。① 这类产业能为不断增加的人口创造就业机会，因为享受动态熊彼特租金，企业家和投资者将会获得较高的利润；为了吸引人才——新产业所需的技能通常是稀缺的，这些产业将会支付给工人更高的工资；协同效应的发挥将会使得核心产业工人的高工资蔓延到当地市场所有部门中——发达国家的理发师的工资远远高于贫穷国家的理发师的工资，尽管这两个国家的理发师的生产率和技能相差不大——进而提高整个劳动力市场的工资水平；此外，新产业也会带来更大的税基，国家财政收入获得增加。因此，企业家和投资者、工人、当地劳动市场中的其他人以及国家都会因产品创新而获益，这是赖纳特将其称为"共谋型"收益方式的原因所在。不仅如此，产品创新还会增加国内就业，国家财富将会进入企业利润增加、实际工资增加以及就业增加的自我激励的

① 弗里曼和佩蕾丝识别了近代历史中五个技术-经济范式，每一次范式转化都会带来新的通用技术、新的廉价能源以及在新技术和新能源基础上的新的核心产业和基础设施。第一个技术-经济范式发生在 1770～1840 年，核心产业是纺织品；第二个技术-经济范式发生在 1830～1890 年，核心产业是炼铁运输业；第三个技术-经济范式发生在 1880～1940 年，核心产业是电气机械和化学工业；第四个技术-经济范式发生在 1930～1990 年，核心产业是汽车和材料；第五个技术-经济范式始于 1990 年，至今仍在进行中，核心产业是数据、软件和生物技术等。每一个新的技术-经济范式开启时，核心产业生产率都会发生爆炸式增长。随着技术潜力发挥殆尽，生产率趋于稳定。而生产率爆炸式增长时期，也是产生动态熊彼特租金的时期，此时的核心产业呈现高度的进入壁垒和动态不完全竞争特点。随着生产率趋于稳定，这些产业逐渐成熟，不完全竞争程度越来越低，最后变为成熟的完全竞争产业，动态熊彼特租金也随之消失。此时这些产业的核心地位将被携带新的技术-经济范式的产业所取代。见卡萝塔·佩蕾丝：《技术革命与金融资本：泡沫与黄金时代的动力学》，田方萌等译，中国人民大学出版社，2007；埃里克·S. 赖纳特：《富国为什么富 穷国为什么穷》，杨虎涛等译，中国人民大学出版社，2013，第 100 页。

正反馈增长模式。

基于新工艺的创新为过程创新（或工艺创新），这种创新的收益模式是传统的"古典型"的，即通过降低价格使消费者的福利增加。所谓过程创新，指的是将新技术-经济范式的新技术运用到传统产业上，这通常意味着对传统产业的改造，例如福特车作为拖拉机进入农业，或者比尔·盖茨的技术用于酒店预订。这样的创新将会带来传统产业生产率的提高和产品价格的下降，因而可以增进消费者的福利，但是对就业和企业家利润、工人工资的改变是不确定的。事实上，过程创新在特定产业和地方会减少就业，例如互联网技术的应用使得网上销售兴起，冲击了传统的实体商业。这种创新通常不会产生动态不完全竞争，相反，由于竞争的激烈，它可能导致价格下跌，从而使消费者受益，却可能伤害到生产者，使生产利润和工资下降。如果一国主要通过将国外先进技术应用到本国的传统产业上，并且本国传统产业生产的产品主要出口到国外，那么，这种过程创新产生的价格下降的收益将主要被国外消费者享受。如果激烈竞争导致本国生产者利益受损、工人工资得不到提高，甚至不升反降，或者新技术的采用导致当地就业减少，那么这种创新对一国财富的综合影响可能是不利的。

上述讨论说明，产品创新和过程创新对经济的影响是十分不同的。产品创新往往产生高进入壁垒和高利润，并能通过协同效应惠及整个部门和劳动市场，而过程创新一般产生在完全竞争的传统产业中，并不必然带来高利润和高工资，反而可能因激烈的竞争使得产品价格下降、生产者利润受损和工人工资下降。这意味着，如果一国专业化于产品创新，而另一国专业化于工艺创新，那么，前者的生活标准将比后者提升更快，后者的生活标准可能因为技术进步而下降。[①] 因此，一国要发展经济，增进国民财富，就必须要注重产品创新，而不仅仅是将外国技术引进到本国传统产业上的过程创新。换言之，自主创新能力，才是一国经济增长的核心动力。

---

① 贾根良、于占东：《自主创新与国家体系：对拉美教训的理论分析》，《天津社会科学》2006年第6期，第84~89页。

三 国家在知识与技术培育中的作用

接下来的问题在于，如何培育一国的技术和创新能力。通过自主创新开发新产品和新产业，不仅可以增加就业，还可以提高企业利润、劳动力工资和国家财富。因而自主创新具有较强的正外部性，是一定意义上的公共物品，单纯靠企业的力量开展自主创新是不够的，必须依靠国家的力量。

知识与技能是依附在人身上的，自主创新能力的培育一定意义上也就是人才的培育和引进。教育的重要性自不必说，与教育同等重要的，是如何引进和留住人才。正如前文所述，欧洲文艺复兴时期经济重心由欧洲南部和地中海地区向欧洲北部的英国等国的转移，一定程度上是由掌握先进知识和技能的异教徒的迁移推动的。正是出于对人才的重视，在激烈的国际竞争中，欧洲许多国家制定了积极的政策，吸引外国具有高水平知识和技能的人才移民。① 同时，许多国家也制定了严厉的政策，对本国技术人才移民海外进行严厉的惩罚，以阻止本国人才和与之相应的知识与技能的外流。② 但是，当今世界的普遍现象，不是发展中国家从发达

---

① 例如，历史上英国的崛起是从羊毛纺织业开始的，羊毛纺织业是当时技术含量高的高端产业。为开展本国的羊毛纺织业，亨利七世制定了积极的政策，吸引了大量海外，尤其是荷兰和意大利的工匠和企业家移民英国，帮助英国建立起羊毛纺织业。

② 法国等欧洲国家大规模招募技术工人的企图最终促使英国在 1719 年制定法律禁止技术工人外流，尤其是禁止"收买"或招募技术工人去国外工作。该法规定，收买行为可以判处罚金或监禁。在国外工作的技术工人，在接到英国有关官员（通常是驻外外交官）警告后 6 个月内不回国者，将为此丧失其对国内土地和财产的所有权，还会被剥夺英国国籍。这部法律具体提到的工业包括羊毛纺织，钢、铁、黄铜以及其他金属业，还包括钟表制造业，实际上覆盖了所有行业。直到 1825 年，技术工人外流和收买招工才被解禁。英国不仅禁止技术工人外流，1750 年还制定了一项新法案，禁止出口毛织业和丝织业的"工具和用具"。1774 年出台另一项旨在控制棉织和麻织业机器出口的法案。1785 年出台《工具法案》，禁止许多不同类型的机器出口，同时还禁止以收买手段招募技术工人。到了 19 世纪中叶，关键技术变得错综复杂，单纯引进技术工人和机器已经不足以掌握一项技术了，在这种情况下，英国才废除了对技术工人外流和机器出口的禁令。见张夏准：《富国陷阱——发达国家为何踢开梯子》，肖炼等译，社会科学文献出版社，2009，第64~66 页。

国家引进高技术人才，而是大量发展中国家的高端人才流向发达国家[①]，从而不仅浪费了本国的教育资源，还进一步加剧了发展中国家与发达国家之间自主创新能力和技术的差距。

自主创新能力的培育是一个系统工程，国家创新体系概念的提出正是对这一问题的反映。单纯的教育以及国家对研发的投入不足以提高一国的自主创新能力，发展中国家高端人才向发达国家的流出，一方面与一国的激励机制有关，但更重要的一点，还在于本国没有使其能力施展的高端产业。与发达国家开展自由贸易的发展中国家，在与发达国家激烈的市场竞争中很难建立起本国自己的高端产业。没有产业的平台，也就没有对高端人才的市场需求，掌握先进知识和技能的高端人才也就无用武之地，向发达国家出走也就成了无奈之举。因此，发展中国家培育自主创新能力，必须有与教育政策配套的产业政策，换言之，必须对高端产业进行保护，这是选择自由贸易还是保护主义的另一重考量。而基于这一意义上的高端产业的保护，可以较大程度上超越本国的比较优势，这也是历史上发达国家从贫困走向富强的过程中广泛采用的政策。[②]

第四节　制度与政策——发展的保障

一　制度与政策的作用及演化逻辑

制度对经济发展的重要性不容置疑，但人们在制度对经济发展的重要程度及作用方式上存在不同的认识。以诺斯为代表的新制度经济学家倾向于制

---

① 借用赖纳特的例子，82%的牙买加医生在海外工作。圭亚那所有受过大学教育的人中70%在国外工作。见埃里克·S.赖纳特：《富国为什么富　穷国为什么穷》，杨虎涛等译，中国人民大学出版社，2013，第90页。

② 芬兰的诺基亚成立于1865年，一开始以伐木、造纸为主业，逐步向胶鞋、轮胎、电缆等领域扩展。芬兰在20世纪五六十年代还是十分落后的国家，却支持诺基亚向通信领域发展，经过几十年的政府保护和扶持政策之后，诺基亚最终发展成为全球知名的手机制造商，以通信基础业务、先进技术研发及授权为主。

度决定论。他们认为，在决定一个国家经济增长和社会发展方面，制度具有决定性的作用。尽管技术创新为经济增长注入了活力，但如果没有制度创新和制度变迁，并通过一系列制度构建巩固技术创新成果，长期经济增长和社会发展是不可设想的。以赖纳特为代表的演化发展经济学家则认为，制度固然重要，但其作用是辅助性的，制度和资本一样，本身都没有什么内在价值，它们提供的是一种像脚手架一样的支撑作用，其功能在于保障国民生产结构。[①]

一种制度的产生是由某种生产体系所造就的，其目的是使该生产体系更好地运作。制度建设本质上是一种需求拉动的现象，社会生产模式塑造并决定了它的制度。在佩蕾丝的理论中，每一次技术-经济范式的转换都会带来制度和组织模式的转换，只不过惯性和路径依赖会减缓转换的进程。从历史的角度来看，在某种制度出现之前，早就有了对这种制度有需求的经济活动。例如，保险是作为高风险的骆驼商队和其他长距离贸易的结果而产生的。骆驼商队和海上贸易早在重要的保险制度产生很久以前就有了，没有这些高风险的冒险，这些制度就不大可能发展起来。银行产生于意大利城邦，那里特定的经济活动创造了对这种制度的需求。[②] 将制度看成独立于它们所支持、所维系的生产系统是毫无意义的，对制度变迁的理解必须要放在技术变迁和生产结构变化的动态过程中。也就是说，制度适用于特定的情景和经济活动，在一种情景下适当的制度可能完全不适合于另外一种情景。一项制度，例如产权，不能被认为"本身就是好东西"。例如，游牧社会的序贯土地用益权非常适合游牧社会那种特定的生产方式，但被认为更好更先进的资本主义的财产所有权就不行。[③] 关税保护在某种特定产业发展的初期是必不可少的，但当这一产业达到一定的生产能力水平后，获得更大的市场就被认

---

① 埃里克·S. 赖纳特：《富国为什么富　穷国为什么穷》，杨虎涛等译，中国人民大学出版社，2013，第 174 页。

② 埃里克·S. 赖纳特、贾根良主编《穷国的富国论》（上卷），贾根良等译，高等教育出版社，2007，第 218 页。

③ 埃里克·S. 赖纳特：《富国为什么富　穷国为什么穷》，杨虎涛等译，中国人民大学出版社，2013，第 172 页。

为是更重要的了，继续实行关税保护反而不利于产业的进一步发展。在这种制度变迁动力学看来，对于一个国家来说，就创造财富而言，制度变迁的关键，在于能促进报酬递增的经济活动的建立和发展。

鉴于制度的稳定性和惯性，旧制度的破除和新制度的建立通常是一个耗时较长的事情。在实践中，为建立报酬递增的生产活动，还需借助灵活的政策。张夏准在《富国陷阱——发达国家为何踢开梯子？》一书中，详细追述了历史上发达国家在其崛起过程中所广泛采用的政策，主要包括三个方面：产业、贸易与技术政策（ITT）。赖纳特也通过分析发达国家五百年来的政策史揭示了发达国家的崛起之路。这些史料清楚地说明，经济发展是有意设计的结果。通过这些史料我们可以大致看到这样的演化路径：首先是制定特定的报酬递增生产活动的发展战略（例如重商主义的制造业）；然后通过一定的产业、贸易、技术等政策，推动特定经济活动的建立和开展；随着特定产业和经济的不断演进，更为深刻的制度创新和制度变革得以发生，继而推动特定产业和经济进一步发展。当然，在现实中，制度和政策实际上并不总是可以清晰区分的，这也是本书将制度与政策放在一起讨论的重要原因。

二　演化发展经济学的制度观

演化发展经济学的制度观不同于新制度经济学。新制度经济学延续了新古典主流经济学的研究传统，将研究集中在交换领域而非生产领域。以道格拉斯·诺斯（Douglass C. North）的思想为代表的新制度经济学建立在交易成本的理论基础上，集中讨论交换领域中交易成本的存在对经济效率的影响。根据新制度经济学理论，市场上的交易是有成本的，交易成本的存在影响了资源配置效率，通过对产权充分与清晰的界定可以降低交易成本，从而促进经济效率提升。因此，一个国家的经济绩效取决于产权的有效性，制度变迁的原因之一就是相对节约交易费用。最近的新制度经济学将其讨论的核心由经济制度拓展到政治制度。诺斯的学生，美国新制度经济学的后起之秀达龙·阿西莫格鲁（Daron Acemoglu）将制度区分为攫取型制度和包容型制度。他认为包容型经济制度和包容型政治制度能促进经济发展，而攫取型经济制度和政治制度阻碍经济发展，同时鉴于经济制度依赖于政治制度，因此包容型政治制度才是经济发展的核心。但是阿西莫格鲁并没有对攫取型制度和包容型制度进行界限清晰的定义，他用政治制度是否多元民主以及是否充分集权去区别"包容-攫取型政治制度"。按照这一定义，只有民主制度加有效集权的制度运行，才能算是"包容型政治制度"，由此顺利地解决了非西方民主国家的长期落后问题。正如有的学者指出的那样，这样的定义采用的是"先射箭后画靶"的巧妙手法，是"万金油"的概念，在这样的定义下，作者怎么说都是对的。① 但不论怎样，民主制度是经济发展的前提的理念，在新古典经济学领域深入人心。总的来说，我们可以这样总结新制度经济学的制度观：一个国家制度是否优劣的判断标准在于，经济上是否有利于市场交易的发生与深化②，以及政治上是否民主。

美国麻省理工学院政治经济学教授艾莉丝·阿姆斯丹（Alice Amsden）曾这样质疑新制度经济学几乎排他的对交换领域的关注：高的交易成本阻碍了经济增长，高的生产成本难道就没有阻碍经济增长？③ 阿西莫格鲁在《国家为什么会失败》一书中虽然借用大量的史实来佐证其观点，却体现出强烈的非历史倾向：作者热衷于构建"普遍性"的抽象模型和理论并以此来对历史进行解释，而不是深入剖析不同时空下的历史社会环境。由此产生的结果就是，在"万金油"般的概念界定以及对史料的片面引用上，作者成功实现了因果颠倒：不是民主制度带来了经济发展，而是经济发展推动了民主。④

---

① 方绍伟：《学术洞察 |〈国家为什么会失败〉的逻辑失败》，搜狐网，https://www.sohu.com/a/166710169_816537。

② 陈志武：《中国人为什么勤劳却不富有》，中信出版社，2010。

③ 贾根良：《演化经济学的综合：第三种经济学理论体系的发展》，科学出版社，2012，第101页。

④ 大量的史料和分析可参见张夏准：《富国陷阱：发达国家为何踢开梯子》，肖炼等译，社会科学文献出版社，2007。

不同于新制度经济学对交换和民主的青睐，演化发展经济学关注的焦点在于生产和创新领域的制度。演化发展经济学的制度复活了正统的制度主义传统，这种传统源远流长，从"古代"制度学派、德国历史学派、马克思、"老"制度学派一直到现代演化经济学家弗里曼和佩蕾丝等。在这种正统的制度主义传统中，所谓制度是一个强调生产和创新的制度概念，按照弗里曼的看法，激发或者促进创新，并在新思想产生之后充分利用该思想所产生的社会经济效益，就是该制度的目的。① 因此，在演化发展经济学看来，判断制度机制优劣的最重要标准，在于是否有利于生产和创新，也就是邓小平所说的是否有利于生产力的进步。对新制度经济学的批评并不意味着新制度经济学的理论对发展中国家丝毫没有指导意义（本书倾向于认可诺斯有关促进市场交易的制度，而非阿西莫格鲁对民主的强调），后发国家的后发优势之一在于，可以借鉴发达国家的先进制度（前提是它们能负担得起，并且制度与其社会流行的政治和文化模式相协调）。问题在于，对于发展中国家而言，对生产和创新的强调始终要放在首位，制度创造的首要任务就是要保护和推动能迅速提高技术水平和附加值的生产和创新活动。如果按照新制度经济学的理论进行某种制度变革，会危害发展中国家的生产和创新，阻碍发展中国家的生产力进步，那就不能进行这种变革。实际上，正是在新制度经济学的制度观指导下，新自由主义和新制度经济学给非洲、拉美、苏联及东欧的许多国家开出了有利于市场交易发生和深化的自由化、私有化和民主化的药方，使得这些国家在"自由的"市场力量冲击下产生大规模的"去工业化"，生产和学习能力也随之被破坏了，只能重新回归到依靠非熟练劳动力和自然资源这种静态比较优势的发展道路上。②

---

① 埃里克·S. 赖纳特、贾根良主编《穷国的富国论——演化发展经济学论文选》（上卷），贾根良等译，高等教育出版社，2007，第 IV 页。
② 埃里克·S. 赖纳特、贾根良主编《穷国的富国论——演化发展经济学论文选》（上卷），贾根良等译，高等教育出版社，2007，第 V 页。

小　结

在演化发展经济学看来，人类的知识和创造力是经济增长的源泉。报酬递增、协同效应和技术变迁是经济发展的核心机制。知识的积累和人类的创造力体现在经济中就是创新和技术进步。创新和技术进步带来报酬递增和熊彼特租金，使得生产率增加和工资提升成为可能，协同效应使得技术进步和工资提升蔓延到其他部门，进而推动整个劳动力市场的工资增加和生产率提升。工资的增加激励进一步的创新和技术进步，如此往复，经济发展步入创新和技术进步—实际工资增加和生产率提升—创新和技术进步的自我激励的累积因果循环中。现在的西方主流经济学也开始认识到知识积累对经济增长的核心推动作用，但它们将获取知识的过程仅仅看作"人力资本"的积累过程，忽视了重要的一点：只有当技术上的"机会"（一种新思想）导致对知识的需求时，人力资本的价值才是可以被度量的。当因缺少这种机会而没有产生对知识的需求时，其结果就是失业或"人才外流"。由于新思想和知识在任何时候都只集中于相对较少的几种活动，因此，经济发展是活动特定的。换言之，经济活动是创新和技术变迁的载体，不同的经济活动具有不同程度的创新和技术进步的机会窗口，以及不同程度的报酬递增或报酬递减的性质。在创新和技术进步的机会窗口大的活动中（这类活动具有更大的熊彼特租金和更高程度的报酬递增效应），知识和人力资本才能更有效地积累。因此，经济发展的关键，就是抓住这样的经济活动，即报酬递增的高质量生产活动。对于发展中国家来说，这样的高质量生产活动是违背其比较优势的，在自由竞争的市场制度下无法自发建立，必须借助政府的力量，通过积极的产业、技术、贸易政策和制度，为其创造市场、提供技术支撑，逐步培育壮大，最终使这些高质量的生产活动成为具有竞争力的比较优势活动。因此，本书概括的演化发展经济学的发展框架，简单说就是一个中心（创新机会窗口大、报酬递增效应高的高质量生产活动）、两个基本点（市场、技术）和一个支撑（制度与政策）（见图2-1）。

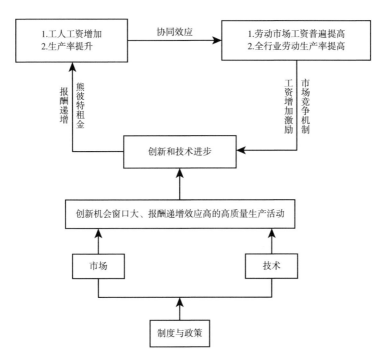

图 2-1 演化发展经济学的分析框架

第三章 从市场的角度看拉美土地改革的历史性延误与经济发展困境

正如本书在第二章中分析指出的，经济发展是生产活动特定的，只有那些具有报酬递增特质的生产活动才能带来经济发展。报酬递增效应的发挥需要大规模市场的支撑，历史上，发达国家由不发达到发达的赶超之路，都是在政府支持或主导下，从将国内分散的小规模市场营造成统一的、有序运转的大规模市场开始的。有了统一的、有序运转的大规模市场，在市场需求激励下，报酬递增的工业生产活动得以建立和发展，国民收入得以提高，市场规模得以进一步扩大，从而激励更高程度的报酬递增生产活动，经济发展就可以被推进到一个自我激励的累积向上的循环轨道之上。因此，一个统一的、有序运转的大规模市场是经济发展的起点。当本国市场的潜力充分发挥之后，就需要通过向海外市场扩张来为报酬递增的生产活动寻求进一步的市场需求支撑。

就尚处于农业文明的不发达社会来说，市场分散在相对孤立的各个农村之间，要将分散的低收入水平的农村市场，发展成统一的、有序运转的大规模市场，不仅需要改革落后的土地制度提高农民收入，也需要大力建设交通、通信等基础设施，以及大力发展商业流通体系，将分散的市场进行连通和统一，促进供给与需求的结合以及供需之间快速有效的信息反馈。因此，创建统一的、有序运转的大规模市场，是一个复杂的系统工程，需要强大的财力支持，政府在这个发展起点上具有关键的作用。历史上，西方发达国家是进行海外殖民贸易的商人阶层承担市场统一任务的，在重商主义政府支持下，这些商人用掠夺来的海外殖民地的财富支持国内市场的统一化过程，同时通过海外殖民，为本国工业的发展提供大规模的海外市场。而中国则是通过在政府主导下大力发展乡镇企业开启这一过程的。无论何种途径，其中的逻辑都是相同的。发展的第一步，都是改革农村落后的土地制度，提高农村生产力，解放农村剩余劳动力，从而为原始工业发展提供资金和劳动力。原始工业的发展提高了农村剩余劳动力的收入，扩大了潜在的市场规模，市场需求和收入的增加为基础设施的建设提供了动力和资金支持。在需求激励下，商业得以发展，原来闭塞的农村因商业的发展和基础设施的修建逐渐连通起来，原本分散在各处的小规模市场逐渐得到统一，供给与需求之间的反馈机制得到优化，市场效率得到提升。统一和扩大了的市场规模为接下来产业结构的升级，即开展报酬递增的高质量生产活动提供了支撑。随着高质量生产活动的发展，报酬递增效应的显现，国民收入和生活水平快速提高，基础设施进一步发展，市场效率进一步提升，市场规模进一步扩大，并为更高层级的报酬递增生产活动提供了基础，从而推动了产业结构的进一步升级。当国内市场规模发展到一定程度，市场规模的提升难以支撑进一步的报酬递增生产活动时，通过开放本国市场，寻求国外市场的扩张就成为发展的重要内容。因此，随着本国工业活动的建立和发展，市场也由保护逐渐走向开放。

从上述发展的逻辑来看，拉美国家在 20 世纪 30 年代开启的进口替代工业化发展进程，从一开始就是根基不牢的，没有为经济发展创造统一的大规模市场，核心表现之一就是土地改革的敷衍和失败。土地改革是农业社会步入工业社会的起点，也是发展的起点，而拉美国家缺失了这一最初的核心环节，后续也没有通过相关努力（例如扩大就业以及缩小收入差距）解决这一环节缺失所带来的阻碍和问题，使得工业化的推进得不到大规模市场的支撑，最终导致工业化模式难以为继。

本章首先对拉美国家的市场情况进行综述，接下来，以土地改革为例，分析拉美国家在工业化发展过程中对创造统一大规模市场重要性的忽视，以及由此引致的工业化失败的内在逻辑。

第一节　拉美国家的市场特征

对于尚处于农业社会的国家来说，发展的起点，就是要为开展报酬递增的高质量生产活动营造统一的、有序运转的大规模市场。这里的市场主要有两层内涵：首先是市场规模，市场规模决定了产品的需求边界，也决定了生产活动规模报酬递增的程度，或曰生产活动的质量；其次是市场运转效率，主要指促进供给与需求的结合，以及促进供需之间信息反馈的因素，是市场机制的重要内容。

市场规模受诸多因素的影响，最直观的因素是人口、收入水平和收入分配结构，这些因素决定了一国市场的潜在规模。同时，市场规模也受空间分布、行政和文化壁垒等因素的影响，这些因素会将潜在市场规模分割成若干相对独立的小规模市场。

影响市场运转效率的因素也有很多，包括宏观经济和政治环境、法律制度体系和社会信用体系、交通运输和通信基础设施、商业贸易和物流服务等内容。

下面，本书将重点从人口与收入、交通运输和通信基础设施，以及商贸物流因素等角度，来考察拉美国家的市场发育情况。

一 人口与收入因素层面

1. 人口因素

1930 年，世界各地人口约 18 亿，其中拉美地区约 1.1 亿。人口超过千万的国家共有 23 个，其中拉美地区有三个，分别是巴西 3357 万（世界第 10 位）、墨西哥 1718 万（世界第 13 位），以及阿根廷 1190 万（世界第 22位）（见表 3-1）。拉美地区人口排名第四的是哥伦比亚，有 791 万。1950年，世界各地人口共计 25.3 亿，其中拉美地区 1.65 亿，占世界人口的6.5%。拉美地区人口超过千万的国家增加到 4 个，分别是巴西 5344 万、墨西哥 2849 万、阿根廷 1715 万、哥伦比亚 1159 万。同期，亚洲地区的日本人口 8381 万、韩国 2085 万、中国台湾 746 万、新加坡 102 万。1960 年，全世界共有 30.4 亿人口，其中拉美地区共有 2.2 亿，占世界人口的 7.24%。拉美地区人口最多的国家是巴西，人口规模 7170 万，居世界第 8 位；其次是墨西哥，人口 3858 万，居世界第 16 位；再次是阿根廷 2062 万和哥伦比亚 1595 万，其他拉美国家人口都不足千万。经过几十年的发展，拉美和世界其他国家与地区人口均大大增加。世界银行 WDI 数据库显示，截至 2018年，世界各国共有人口 75.94 亿，其中，拉美地区人口共计 6.4 亿，占世界人口的 8.43%。拉美各国中，人口最多的巴西达到 2.09 亿，居世界第 6 位；墨西哥 1.26 亿，居世界第 11 位。其他几个人口较多的国家分别是哥伦比亚4965 万、阿根廷 4450 万、秘鲁 3199 万、委内瑞拉 2887 万、智利 1873 万。此外，危地马拉、厄瓜多尔、玻利维亚、古巴、海地、多米尼加的人口也超过千万。其他拉美国家人口都不足千万，许多中美洲国家和加勒比岛国家人口尚不足百万。人口是影响潜在市场规模的重要因素，除了少数几个国家之外，大多数拉美国家的人口规模都非常小，难以为报酬递增的生产活动提供足够大的市场规模支撑。①

表 3-1　1930~2018 年拉美和亚洲部分国家与地区人口情况

单位：千人

	1930 年	1940 年	1950 年	1960 年	1970 年	1980 年	1990 年	2000 年	2010 年	2018 年
巴西	33568	41114	53443	71695	95684	123020	151170	176320	195714	209469
墨西哥	17175	20393	28485	38579	52775	68347	84914	99927	114093	126191
阿根廷	11896	14169	17150	20616	23962	28370	33036	37336	40788	44495
哥伦比亚	7914	9174	11592	15953	21430	26631	32957	39817	45223	49649
秘鲁	5480	6440	7633	9931	13193	17295	21600	26087	29028	31989
委内瑞拉	3300	3784	5009	7556	10758	14768	19325	23493	28440	28870
智利	4266	5056	6091	7585	9369	11094	13129	15156	17063	18729
乌拉圭	1713	1965	2194	2531	2824	2930	3110	3328	3359	3449
日本	64203	72967	83805	94092	104345	116807	123537	126729	128070	126529
韩国	13900	15627	20846	24784	32241	38124	42869	46839	49554	51635
中国台湾	4563	5837	7456	10861	14532	17788	20172	22133	23162	23589
新加坡	596	751	1022	1646	2075	2414	3047	4037	5077	5639

资料来源：1930~2000 年数据来源于麦迪森数据库，http：//www.ggdc.net/maddison/oriindex.htm。2010 年、2018 年数据来源于世界银行 WDI 数据库。

———————————

① 本书所指的经济发展逻辑，主要针对市场规模较大的国家而言的，不适用于和平环境下小国的情况。

除了从绝对人口规模来考察人口情况之外，人口增长率也是一个重要因素。世界银行 WDI 的数据显示，1961 年拉美地区平均人口增长率为 2.81%，高于世界平均水平（1.35%）。2018 年，拉美地区人口增长率仅有 0.92%，低于世界平均水平 1.1%（见图 3-1）。个别拉美国家的人口呈负增长，最突出的委内瑞拉，2018 年其人口增长率为 -2.44%。委内瑞拉的显著下滑与 2015 年以来陷入经济危机，进而贫困率大幅上升、社会不稳定、暴力冲突多发不无关系。整体上而言，拉美国家人口增长率的下降主要源于出生率的下降，拉美地区平均出生率由 1960 年的 4.1% 下降到 2018 年的 1.6%，同期死亡率由 1.98% 下降到 0.74%。

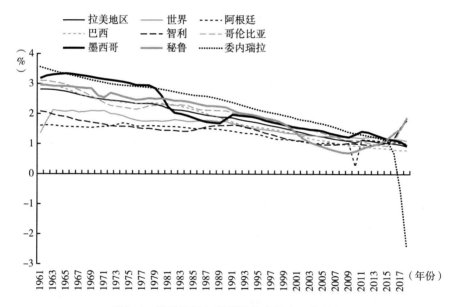

图 3-1　拉美地区与世界平均水平人口增长率

资料来源：世界银行 WDI 数据库。

2. 收入因素

一国国内市场潜在规模可以表示为人口与人均收入的乘积。人口固然重要，但短期来看，人口相对固定，长期来看，人口的变化受自然增长率的影响较大，受政策影响的程度相对较小。从这个意义上看，收入可能是比人口规模更为重要的影响因素。影响市场规模的收入因素主要包括两方面：收入水平和收入结构。

（1）收入水平。

衡量收入水平的重要指标是人均国民收入，但鉴于该指标缺少历史数据，本书借用人均 GDP 指标来间接考察历史时期拉美地区的收入情况。

根据麦迪森的数据，1930 年，拉美个别国家的人均 GDP 已经达到或接近发达国家的水平。1930 年国际上人均 GDP 最高的国家是瑞士，按照 1990年国际元计价为 6246 国际元，其次是美国 6213 国际元（见表 3-2）。人均 GDP 最高的西欧 12 国的平均水平为 4297 国际元。同期，拉美地区的乌拉圭人均 GDP 达到 4301 国际元，紧随其后的阿根廷为 4080 国际元，其次是委内瑞拉 3444 国际元和智利 2859 国际元，这几个国家按照人均 GDP 衡量已经达到或接近发达国家的水平。拉美其他几个大国巴西、墨西哥、哥伦比亚、秘鲁的人均 GDP 分别为 1048、1618、1474 和 1663 国际元，与同时期的日本 1850 国际元和韩国 1049 国际元比较接近。

表 3-2　1930~2008 年拉美地区与世界其他国家和地区人均 GDP 对比

单位：1990 年国际元

	1930 年	1940 年	1950 年	1960 年	1970 年	1980 年	1990 年	2000 年	2008 年
巴西	1048	1250	1672	2335	3057	5195	4920	5532	6429
阿根廷	4080	4161	4987	5559	7302	8206	6433	8581	10995
智利	2859	3236	3670	4270	5231	5680	6401	10309	13185
哥伦比亚	1474	1895	2153	2497	3094	4257	4826	5079	6330
墨西哥	1618	1852	2365	3155	4320	6320	6085	7275	7979
秘鲁	1663	1911	2308	2969	3854	4263	3008	3817	5388
乌拉圭	4301	3661	4659	4960	5184	6555	6465	7873	9893
委内瑞拉	3444	4045	7462	9646	10672	10139	8313	8433	10596
美国	6213	7010	9561	11328	15030	18577	23201	28467	31178
瑞士	6246	6397	9064	12457	16904	18779	21487	22475	25104
西欧 12 国	4297	4992	5005	7585	10925	14001	16797	19993	22246
日本	1850	2874	1921	3986	9714	13428	18789	20738	22816

续表

	1930 年	1940 年	1950 年	1960 年	1970 年	1980 年	1990 年	2000 年	2008 年
韩国	1049	1600	854	1226	2167	4114	8704	14375	19614
中国台湾	1150	1134	916	1353	2537	5260	9938	16872	20926
新加坡			2219	2310	4439	9058	14220	22518	28107

注：①西欧 12 国包括奥地利、比利时、丹麦、芬兰、法国、德国、意大利、荷兰、挪威、瑞
典、瑞士、英国。
②空白部分数据缺失。
资料来源：世界银行 WDI 数据库。

1950 年，国际上人均 GDP 最高的国家是美国 9561 国际元，西欧 12 国
的人均 GDP 为 5005 国际元。同年，拉美地区人均 GDP 最高的国家是委内
瑞拉，为 7462 国际元；其次是阿根廷 4987 国际元、乌拉圭 4659 国际元，
以及智利 3670 国际元。拉美其他几个大国巴西、墨西哥、哥伦比亚和秘鲁
的人均 GDP 分别为 1672、2365、2153 和 2308 国际元，与亚洲的日本
（1921 国际元）和新加坡（2219 国际元）相差不大，但明显高于韩国（854
国际元）和中国台湾（916 国际元）。

1970 年，国际上人均 GDP 最高的国家是瑞士 16904 国际元，其次是美
国 15030 国际元，西欧 12 国的人均 GDP 为 10925 国际元。同期拉美地区委
内瑞拉达到 10672 国际元；排名第二的阿根廷为 7302 国际元；之后是智利
5231 国际元和乌拉圭 5184 国际元；其他几个拉美大国巴西、墨西哥、哥伦
比亚和秘鲁分别达到 3057、4320、3094 和 3854 国际元，低于同时期的日本
（9714 国际元），与新加坡（4439 国际元）相差不大，高于韩国（2167 国
际元）和中国台湾（2537 国际元）。

1980 年，拉美国家与欧美发达国家的差距进一步拉大。这一年美国的
人均 GDP 为 18557 国际元，西欧 12 国为 14001 国际元。而拉美地区人均
GDP 最高的国家委内瑞拉为 10139 国际元，其他几个拉美大国在 4000~8500
国际元，低于日本（13428 国际元）和新加坡（9058 国际元），与韩国
（4114 国际元）和中国台湾（5260 国际元）相近。说明拉美地区原先对亚

洲地区的领先趋势已经不复存在。

1980~1990年是拉美深陷债务危机的十年，这十年间拉美地区的经济呈现倒退趋势，人均GDP不升反降。与此同时，欧美发达国家和亚洲发达经济体的人均GDP持续增加。至1990年，拉美国家与欧美发达国家之间的差距显著拉大，同时人均GDP也被亚洲发达经济体全面反超。

1990~2000年，除了智利人均GDP有较大程度增长之外，其他几个拉美大国增长不明显，拉美国家与欧美发达国家和亚洲发达经济体的差距越来越大。2000~2008年是大宗商品超级周期，拉美国家经济得到较快增长，人均GDP提高幅度较大，但依然远远落后于欧美发达国家和亚洲发达经济体。

上述数据显示，时间追溯到1930年拉美国家最早开始实施进口替代战略时期，几个拉美大国大体可以分为两组。一组是阿根廷、乌拉圭、委内瑞拉和智利，这四个拉美国家的人均GDP处于较高的水平；另一组是巴西、墨西哥、哥伦比亚和秘鲁，这四个国家的人均GDP与上述国家差别较大，与日本、韩国、中国台湾相当。到1950年二战刚刚结束不久，第一组拉美国家的人均GDP依然保持在较为领先的地位，与发达国家差距不大；第二组的人均GDP明显领先韩国和中国台湾，与日本和新加坡相当。至1960年，除了委内瑞拉的人均GDP继续保持较为领先地位外，第一组其他几个拉美国家已经远远落后于欧美发达国家，与第二组的差距缩小，整体上依然领先于亚洲地区。1960~1980年，拉美国家人均GDP都有了较大程度提高，但发达国家和亚洲发达经济体发展更快，这一时期包含委内瑞拉在内的拉美国家都远远落后于发达国家。1980~2008年，拉美国家与世界发达国家和亚洲发达经济体之间的差距进一步拉大。

根据世界银行划分的标准，按照人均国民收入衡量，在20世纪80年代之前，拉美国家实现了由低收入阶段向中等收入阶段的跨越。其中阿根廷、巴西、委内瑞拉、乌拉圭等国实现了由中低收入向中高收入阶段的跨越，跨入上中等收入国家的行列。与此同时，亚洲地区的韩国也跨入了上中等收入国家的行列，而日本、新加坡、中国台湾则在 20 世纪 80 年代迈入发达国家与地区行列。

总体来看，在 20 世纪 80 年代之前，拉美国家的人均收入和人口规模呈增长趋势，这使拉美国家的市场规模不断扩大。特别是对于巴西、墨西哥这两个拉美人口大国来说，人均收入的持续增长为两国提供了一个可观的市场规模。然而，拉美国家严重不公的收入分配，却在很大程度上制约了国内市场规模扩大的潜力。

（2）收入结构。

边际消费倾向递减规律意味着，收入越高，用于消费的部分占比越低。因此，在同样的人均收入增速情况下，只有少部分居民收入大幅增长而大部分居民收入得不到提高所带来的需求增加效应，远小于全体居民齐头并进式的收入增长所带来的需求增加效应。因此，单纯考察人均收入的增长情况，不足以准确描述市场规模的发展特征，还要同时考虑收入分配情况。

拉美国家继承了殖民地时期大地产制度下的社会和收入分配结构，收入两极分化十分严重。在开启工业化道路之初，拉美国家没有像亚洲发达经济体那般，通过彻底的土地改革实现初次分配公平，后续也缺乏有效的再分配政策，这使收入两极分化问题一直是拉美国家的突出问题，伴随着拉美国家经济发展的全过程。

基尼系数用于衡量一个国家收入不平等程度，国际上公认的标准是，基尼系数处于 0.4~0.5，表示收入差距过大，超过 0.5 则意味着出现两极分化。1981~2017 年，拉美的基尼系数普遍在 0.4 以上，许多国家更是长期保持在 0.5 以上的水平。拉美几个主要国家中，巴西的基尼系数始终在 0.5 以上，高峰时期一度接近 0.6，是拉美乃至全世界收入不平等最严重的国家之一。2017 年，智利的基尼系数降到了 0.44。乌拉圭、阿根廷、秘鲁的基尼系数在拉美国家中属于较低水平。比较来看，2008~2017 年，欧洲发达国家的基尼系数更低，许多国家在 0.3 以内；东亚地区日本、韩国的基尼系数在 0.35 以内；发达国家中美国的基尼系数较高，超过 0.4，超过世界银行收入差距过大警戒线，美国也是发达国家中收入分配差距最大的国家（见表3-3）。

表3-3　1981~2017 年各国的基尼系数

单位：%

	1981 年	1987 年	1995 年	2000 年	2005 年	2008 年	2013 年	2017 年
巴西	58	59.7	59.6		56.3	54	52.8	53.3
墨西哥				52.6	50.1	49.9		
阿根廷		45.3	48.9	51.1	48	45.3	41	41.2
智利		56.2		52.8			45.8	44.4
哥伦比亚				58.7	53.7	55.5	52.8	49.7
秘鲁				49.1	50.4	47.5	43.9	43.3
乌拉圭			42.1	43	44.7	45.1	40.4	39.5
委内瑞拉	55.6	53.4	47.8		52.4			
美国				40.3			41	
英国			36.3		34.3	34.1	33.2	
奥地利		23	31.1	28.8	28.7	30.4	30.8	29.7
比利时			28.4	33.1	29.3	28.4	27.7	27.4
丹麦		26.2	23	23.8	25.2	25.2	28.5	28.7
芬兰		22.2	23.5	27.2	27.6	27.8	27.2	27.4
法国				31.1	29.8	33	32.5	31.6
德国			28.9	28.8	32.1	31.1	31.1	
意大利		34.5	35.2	35.3	33.8	33.8	34.9	35.9
荷兰		26.8			29	29.3	28.1	28.5
挪威			26	27.4	30.6	27	26.4	27
瑞典	22.9	23.1	25.2	27.2	26.8	28.1	28.8	28.8
瑞士				33.4		33.8	32.5	32.7
日本						34.8	32.9	
韩国						32.3		

注：空白部分表示数据缺失。
资料来源：世界银行 WDI 数据库。

根据世界银行 WDI 数据库，拉美国家收入最高的 10% 的人群占全国收入的比例在世界各国中处于较高水平，特别是巴西和哥伦比亚（见

表 3-4）。智利、墨西哥、秘鲁在 21 世纪之前也面临同样的局面，21 世纪之后，这几个国家的收入集中形式略微缓解，收入最高的 10% 人群占全国收入的比重下降到 40% 以内。2016~2017 年，乌拉圭是拉美主要国家中收入集中程度最轻的，收入最高的 10% 人群占全国收入的比重在 30% 以内，但仍高于欧洲发达国家。

表 3-4　收入最高的 10% 人群占全国收入的比重

单位：%

	1981~1990 年	1991~2000 年	2001~2010 年	2013 年	2016 年	2017 年
巴西	47.0	46.4	44.3	41.8	42.1	42.0
智利	46.3	44.6	39.2	37.4		36.3
墨西哥	43.6	42.7	39.0		36.9	
委内瑞拉	39.1	35.1	36.1			
阿根廷	33.4	36.2	35.2	29.4	30.3	29.7
哥伦比亚		45.0	43.8	41.5	40.0	39.0
秘鲁		41.9	38.1	32.7	32.6	32.3
乌拉圭		38.0	34.3	30.0	29.6	29.6
美国	26.8	29.5	30.0	30.1	30.5	
瑞士	28.6	26.2	25.7	25.5	25.8	25.5
法国	26.8	25.0	25.4	26.4	25.9	25.8
意大利	25.1	26.1	25.8	25.9	26.0	26.7
英国	24.4	27.7	26.9	25.3	26.8	
荷兰	23.0	22.3	23.5	22.8	22.9	23.3
丹麦	21.6	20.1	21.5	23.7	23.7	24.0
比利时	20.9	23.2	23.2	21.8	22.2	21.9
挪威	20.5	22.0	23.0	21.3	23.1	21.6
奥地利	19.3	23.3	23.8	24.3	23.8	23.0
芬兰	19.2	20.9	23.0	22.3	22.4	22.6
瑞典	18.7	20.7	21.4	22.2	23.3	22.3
德国		22.8	24.5	24.6	24.6	
日本			25.9	26.4		
韩国			24.2			

注：空白部分表示数据缺失。
资料来源：世界银行 WDI 数据库。

与此同时，拉美国家还有大量人口处于极端贫困状态下。根据世界银行 WDI 数据，在 20 世纪 80~90 年代，日均生活费低于 1.9 美元（按照 2011 年购买力平价衡量）的极端贫困人口在拉美地区占比超过 10%（见表 3-5）。其中巴西、墨西哥、哥伦比亚这几个拉美大国极端贫困人口占比尤其高，巴西 1981 年有高达 21.4% 的人口是极端贫困人口，哥伦比亚 1996 年这一比例为 16.5%，而墨西哥 1996 年则高达 20.7%。进入 21 世纪之后，拉美地区整体上极端人口占比大大下降，截至 2015 年这一比例已降至 4.1%，阿根廷、智利等国 2013~2016 年极端贫困人口不足 1%。但与发达国家相比，拉美国家极端贫困人口的比重仍然较高。

表 3-5　极端贫困人口占比

单位：%

	1981 年	1987 年	1996 年	2005 年	2008 年	2010 年	2013 年	2015 年	2016 年
拉美地区	13.8	13.8	13.9	9.9	6.9	6.2	4.3	4.1	
哥伦比亚			16.5	9.7	10.4	7.7	5.7	4.5	4.5
秘鲁			15.3	9	5.5	4.3	3.6	3.5	
巴西	21.4	17.8	14.2	8.6	5.6		3.1	3.2	3.9
墨西哥			20.7	6.7	5.5	4.6			2.2
阿根廷			4.6	3.7	2.6	2.2	0.7		0.7
智利		11.7	3.4				0.4	0.3	
委内瑞拉	5.8	6.1		18.9					
美国						1	1		1.2
意大利		1.2		0.7	0.7	1.3	1.4	2	1.6

注：①极端贫困人口指的是按照 2011 年购买力平价衡量的日均生活费低于 1.9 美元人口。
　　②空白部分表示数据缺失。
资料来源：世界银行 WDI 数据库。

而如果考察日均生活费支出低于 5.5 美元（按照 2011 年购买力平价衡量）的贫困人口占总人口的比重，拉美国家的问题更为突出。在 20 世纪 80 和 90 年代，拉美地区有将近一半的人口都属于按照世界银行标准划分的贫困人口（见表 3-6），日均生活费支出很低。尤其是巴西、墨西哥、哥伦比亚，一半以上的人口为贫困人口。进入 21 世纪以来，由于经济的发展和社会政策的实施，贫困人口有较大幅度下降，但问题依然十分突出。2016 年哥伦比亚、秘鲁、墨西哥、巴西这几个国家，仍有 1/5 以上的人口为贫困人口。相比而言，发达国家除了美国、意大利、奥地利等国有少量比例的贫困人口外，多数发达国家的贫困人口占比都不足 1%。

表 3-6　贫困人口占比

单位：%

	1981 年	1987 年	1996 年	2002 年	2005 年	2008 年	2010 年	2013 年	2015 年	2016 年
拉美地区	47.1	47.4	48.1	45.1	40.8	33.1	30.9	27	26.2	
巴西	60.3	52.9	45.7	40.4	38.1	28.9		19.4	18.7	20.1
哥伦比亚			55.2	53.2	46.7	42.3	38.3	32	28.7	28.5
秘鲁				50.4	52.1	37.4	31.2	26	24.2	24.3
墨西哥			61.6	41	36.8	33.6	33.7			25.7
阿根廷		8.3	22.3	44.2	21.1	14.7	12.7	8.2		8.5
智利		52.8	31.2					6.9	5.2	
乌拉圭			9.4	13.7	17.4	10.2	8.2	4.8	3.8	3.6
委内瑞拉	33.7	36.5		55.9	48.8					
美国							2	2		2
意大利		2.7			1.8	1.7	2.5	2.8	3.5	3.2
瑞典	0.7	0.5			1.6	1	1.2	1.1	1.1	0.6
奥地利					0.4	0.9	0.8	0.6	0.9	1.2
日本						1.4	0.5	1.2		
韩国						1.2	1.5			

注：①贫困人口指的是按照 2011 年购买力平价衡量的日均生活费低于 5.5 美元人口。
　　②空白部分表示数据缺失。
资料来源：世界银行 WDI 数据库。

3. 小结

综合考虑拉美主要国家的人口规模、收入水平和收入结构，可以看出，在 20 世纪 30 年代开启工业化道路之初，拉美国家的人均收入情况整体好于亚洲地区的日本、韩国、中国台湾。人口规模除了显著低于日本外，普遍高于新加坡。在随后的工业化过程中，拉美国家的人口规模和收入水平都实现较快增长。从人口规模看，排名第一的巴西 1930 年时人口为日本的一半左右，到 1980 年时已经超过日本。墨西哥的人口在 1930 年时仅比韩国多 300 多万，到 1980 年时已经是韩国的 1.8 倍，比韩国人口多 3000 多万。从收入增速来看，1930~1980 年，拉美国家的收入实现较快增长。总体来看，巴西的收入增速与中国台湾地区相当、墨西哥的增速与韩国相当，其他几个拉美国家的增速都低于这两个经济体，更低于日本。但分阶段来看，1930~1950 年，拉美国家的人均 GDP 增速超过亚洲发达经济体；1950~1980 年，多数拉美主要国家的人均 GDP 增速较上一时期有所提高，但仍显著落后于亚洲发达经济体（见表 3-7）。换句话说，亚洲发达经济体经济发展起步比拉美国家晚了 20 多年，但发展势头更猛。与此同时，拉美国家的收入两极分化一直十分严重，大量人口并没有从经济发展中获得实惠，经济收入的增加只集中在少部分人口。人口的收入分布呈现两头重、中间轻的结构，即富人阶层和穷人阶层占比高，中间收入阶层占比少。而亚洲发达经济体收入分配比较均衡，绝大部分人群的收入都获得了显著提高，产生了庞大的中产阶层。因此，尽管收入和人口规模的增长扩大了拉美国家的市场规模，但与亚洲发达经济体相比，1950~1980 年，拉美国家不仅收入增速大大落后，而且中产阶层的增长也远远落后，这使得拉美国家国内有效市场规模扩张的程度比亚洲发达经济体小得多。1980~1990 年，受债务危机影响，拉美国家陷入衰退，人均收入下降，与此同时，贫困率大幅上升，市场规模大大收缩。1990 年以来，拉美国家经济逐步复苏，但增长缓慢，而贫困化、收入两极分化问题依然十分严重，严重制约了国内市场规模的进一步扩大。

表 3-7 1930~2018 年部分拉美国家和亚洲发达经济体人均 GDP 增速情况

单位：%

	1930~1980 年	1930~1950 年	1950~1980 年	1980~1990 年	1990~2000 年	2000~2008 年	2008~2018 年
阿根廷	1.41	1.01	1.67	-2.40	2.92	3.15	-0.11
巴西	3.25	2.36	3.85	-0.54	1.18	1.90	0.39
智利	1.38	1.26	1.47	1.20	4.88	3.12	1.94
哥伦比亚	2.14	1.91	2.30	1.26	0.51	2.79	2.29

续表

	1930~1980 年	1930~1950 年	1950~1980 年	1980~1990 年	1990~2000 年	2000~2008 年	2008~2018 年
墨西哥	2.76	1.92	3.33	-0.38	1.80	1.16	0.87
秘鲁	1.90	1.65	2.07	-3.43	2.41	4.40	3.20
乌拉圭	0.85	0.40	1.14	-0.14	1.99	2.90	2.98
委内瑞拉	2.18	3.94	1.03	-1.97	0.14	2.90	
日本	4.04	0.19	6.70	3.42	0.99	1.20	0.74
韩国	2.77	-1.02	5.38	7.78	5.14	3.96	2.66
中国台湾	3.09	-1.13	6.00	6.57	5.44	2.73	
新加坡			4.80	4.61	4.70	2.81	3.24

资料来源：1930~2008 年数据来源于麦迪森数据库，http：//www.ggdc.net/maddison/oriindex.htm。2018 年数据来源于世界银行 WDI 数据库。

二 基础设施与商贸物流因素的考察

通过交通运输和通信基础设施的建设，将分散在各地的小规模市场进行连通，既是扩大市场规模的重要内涵，也是连接供给与需求、促进市场有序运转的内在要求。

1. 交通运输基础设施

世界经济论坛发布的全球竞争力指数对各国的交通运输基础设施情况进行评估，按照基础设施总体情况由差到好进行打分，并根据得分情况对各国进行排名。对基础设施总体情况的评分主要包括六个方面：总体基础设施质量、道路质量、铁路基础设施质量、港口基础设施质量、航空运输基础设施质量以及飞机座位情况。表 3-8 列出了 2011~2019 年几个拉美主要国家和其他国家的交通基础设施总体得分与排名情况。[①] 可以看出，2019 年，拉美国家的交通运输基础设施情况普遍落后，在参与评比的全球 151 个经济

---

① 世界经济论坛 2019 年交通运输基础设施质量的内容与之前不同，主要包括八个方面内容：道路连通性、道路基础设施质量、铁路密度（每 1000 千米铁路长度）、火车服务效率、机场连通性、航空运输服务效率、班轮运输连接性以及海港服务效率。

体中排名中后。2019 年，基础设施总体情况最好的拉美国家是墨西哥，得分为 57.4，在全球排名中位列第 51；最差的是委内瑞拉，仅为 24.7 分，在全球排第 136 位。拉美国家交通运输基础设施发展情况落后于亚洲部分经济体。2019 年，新加坡得分 91.7，位列全球第 1；日本、韩国分别位列全球第 4、第 5，中国台湾位列第 13。起步较晚的马来西亚、印度的交通运输基础设施发展情况也远远领先于拉美国家，泰国和印度尼西亚与墨西哥和智利相当。

表 3-8 2011~2019 年交通运输基础设施总体情况

	2011 年		2013 年		2016 年		2019 年	
	得分	排名	得分	排名	得分	排名	得分	排名
阿根廷	3.17	89	3.06	101	3.21	86	47.7	78
巴西	3.76	67	3.42	79	3.48	77	45.6	85
智利	4.56	37	4.46	40	4.13	45	56.6	54
哥伦比亚	2.94	101	2.80	114	3.01	98	43.8	92
墨西哥	3.96	57	4.38	41	4.55	36	57.4	51
秘鲁	3.08	94	3.09	97	3.06	94	42.4	97
乌拉圭	3.54	75	3.29	86	2.97	100	44.2	90
委内瑞拉	2.58	123	2.38	135	2.23	134	24.7	136
美国	5.75	11	5.75	13	5.90	9	79.6	12
日本	5.92	7	6.00	8	6.13	5	87.8	4
韩国	5.73	12	5.87	10	5.73	11	87.6	5
新加坡	6.46	4	6.55	3	6.46	3	91.7	1
中国台湾	5.19	20	5.14	18	5.42	17	79.4	13
中国大陆	4.73	31	4.88	30	5.09	21	68.9	24
马来西亚	5.28	19	5.35	16	5.78	10	66.4	29
泰国	5.05	23	4.95	27	4.57	34	56.8	53
印度	4.50	39	4.57	38	4.62	32	66.4	28
印度尼西亚	3.89	63	3.98	56	4.38	39	56.1	55

注：2019 年为百分制。
资料来源：世界经济论坛《全球竞争力报告》。

2. 通信基础设施

世界经济论坛发布的全球竞争力指数也提供了判断各国通信情况的指标，即电力和电话基础设施与 ICT（信息与通信技术）采用情况指标。分数越高排名越靠前，反映通信基础设施越发达。电力和电话基础设施主要衡量了三方面内容：供电质量、固定电话用户占比、手机用户占比。ICT 采用情况指标主要衡量了四方面内容：互联网个人用户数量占比、移动宽带订阅情况、固定宽带订阅情况、国际互联网带宽。表 3-9 列出了 2011~2016 年拉美主要国家和部分世界其他国家与地区有关电力和电话基础设施与 ICT 采用情况两个指标各自的排名。据此可知，在拉美主要国家中，除了乌拉圭的电力和电话基础设施水平较高，在世界各国中居于比较领先的地位之外，其他几个拉美大国电力和电话基础设施水平都比较落后，特别是委内瑞拉，2016 年在世界 151 个经济体中排名第 108。在 ICT 采用方面，乌拉圭也居于拉美地区首位，2016 年在 151 个经济体中排名第 40。最靠后的是秘鲁，2016 年 ICT 采用情况在世界排名中位列第 94。其他几个拉美国家在世界各经济体中基本都处于中下位置。与之相比，日本、韩国、新加坡和中国台湾两个指标都处于较高水平，尤其是电力和电话基础设施方面，表现更为突出。而起步较晚的马来西亚、泰国、印度尼西亚等，这两方面指标的排名与拉美地区相差不大，印度则落后于拉美地区。

表 3-9　2011~2016 年通信基础设施世界排名情况

	2011 年		2013 年		2014 年		2016 年	
	电力和电话	ICT	电力和电话	ICT	电力和电话	ICT	电力和电话	ICT
阿根廷	73	57	79	56	88	62	83	52
巴西	65	63	63	54	64	59	69	51
智利	48	58	55	57	58	52	50	47
墨西哥	92	76	88	81	92	83	86	83
秘鲁	84	83	84	89	91	96	85	94
哥伦比亚	68	65	81	76	78	82	72	71
乌拉圭	42	48	33	46	34	46	21	40
委内瑞拉	98	68	104	83	113	81	108	75
美国	27	21	21	11	29	19	27	20
日本	28	30	22	17	16	22	10	24
韩国	30	16	18	13	21	16	22	22
新加坡	12	14	7	9	6	11	5	10
中国台湾	8	20	12	23	9	30	8	26

	2011 年		2013 年		2014 年		2016 年	
	电力和电话	ICT	电力和电话	ICT	电力和电话	ICT	电力和电话	ICT
中国大陆	69	78	82	82	79	79	70	76
马来西亚	52	50	54	68	48	71	45	63
泰国	53	79	72	93	74	89	64	64
印度	115	118	115	116	120	124	115	121
印度尼西亚	97	103	95	91	90	84	80	95

资料来源：世界经济论坛《全球竞争力报告》。

3. 商业贸易和物流服务

对商业贸易和物流服务因素的考察，可以参考世界银行 WDI 数据库提供的贸易便利化指数。世界银行贸易便利化指数主要包括六个方面内容，其中有五项都是关于进口和出口贸易便利化的，另一项是物流绩效指标。本书侧重于考察国内市场的情况，因此重点关注物流绩效指标。物流绩效指标主要包括清关流程的效率、贸易和运输相关基础设施的质量、物流服务的能力和质量、运输服务的价格竞争力、货运在计划或预期时间内到达收货人的能力、追踪货物的能力六个方面的内容。物流绩效指标得分为 1~5，分值越高代表物流绩效越好。由图 3-2 可知，拉美国家平均物流绩效指标不及世界平均水平，拉美主要国家的物流绩效指标落后于美国和亚洲地区的日本、韩国、新加坡、中国。2018 年，拉美八个国家中物流绩效总体情况最好的是智利，得分最低的是委内瑞拉。从时间上来看，与 2007 年相比，2014 年拉美国家的物流绩效指标得分明显提高，但 2018 年委内瑞拉、秘鲁、阿根廷等国的物流绩效总体情况不及 2014 年，这可能与部分国家这段时间发生的经济动乱有关。

4. 小结

可以看出，拉美国家的交通运输和通信基础设施建设水平有待提高，物流服务效率和水平相对较低，不仅落后于欧美发达国家和亚洲的韩国、新加坡、中国台湾等经济体，也落后于起步更晚的马来西亚、印度等新兴经济体。落后的基础设施和物流服务难以为国内市场的统一和高效运转提供支

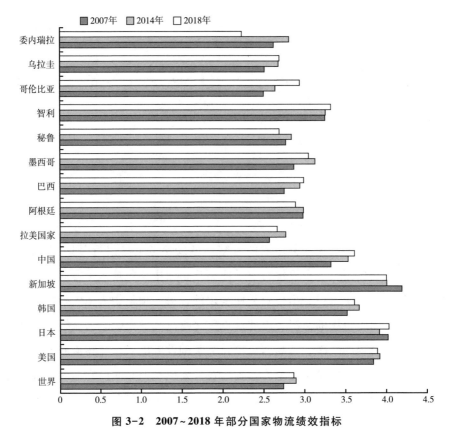

图3-2　2007~2018年部分国家物流绩效指标

资料来源：世界银行 WDI 数据库。

撑，也大大降低了市场规模潜力的发挥，进一步加大了与亚洲发达经济体市场规模之间的差距。

第二节　制约市场扩张的背后因素——土地改革的延误与失败

市场本质上是一个公共产品，在落后的农业社会，要将分散在全国各地的小规模市场，统一成有序运转的大规模市场，以为报酬递增的工业活动提供需求支撑，不仅需要大规模基础设施等公共产品的供给，还需要有利于市场规模扩张的制度供给，因而在发展的起步阶段，政府需要发挥重要的作用。而在制度供给中，改革农业社会落后的土地制度，建立较为均等的社会结构，是营造大规模市场的重要内容。本章上文的分析显示，拉美国家在市场规模扩张方面落后于亚洲发达经济体，而这其中，没有像亚洲发达经济体那样在发展之初就通过彻底的土地改革实现初次收入分配公平，是一大关键原因。正是土地改革的失败，制约了拉美国家市场规模的扩张潜力，使得拉美国家在工业发展与收入增加之间难以形成累积向上的良性循环，为工业化的失败埋下伏笔。

一 土地改革的重要性

在人类社会几千年的农耕文明中，生产力的进步非常缓慢，人类被困于马尔萨斯陷阱中，人口的增长和土地等自然资源的恒定之间似乎存在不可调和的冲突，一国财富的增加主要是通过对他国的自然资源的侵占获得。直到进入工业社会，生产力飞速发展，人类才从土地的束缚中解脱出来，财富不再是零和博弈，人口的增加和财富的增长可以同步进行。对于尚处于农耕文明的国家来说，经济发展的过程也是从农业文明步入工业文明的过程。在这个过程中，一个关键的起点就是土地改革。

在农业社会，农业是最主要的产业，绝大部分的劳动人口都是农业人口。在土地制度上，土地所有权主要掌握在少数的地主阶级手中，绝大部分的农户都是没有土地或仅有少量土地，靠租种地主土地或为地主打工而生存的佃农、雇农和半自耕农。这存在两方面问题：首先，财富分配高度集中在地主阶级手中，而人口众多的佃农、雇农、半自耕农很少有满足温饱之外的经济剩余。其次，地主阶级靠剥削佃农、雇农、半自耕农的劳动力，生活富足，养尊处优，自身没有积极性通过改进生产工具、增加投资等提高农业生产力，而广大的佃农和雇农、半自耕农，或者没有改进土地效益的经济能力，或者因不享受剩余产品所有权而没有主观动力去精耕细作、提高效率，因此农业生产力水平不高，剩余产品有限。这就难以为工业的发展提供足够的支撑。第一，相对农业而言，工业具有报酬递增的属性，市场规模越大，工业生产越有效率。而土地所有权和收入分配高度集中的农业社会，占人口绝大多数的农民生活贫困，没有工业品的支付能力，难以产生对工业的大规模市场需求。第二，工业的发展需要投入大量的资本和劳动力，而这依赖于农业剩余的增加和农村剩余劳动力的增加，也就是农村生产率的提高。因此，无论是从需求还是供给角度看，改变高度集中的农村土地所有制结构都是开启工业化的重要前提之一。

此外，从政治经济学的角度看，政治权力掌握在谁的手中，将极大程度影响一国经济发展的战略和方向。在地主阶级掌握政权的情况下，必然以农业为重，抑制工商业的发展。正如美国南北战争背后的权力争夺一样，南北战争的起因之一就在于南方农场主需要国家以农业的发展为重，支持自由贸易，而北方则要求实行保护主义以支持制造业的发展，北方的胜利被认为是美国经济崛起的关键因素。

二 拉美的土地改革实践及其效果

拉美地区的土地改革历时漫长、过程艰难曲折，且成果有限。作为曾经的殖民地，拉美地区的土地高度集中在大种植园主和大庄园主手里，这些大地主阶级很大程度上也是拉美地区独立战争的领导者，在政治和经济上长期居统治地位。鉴于错综复杂的利益关系，19世纪初相继独立的拉美各国并没有改革高度集中的土地占有制，而是继承了殖民地时期的大地产制度，一些大庄园主甚至还通过掠夺印第安人公社地产和小农土地，以及转让教会土地和公共土地等途径，不断扩大庄园面积，使土地的集中程度进一步提高。拉丁美洲高度集中的土地状况在20世纪初时依然没有改善。有关20世纪50年代拉丁美洲的农业调查显示，在3300万农业人口中，有66万人（占比2%）是大土地所有者，330万人（占比10%）是中等土地所有者和佃农，其余的2904万人（占比88%）都是小农、雇农和农业工人。在全部地产中，占农村人口1%~1.5%的大地主拥有一半以上的地产，平均每个大地主占地6000公顷。[①] 拉美地区部分国家的土地集中程度从表3-10中可见一斑。

---

① 冯秀文等：《拉丁美洲农业的发展》，社会科学文献出版社，2002，第150~151页。

表3-10　1947~1956年拉丁美洲部分国家的土地集中情况

国名	调查年份	按占有土地面积划分的各类农户						总农户	
		100~200公顷		200~500公顷		500公顷以上		100公顷以上	
		农户数占比（占总农户数的百分比）	土地面积占比（占所有农户土地面积的百分比）	农户数占比（占总农户数的百分比）	土地面积占比（占所有农户土地面积的百分比）	农户数占比（占总农户数的百分比）	土地面积占比（占所有农户土地面积的百分比）	农户数占比（占总农户数的百分比）	土地面积占比（占所有农户土地面积的百分比）
阿根廷潘帕斯地区	1947	18.4	11.3	13.2	16.9	7.1	62.5	39.1[②]	90.7
全国[①]	1950	—	—	—	—	—	—	37.0	94.6
巴西	1956	6.4	7.8	4.8	13.3	3.4	62.3	14.6	83.5[③]
委内瑞拉	1950	—	—	—	—	—	—	3.8	86.9
危地马拉	1952	—	—	—	—	—	—	2.2	72.2
洪都拉斯	1950	1.0	8.3	0.5	9.7	0.3	28.3	1.8	46.3
多米尼加共和国	1954	0.4	7.2	0.2	7.6	0.1	28.9	0.7	43.7
哥伦比亚	1950	2.5	12.4	1.7	16.9	0.9	40.2	5.1	69.5
哥斯达黎加	1946	6.1	14.9	1.5	8.5	1.4	47.6	9.0	71.0
古巴	1950	6.5	24.1	—	—	1.4	47.0	7.9	71.1
墨西哥	1952	2.0	3.8	1.5	6.5	1.3	81.0	4.8	91.3
尼加拉瓜	1951	7.4	13.6	3.6	15.0	1.6	41.9	12.6	70.5
乌拉圭	1950	9.2	6.5	8.5	13.4	8.3	70.8	26.0	90.7
萨尔瓦多	1954	0.6	9.5	0.4	12.9	0.1	27.6	1.1	50.0
厄瓜多尔	1954	0.1	7.7	0.7	11.6	0.4	45.1	1.2	64.4

注：①表中"全国"应该指的是阿根廷全国；②③处原文如此，表中数据相加与此有出入。

资料来源：《拉丁美洲今昔》论文集，第64~110页，莫斯科，1960，转引自冯秀文等：《拉丁美洲农业的发展》，社会科学文献出版社，2002，第151~152页。

土地的高度集中带来了很多问题。首先，大批农民无地和少地，他们只能依附于半封建式的地主阶级生存，作为半农奴深受地主阶层的剥削，生活贫困。据统计，土地改革前没有土地的农民在厄瓜多尔、智利、委内瑞拉、哥伦比亚、危地马拉、秘鲁、巴拉圭占比分别高达 58%、74.7%、72%、79%、80%、86%、93%。① 这些无地、处境困苦的农民有的最终被迫走上了反抗的道路，拉美地区各国农民运动此起彼伏，社会长期动荡不安。其次，达尼列维奇指出，大地产制的盛行和地主阶级对农民半农奴式的剥削，不仅压制了农民的生产积极性，而且廉价的劳动力也阻碍了大地主阶级对机器的使用和土壤的改良，导致拉美地区农业生产方式粗放，劳动生产率低下，以及大量土地荒废。拉美地区土地利用率低下十分普遍，宜耕土地的利用率在巴西只有 2.2%，委内瑞拉为 3.2%，巴拉圭为 1.3%，哥斯达黎加为 7.9%，墨西哥为 9.5%，阿根廷为 11.1%，乌拉圭为 12.2%。②

独立后随着拉美各国民族经济发展，民族资产阶级的力量逐步壮大，并在 19 世纪中叶后作为一个阶级登上政治舞台。20 世纪 50~60 年代，民族资产阶级在拉美大部分国家已经掌握了政权。拉美各国也于 20 世纪 30 年代相继开始了工业化的进程。工业的发展不仅需要农村提供粮食和工业原料、资金和廉价劳动力，还需要农村为工业产品的销售提供广阔的市场，农村大地产制度的存在无疑严重制约着农业对工业的支撑功能。因此，改革落后的大地产制度，不仅是广大农民的要求，也是资产阶级发展的重要任务。与此同时，国际形势的变化，特别是美国 1961 年提出的"争取进步联盟"计划③，

---

① 达尼列维奇：《拉丁美洲各国土地所有制和土地使用制》，转引自吴洪英：《20 世纪拉美土地改革的原因及影响》，《世界历史》1993 年第 1 期，第 97~101 页。

② Year Book of Food and Agricultural Statistics, 1955, V. IX: 1; Rome, 1956: 4; Bernardino C. Horne, *Nuestro Problema Agrario*, Buenos Aires, 1937: 145, 转引自冯秀文等：《拉丁美洲农业的发展》，社会科学文献出版社，2002，第 154 页。

③ "争取进步联盟"计划是 1961 年刚上任不久的肯尼迪政府提出来的。1961 年 8 月 5 日~17 日泛美经济与社会理事会特别会议在乌拉圭的埃斯特角召开。经美国代表团提议，会议把"争取进步联盟"计划主张的促进经济和社会发展、进行土地改革的内容写进了大会最后通过的文件《埃斯特角宪章》。会议决定在 10 年内筹集 1000 万美元用于社会改革，并要求各国政府立即着手向半数无地和少地的农民分配土地。为了获得民众支持，也为了得到美国的援助，许多拉美国家都参加了这一计划，从而造成了一种国际性的改革潮流。

客观上也加速了拉美的土地改革进程，拉美许多国家的政客虽然并不情愿，但为了获得经济援助也提出了土地改革的口号。

（一）拉美的土地改革历程

拉丁美洲的土地改革进程大致可以分为四个阶段。

1. 1915～1940年墨西哥的土地改革

1915年卡朗萨政府出台的土地法和1917年颁布的宪法拉开了拉丁美洲土地改革的序幕。[1] 但因缺乏土地改革的具体操作细节等方面的规定，以大庄园主为首的保守势力极力反对和阻挠，以及政府对土地改革的态度不是特别积极[2]等因素，一直到1934年，墨西哥的土地改革进展都非常缓慢，土地改革20年分配的土地不及迪亚斯统治时期掠夺农民土地的1/4，对大地产的触动也十分有限。1934～1940年资产阶级左翼的卡德纳斯将军执政时期，极大推进了土地改革的进程，不仅重新分割大庄园，而且大力发展村社组织，并将外资占有的土地收归国有。经过卡德纳斯时期的土地改革，墨西哥大地产占有土地面积下降到17%，中等地产者（拥有土地25～1000公顷的）和农村社员（占农村人口的42%）分别占有全国37%和47.4%的土地[3]，墨西哥基本消灭了大庄园制，初步完成了土地所有制的转变。[4]

---

① 1915年土地法的主要内容是宣布把迪亚斯独裁统治期间地主非法强占农民的土地归还给农民。1917年宪法确认了土地法，并且规定墨西哥境内土地和水源的所有权属于国家，国家有权将其所有权转让给私人，构成私有财产，国家根据公共利益的需要随时对私有财产和自然资源的使用进行必要的调整，以保证社会财富的合理占有和公平分配。从而否定了殖民地时期就有的私有财产观念，为土地改革提供了法律依据。

② 卡朗萨本人就是北方大牧场主，他出台土地改革的法律很大程度上是受形势所迫和出于斗争策略的考虑。

③ 冯秀文等：《拉丁美洲农业的发展》，社会科学文献出版社，2002，第216页。

④ 1940年之后墨西哥的土地改革还在继续，但改革的重点转向巩固农村新秩序和发展农业生产力上，土地分配不再被重视。20世纪40～80年代，墨西哥被分配土地总共才5000公顷，而且很大一部分是在村社内部完成的，另一部分土地则是边远地区质量极为低劣的荒地。20世纪40年代之后，土地新的集中趋势日益明显，政府开始鼓励新基础上的土地集中。1946年，政府修改了宪法，将小地产的定义大大放宽，对大地产的征收事实上停止了，甚至还宣布地主对已经分割或将要进行分割的土地可以享有保护权。从20世纪50年代起，在政府的支持下，一些大农场开始将越来越多的小地产甚至村社社员的土地集中在自己手中。1950～1960年，墨西哥的个体小农减少了21000户，村社的土地则减少了8%以上。参见冯秀文等：《拉丁美洲农业的发展》，社会科学文献出版社，2002，第216～218页。

2. 1940~1959 年危地马拉、玻利维亚等的土地改革

1952 年危地马拉阿本斯政府颁布了土地改革法，规定个人占地 200 公顷以上的土地，凡"不是由业主，或者不是在业主的名下进行耕种，或以任何方式出租，或采取个人劳役制进行耕种的"，都将予以征收和分配。90~200 公顷的土地，必须至少有 2/3 的土地用于耕种或合理喂养牲口，否则也要被征收。征收土地的赔偿根据 1952 年 5 月 9 日前地主申报纳税的土地价值计算。如果地主阻挠或反对土地法的执行，则将无偿没收其全部土地。为了表明自己的立场，阿本斯总统将自己 1700 英亩的土地也进行了分配。在分配土地的同时，政府还通过向农民提供贷款和生产资料、普及生产知识、组建合作社等方式，帮助农民更好地开发和利用土地。阿本斯政府的土地改革取得了积极的成果，至 1954 年底，危地马拉共分配土地 55 万公顷，受益农户近 10 万户，农产值也显著增加，农民收入和生活水平得以提高。但遗憾的是，这一进程被一些国家的干涉破坏了。在西方势力的干涉下，1954 年，以阿马斯为首的流亡分子推翻了阿本斯政府。阿马斯上台后全盘否定了阿本斯的改革，农民获得的土地重新回到地主的手中。阿马斯政府废除了 1952 年的土地改革法，在美国支持下颁布了新的土地改革法令，即 1956 年 2 月的 559 号法令。根据这一法令，土地改革以向荒地垦殖移民和向没有利用的土地征收土地税为主，私人地产只有在荒废不用时才可以征收，征收标准大幅提高，即按照土地市价赔偿。阿马斯政府极力维护大地主阶级和外国资本家的利益与旧的社会秩序，因此阿马斯政府的土地改革也被称为"反土地改革的土地改革"。

1953 年 8 月玻利维亚埃斯登索罗政府签署了土地改革法，规定土地、水源和矿藏属于国家所有，私人占有土地的限额为 80~600 公顷，资本主义性质的农场 400~2000 公顷，超出限额的土地将被征收并分配给无地农民。由于大地主的抵抗，土地改革进行较慢，到 1969 年，分配的土地近 1000 万公顷，受益农民和公社 318000 户（个），大庄园的土地大部分或全部被征收。但农民得到土地后，由于缺少资金、技术和必要的生产资料，没有很好地经营土地，小农经济没有建立起来，以致又出现了新的土地集中。土地改

革 10 年后，72% 的农户仅占全国土地的 8%，平均每户只有 0.36 公顷，而 0.43% 的私人大农场则占全国 73% 的土地，平均每个农场占地 1737 公顷。①

3. 1959 年至 20 世纪 80 年代初的土地改革

1959 年古巴革命是拉美土地改革的分水岭。在此之前，只有个别国家实施了土地改革。在此之后，大多数拉美国家都实施了土地改革。1959 年 5 月 17 日，古巴开启了第一次土地改革，颁布了土地改革法。该法规定彻底废除封建大庄园制度，禁止外资占有古巴土地，建立并发展国营农场和生产合作社，将私人占有的 30 卡瓦耶利亚（约合 402.9 公顷）以上的土地部分予以征收。对无地和少地农民，政府无偿给每户分配最多 2 卡瓦耶利亚的土地。这次土地改革彻底消灭了大庄园制，清退了外资，征收了 217 万公顷土地，并使 40% 的土地成为国有。1963 年 10 月 4 日古巴革命政府颁布了第二部土地改革法，将个人占有的 5 卡瓦耶利亚（约合 67.15 公顷）以上的土地全部予以征收。最终 15 万户富农的 200 多万公顷土地被征收。两次土地改革后，古巴国营土地占全国土地面积的 70%，小农占 30%，两次土地改革不但清除了大庄园制，还消灭了富农。

在古巴土地改革成功的鼓舞下，拉美各国人民纷纷要求土地改革。美国迫于压力提出了包含土地改革内容在内的"争取进步联盟"计划，从而将拉美的土地改革推向高潮，大多数拉美国家都在此后开始了土地改革。对于这些拉美国家，除了个别国家通过较为彻底的土地改革改善了土地分配情况之外②，大

---

① 冯秀文等：《拉丁美洲农业的发展》，社会科学文献出版社，2002，第 171 页。

② 例如尼加拉瓜。1979 年桑地诺民族解放阵线推翻了索摩查统治，建立了民族复兴政府后，开启全面的土地改革。第一阶段（1979 年 7 月~1981 年 7 月）没收了索摩查家族及其利益集团的土地 80 万公顷，占全国农场登记面积的 23.2%。建立国营农场，对没收的土地进行集体经营。1981 年 7 月后进入第二阶段，颁布了土地改革法，规定无偿征收大地产中荒芜或闲置的土地，推行合作化，同时规定保障有生产能力的农业生产者的财产，不论是小农户或大地产。到 1984 年，农村的土地占有情况发生了重大变化。其中，国营农场占地 20%，合作社占地 15%，中农占地 30%，小农占地 13%，大地主占地 12%。1972 年，巴拿马托里霍斯政府颁布了新宪法，强调"国家领土绝不能租让。若转让给外国人，即使是暂时的或部分的也不行"，托里霍斯执政期间巴拿马的土地改革步伐大大加快。1970~1979 年政府共征收了 730 个庄园，分配土地面积达 40 多万公顷。洪都拉斯在 1972~1975 年的改良军政府时期也实施了较为彻底的土地改革，1975 年出台了较为实用的土地改革法，该法把私人占有土地的限额规定为 100~1500 公顷。1975 年美国两家果品公司 8 万英亩的土地被洪都拉斯政府征收。

多数国家的土地改革都不彻底。它们或者如智利[①]那样，先是开展了较为彻底的土地改革，但随后因大地主和大资产阶级的反扑而毁于一旦；或者像巴西[②]一样，土地改革未触及大地主阶级和外资的核心利益。这一时期尽管大部分拉美国家都或主动或迫于形势，颁布了宪法宣布废除大地产制，但在实际执行中对大地产的利益非常袒护。例如，委内瑞拉不仅给大地产的征收赔偿很高，而且规定只要这些地产"履行了社会职能"，转变成资本主义生产方式就可以不受影响。许多拉美国家的土地改革避重就轻，将垦殖移民和向没有充分利用的大地产征税作为土地改革的主要内容。哥斯达黎加、哥伦比亚都于1961年颁布了土地改革法（哥斯达黎加的土地改革法名称是《土地占有与垦殖法》，即2825号法令）。厄瓜多尔于1959年和1964年分别颁布了土地改革法，这些土地改革法都得到了美国的支持，土地改革的希望建立在国外财政支援上，改革内容以垦殖移民和对闲置土地征税为主。这样的改革自然是十分不彻底的，基本保留了原有的土地占有结构。土地改革10年哥伦比亚只是把0.25%的土地分配给了0.45%的农民。

尽管大部分拉美国家在20世纪都开展了土地改革，但除个别国家（如古巴）外，改革进展十分有限。大庄园制的合法性地位虽然受到冲击，但土地高度集中的大地产制并没有被改变，只是由以往的封建和半封建的剥削关系转变成雇佣性质的资本主义经营方式。拉美国家的大部分土地仍然掌握

---

① 1970年萨尔瓦多·阿连德就任智利总统后开始大力推进土地改革，将私人占有土地的上限设为40公顷。在征收的土地上，鼓励农民成立合作社组织，以解决技术和资金不足的困难。阿连德执政下的土地改革力度大、速度快，在整个阿连德执政期间，共征收了4287个庄园的822万公顷土地，土地改革取得了显著成效。但因损害大地产和大资产阶级的利益，1973年由大地产和大资产阶级支持的军人政府发动政变推翻阿连德政府。军政府上台后彻底改变了土地改革方向，将之前征收并分配给农民的土地重新归还给地主，至1978年底，已退还原主的土地共计293万公顷，分给支持政府的合作社和小农的土地314万公顷，其余征收的土地全部出售给了个人。大地产又恢复了元气，而得到土地的农民则因没有足够的保障而迅速破产。

② 巴西瓦加斯政府于1951年7月26日颁布了第29803号法令，宣布成立全国土地政策委员会，提出土地改革的原则是限制大庄园的规模和把小地产逐渐集中。1961年上台的古拉特政府保留了瓦加斯时的土地改革原则，规定对庄园中的闲置土地进行征收。但由于大地主的反对，土地改革法令并没有执行，土地分配以垦殖移民为主。

在少数人手里，大部分农民没有或只是有很少的土地。[①]

4. 21 世纪初的土地改革

大多数拉美国家的土地改革在 20 世纪 70 年代后就停滞不前了。20 世纪 80 年代和 90 年代，陷入债务危机泥潭的拉美国家纷纷开启私有化和自由化的新自由主义改革之路，大地产的土地制度在私有化浪潮中被巩固和合法化。严重不公的土地与财富分配结构以及经济的震荡使得拉美普通民众的生活日益窘迫，社会矛盾激化，最终推动 21 世纪初拉美左翼政府上台，掀起了新一轮土地改革的浪潮。这一轮土地改革是在国际大宗商品超级周期的良好外部经济形势下开展的，尽管这些左翼政府有志于通过土地改革实现"耕者有其田"，但在具体政策制定上，依然以征用闲置土地和转变经营方式，以及分配国有土地为主。[②] 即便限定了私人占有土地的上限，所设上限也非常高（例如委内瑞拉是 5000 公顷）。在 2008 年全球金融危机之后，随着国际大宗商品超级周期退去，以大宗商品出口为主要经济动力的拉美国家相继陷入经济衰退和社会动荡，土地改革进程被打断。拉美国家至今也没有通过彻底的土地改革实现较为合理的土地分配，大地产制依然是土地制度的核心。[③]

---

① 如在 1978 年的中美洲，占农户总数 79% 的小农户仅拥有 10% 的农田，而那些占农户总数 6% 的大农户却拥有 74% 的农田。美洲开发银行：《拉美经济与社会进步：1986 年报告》，第 120 页，转引自江时学：《拉美发展模式研究》，经济管理出版社，1996，第 241 页。

② 2001 年 11 月委内瑞拉颁布的《土地法》，规定政府有权收回私人占有 5000 公顷以上的土地和闲置土地；2006 年 11 月玻利维亚颁布新土地改革法，规定国家有权向庄园主征收部分闲置土地，并按一定比例分配给无地贫民和土著居民。厄瓜多尔的"公民革命"中，征用闲置土地是经济革命的主要内容之一。巴西劳工党主席卢拉在竞选总统之前，曾痛批巴西的大地产制和土地集中问题，但 2002 年劳工党执政后并没有进行彻底的土地改革，土地反而日趋集中。2003~2010 年，巴西大型农场的面积从 2.15 亿公顷增加到 3.19 亿公顷，占全部面积的比例从 51.3% 增加到 55.8%，同期增幅高达 48.4%。同时，虽然小型农场的面积由 3890 万公顷增加到 4660 万公顷，中型农场也从 8810 万公顷增加到 11380 万公顷，可是，两者占全部面积的比例却低于大型农场。

③ 2007 年 3 月 25 日，查韦斯政府宣布没收大庄园 200 公顷闲置土地并实行"集体所有制"。2009 年 3 月 5 日，查韦斯政府宣布没收爱尔兰莫非特-卡帕集团的 2237 公顷土地，以创建"社会主义公社"。到 2010 年，全国 20% 的土地被重新分配，然而分配的土地主要是闲置土地，大庄园主的利益没有受到根本触动。2013 年查韦斯去世之后，委内瑞拉经济陷入危机，土地改革也难以继续推进。

（二）国际比较视野下美国和东亚各国的经验

从经验上来看，当今的发达国家和地区，在工业化和经济起飞之初，大都通过或激进的革命（如美国）或温和的改革（如东亚几个经济体），削弱乃至消灭了地主阶级的力量，建立了相对均等化的土地所有制，实现了耕者有其田，从而大大释放了农村生产力，为工业化奠定了基础。

1. 美国的经验

在南北战争之前，美国北部地区以经营工商业的城市为主，农村主要集中在南部地区和待开发的西部地区。其中独立后的南部地区沿袭了殖民地时期的奴隶制种植园制度，土地主要集中在大种植园主的手中，大种植园主是美国重要的政治力量。1865 年南北战争之后，随着南方的战败和奴隶制的废除，奴隶制种植园制度被瓦解，大种植园主的力量被极大削弱。战后之初，北部资产阶级在处理种植园问题上并没有统一的纲领，只是在南部一些军事占领区，曾短时间内将国会没收或种植园主弃置的一部分土地分配给被解救的黑人，但这种对土地的再分配很快就结束了。1865 年 5 月，安德鲁·约翰逊总统颁布了《大赦宣言》，绝大多数种植园主相继恢复了除前奴隶之外的全部财产，种植园经济被保存了下来，只是曾经的奴隶制变成了雇农制、佃农制和租金制。急进派重建之后，为促使种植园主出售土地以满足部分黑人购买土地的需求，极大地提高了土地税，从而促使大种植园主出售土地或将土地划分成小块出租，南部的大种植园逐渐向中小农场转变。西部地区最初主要是大片荒芜的土地，为推行西部大开发战略，美国国会于 1785 年出台了第一部土地法令，1787 年颁布了《西北法令》，这两部法令废除了英国"贵族式"的土地制度，将土地收归国有，并规定可以以城镇为单位出售拍卖国有土地。随后美国又出台多部土地法令[①]，这些法令都将土地流转方式设定为出售，使越来越多的农民拥有了土地。影响最为深远的是 1862 年的《宅地法》，该法的出台，改变了以往以拍

---

① 如 1800 年《哈里森土地法》、1807 年《禁止私自占地法》、1841 年《先买权法》和 1854 年《等级法案》，这些法令都将土地流转方式设定为出售，使越来越多的农民拥有自己的土地，为之后美国农用土地的流转奠定了基础，也促进了美国农业的资本主义萌芽。

卖形式公开售卖公有土地的方法（在这种方式下，由于黑人和贫穷的白人没有积蓄，所以并不能获得土地），转为向拓荒者免费赠送土地。[①] 据统计，实施《宅地法》期间，美国有近 200 万农户无偿获得 1886.67 万公顷宅地。这部法律使长期没有土地的小农免费获得了土地，成为自耕农。自此开始，美国开启了持续时间长达几十年的西部国有土地无偿分配的时代。1909 年和 1912 年美国又相继出台《扩大宅地法》和《三年宅地法》两部重要的土地法令，规定移民在美国 1 年中居住满 6 个月或持续居住 3 年，可无偿获得土地使用权。至此，美国大量农民获得了土地，基本完成土地分配。[②]

2. 日本的经验

日本资本主义发展始于明治维新时期，土地改革也始于这个时期。在德川幕府时期，日本实行的是封建领主土地所有制，土地集中在封建领主手中，占日本总人口 80% 的农民大多数都没有土地，靠租佃封建领主的一小块土地谋生。1868 年明治政府掌权后，逐步收缴封建领主（幕府和藩）的领地[③]，并于 1871 年 "废藩置县"，取消了封建领主对土地和农民的领有权，建立了统一的中央集权国家。1872 年明治政府颁布法令，废除旧封建领主的土地所有权，并确认土地实际占有者的所有权，将无主土地收归国有。明治政府的改革摧毁了封建土地所有制，一些幕府时代末期的新地主和富农及自耕农的土地所有权得到确认，但改革并不彻底，超过 50% 的耕地被少数地主牢牢控制，大多数农民没有自己的土地并需要缴纳高额的地租。

---

① 该法规定每个家庭的户主或年满 21 岁的美国公民以及申请取得美国国籍而又未曾使用武力反对过美国政府的人，只要交纳 10 美元的登记费，就可以无偿从西部国有土地中获得约 64.75 公顷的土地，连续耕种 5 年以上，就能够合法拥有该土地。

② 杨秉珣：《美国和日本的农用土地流转制度》，《世界农业》2015 年第 5 期，第 50~52 页。

③ 1868 年 2 月明治政府发布了对德川庆喜的追讨令，将其散布在全国的将军直辖领（天领）和旗本的土地归属朝廷；1869 年 1 月发布处分佐幕诸藩的诏书；1869 年 7 月又实行版籍奉还的政策，将佐幕诸藩的土地收缴到朝廷；1870 年 2 月明治政府又命令寺社将寺院本身占有的土地之外的其他领地上交朝廷。经过这些改革，在 1871 年 "废藩置县" 之前，朝廷的领地大约为 1000 万石，与此相对，根据版籍奉还时的藩知事表，诸藩石高合计有 1904.6 万石，朝廷领地大体占总石高的 1/3。见陈新田：《日本明治维新时期土地制度改革初探》，《赤峰学院学报》（汉文哲学社会科学版）2005 年第 1 期，第 49~50 页。

1946~1950年，日本进行了战后第一次土地改革，这次土地改革是盟军占领政策的核心，以1945年驻日盟军向日本政府递交的《关于农村土地改革的备忘录》为蓝本。改革有效打击了地主阶级，大量地主阶级的土地被收缴并被分配给广大无地的佃农，自耕农因此增加近200万，1945~1950年，自耕地占比由54%增加到90%。为防止土地再次集中到少数人手中，1950年政府颁布《土地法》，为农户拥有的和对外出租的土地均设定了限额，超出的土地必须低价经政府转卖给其他农户，并且规定只有自有土地在3公顷以下的农户才有买地权利。此后的土地改革围绕着农民的土地所有权和土地流转制度进行。1952年政府颁布了《农用土地法》，从法律角度永久性地确立了农民的土地所有权。20世纪60年代政府放宽了对农业用地流转的限制，通过修改《农用土地法》，以及90年代两部法律的出台（《农业经营基础强化促进法》和《粮食、农业、农村基本法》），日本逐步确立了农用土地流转制度，鼓励农民对私有农地的出租出售行为，为农业规模化和产业化发展奠定了基础。[①]

3. 韩国的经验

与日本类似，战后韩国的土地改革也是在美国的推动下展开的。朝鲜银行调查显示，1945年末77%的韩国人口从事农业，63%的农地为租佃地，自耕地占37%。在206万农户中，49%为佃农，35%为自耕农兼佃农，自耕农（包括地主）占不到全体农户的14%。[②]农民要将农作物收获量的五至七成上缴地主，受到地主的严重剥削，迫切需要摆脱旧生产关系的束缚。1945年，美军占领了韩国，并颁布了相关土地法令，将地租的上限设定为农地收获量的1/3。但由于韩国基层组织主要被大地主把持，该法令并未得到有效贯彻。同年，朝鲜半岛北部实施了彻底的土地改革，对南部产生了冲击。而后，美军政将朝鲜半岛南部农地改革提上日程。在美军推动下，韩国的土地改革分两步实施。第一步是将收回的日本占领的土地按

---

① 杨秉珣：《美国和日本的农用土地流转制度》，《世界农业》2015年第5期，第50~52页。
② 王建宏：《韩国农地改革之再评价》，《江汉学术》2015年第4期。

照有偿原则①分配给土地面积不足 2 町步的农民，以创立自耕农。此举使得 50 多万户无地或者少地的农家分配到土地。第二步是将本国地主阶级占有的土地进行有偿收缴和有偿分配。1949 年 6 月，李承晚政府颁布了《农地改革法》。该法规定，农户拥有耕地的上限为 3 町步，政府将超过 3 町步以上的农地低价购买，再以更低的价格卖给耕地面积不足 3 町步的农户。截至 1951 年，154 万多户农户分得土地。② 20 世纪 60 年代初，占有耕地 0.5 公顷以下、0.5 ~ 1 公顷、1 公顷以上的农户占比分别为 41.8%、31.5%、26.7%③，基本实现了"耕者有其田"的目标。1962 年开始，经过朴正熙政府三个五年计划，韩国由农业国转变为工业国，农村土地小规模分散经营的弊端越来越突出，韩国政府对农地占有和转让的法令进行了一系列修改，放松对土地转让和占领的限制，鼓励农业的规模化经营。

4. 启示

通过上述几个案例，我们可以得到如下启示。首先，以建立自耕农为主的土地所有制改革，都发生在这些国家和地区经济起步之初，通过土地制度的改革，激发了农业生产力，从而为工业的发展积累了资金和市场。其次，通过土地均等化改革推动工业化，工业的发展又反过来推动土地集约化经营，这是发达经济体工农业发展的共同点。美国地广人稀，在西部战略中为免费赠予的土地设置了较高的上限。而东亚的几个经济体地少人多，为限制土地集中，政府设置了农户拥有土地的上限，因此呈现典型的分散化小农经济形式。随着时间的推移和工业化的发展，这些地区土地所有制改革的效应发挥殆尽，分散化经营反而不利于机械化耕作而制约生产力的进一步发展，这些

---

① 分配的土地价格为年生产量的 3 倍，农民可以一次性付清，也可以分期偿还，期限为 15 年，每年偿还 20%，但必须以实物的形式缴纳。

② 分得土地的农户拥有土地的所有权，但在地价偿还完毕之前，无权对土地进行买卖、转让等处理，偿还额为年生产量的 125%，以实物的形式分 5 年还清，偿还完毕后，政府发给"偿还证书"。而对于被没收土地的地主，政府发给"地价证券"，按照被没收土地的产出量，政府以现金的形式给予补偿。在这个过程中，政府扮演了中间人的角色。王建宏：《韩国农地改革之再评价》，《江汉学术》2015 年第 4 期，第 87 ~ 94 页。

③ 朱新方、贾开芳：《对日本、韩国、俄罗斯农用土地制度改革的点评与思考》，《调研世界》2005 年第 1 期，第 36 ~ 38 页、第 41 页。

国家和地区进而又启动了以农业大规模经营为目标的土地经营和流转制度的改革。再次，国内政治力量的差异导致土地改革的实现路径不同。美国作为曾经的殖民地和移民国家，其本身封建残余势力较少，南部的地主阶级和北部民族资产阶级势均力敌，双方利益的冲突和矛盾的激化导致战争爆发，南方战败最终导致地主阶级和土地集中制度瓦解。东亚的日本、韩国都有深厚的封建残余，都是通过温和的方式实现较为彻底的土地所有制的变革，但这三者之间也有差异。日本和韩国的地主阶级在战后的政权中具有相当的力量，这些势力极力阻挠土地改革，如果没有美国的外力推动，单靠国内政治力量，恐怕很难顺利实现温和的土地所有制变革。

（三）拉美的土地改革成果评析

拉美地区是发展中国家和地区最早开始进行土地改革的，土地改革取得了一定成果，不少无地农民获得了土地，基本消灭了封建半封建的剥削制度，但并没有从根本上触及严重不公的土地分配结构。[①] 与东亚发达经济体不同，拉美土地改革不仅耗时长（从 1915 年墨西哥开启土改算起，至今约一个世纪；从古巴革命战争算起，距今也 60 多年），而且改革极不彻底，经常进一步退两步，历经反复。

首先，拉美土地改革目标多元化，除少数拉美国家如古巴、墨西哥、危地马拉（阿本斯时期）、玻利维亚等以消灭大庄园制、改变高度集中的土地所有制为目标外，大多数拉美国家的土地改革不是为了彻底改变土地分配，而是以发展资本主义农场为主要目标。它们只对大地产制进行必要的限制，以促使大地产的土地投入运营，减少土地闲置浪费。这些国家都将征收大庄园主的闲置土地、垦殖移民、对闲置土地征税等方式作为主要内容，使得大地产制度得以长久存在。

---

① 如在 1978 年的中美洲，占农户总数 79% 的小农户仅拥有 10% 的农田，而那些占农户总数 6% 的大农户拥有 74% 的农田。FAO 的数据表明，7% 的大地主（土地面积在 100 公顷以上）拥有 77% 的土地，而 60% 的小农仅拥有 4% 的土地。相比之下，在东亚，大地主仅拥有 1.6% 的土地，而 96% 的农民拥有面积在 10 公顷以下的土地（这些农民拥有的土地占总面积的 68%）。见江时学：《拉美国家的收入分配为什么如此不公》，《拉丁美洲研究》2005 年第 5 期，第 3~11 页。

其次，即便那些试图消灭大庄园制度，彻底改革土地分配的拉美国家，其土地改革内容相比较东亚发达经济体来说也缓和得多。例如墨西哥 1934~1940 年期间的土地改革、危地马拉 1952 年的土地改革法、玻利维亚 1953 年的土地改革法，规定私人占有土地的上限少则几百公顷，多则上千公顷，远高于东亚发达经济体设定的私人占有土地的上限。而且东亚发达经济体为建立小农经济扶持自耕农，防止土地再次集中到少数人手里，都进行了较为全面和长远的制度建设，但拉美各国的土地改革缺少对巩固改革成果的重视，表现为不注重对获得土地的小农的扶持和帮助（危地马拉的阿本斯土地改革除外），致使小农因缺乏生产资料或者必要的资金和技术，不能有效经营土地，并最终因经营不善被迫出售土地，从而使得土地重新集中到少数人手中。

（四）土地改革不彻底的原因

至于拉美为什么不能像东亚发达经济体那样进行彻底的土改，真正实现耕者有其田，学者们有如下见解。

一是地主阶级的阻挠和拉美资产阶级的软弱性。拉美的土地改革是由资产阶级领导的，但拉美的资产阶级先天不足，力量软弱。土地改革势必受到地主阶级的阻挠，他们或者无力应对这种阻挠，不得已对大地产妥协，或者本身就是大地主，彻底的土地改革势必触动他们自身的利益，因而缺乏内在动力。

二是拉美的土地制度文化以殖民地时期的大种植园和大庄园制，以及印第安人的公社制度为主，这些制度下的土地都是以团队协作的方式进行耕种的，拉美小农和自耕农文化基础薄弱，农民缺少独立经营土地的经验。这使得在将大地产分割并分配给农户时，往往因农户经营不善而产出下降，进而给拉美保守势力维护大地产利益提供了经济上的理由。

本书认为，上述两方面是拉美土地改革不彻底的内部因素，除此之外，还有两个重要因素。其中一个是外部因素，即美国的作用。在冷战格局下，美国急需扶持东亚经济发展以证明资本主义制度的优越性，而美国更多视拉美为自身的后花园。拉美地区沿袭旧的社会和生产结构，通过大地产发展农牧矿产品的出口，进口美国的工业品，即按照比较优势与美国开展自由贸易，更符合美国的经济利益。而且早在 19 世纪就有大量美国公司在拉美购置大量土地[1]，美国资本自身就是拉美地区重要的大地主，改革大地产制不仅伤害美国资本的利益，也不符合美国与拉美的贸易利益。因此，不同于在东亚地区土地改革过程中美国所起的重要推动作用，美国一直在阻碍拉美进行彻底的土地改革。尽管美国于 1961 年"争取进步联盟"计划中将土地改革作为核心内容之一，但美国的目的不在于支持拉美国家进行彻底的土地分配制度的改革，而是在古巴社会主义力量的压力下，试图通过外围的、修补性质的土地改革缓和拉美国家的社会矛盾，以防止拉美各国进行彻底的、社会主义性质的土地改革。也许正是美国对东亚和拉美截然不同的土地改革态度，很大程度上影响着土地改革结果。拉美资产阶级的软弱和资产阶级与大地主的利益纠葛固然是拉美土地改革不彻底的重要原因，但除日本外，土地改革前的东亚各经济体的民族资产阶级力量也不强大，持有大量土地的大地主和资产阶级在政权中也有相当的力量，如果没有美国的推动，东亚的土地改革进程也许要缓慢得多。

另一个原因在于拉美国家的经济发展模式。本书认为，对经济增长动力的理解导致拉美土地改革缺乏经济上的根本动力。

独立后的拉美国家，如果从经济发展模式来看，大体可以分为三个阶段。第一个阶段是独立后到 20 世纪 30 年代，这一阶段，拉美国家基本沿袭了殖民地时期的经济发展和国际分工模式，即按照比较优势原则，出口农牧矿产品等初级产品，进口工业制成品；第二阶段是从 20 世纪 30~80 年代，这期间拉美国家大力发展工业，即所谓进口替代工业化时期；第三阶段是 20 世纪 80 年代后至今，拉美国家放弃了工业化，重新按照比较优势原则，走上出口初级产品、进口工业制成品的外向型经济发展模式的道路。

---

[1] 据统计，1946~1960 年，美国垄断资本在拉美占有的土地在 5000 万公顷以上。见冯秀文等：《拉丁美洲农业的发展》，社会科学文献出版社，2002，第 154 页。

在第一阶段和第三阶段基于比较优势的外向型经济发展模式下，拉美国家有动力维持大地产制的高度集中的土地结构。首先，在这一发展模式下，拉美国家的农牧产品主要是面向国际市场的，因土地高度集中带来的国内市场的狭小对其影响不大。其次，自殖民地时期拉美国家就是通过大庄园和大种植园制度组织农牧产品生产和出口的，经过几个世纪的发展，这些大庄园和种植园已经探索出较为成熟的农牧产品出口商业模式和途径。如果将这些大地产分割成小地产并分配给无地和少地的农民，在冲击大地主阶级的同时，势必连同他们的出口商业模式和途径一起冲击了。再次，在缺乏小农经济基础和文化的拉美国家，农民缺少自主经营农业的经验和技术，以及必要的资金、生产资料等，在将大地产分割重新分配给农民的过程中，如果不能通过合理的制度和政策对农民进行扶持和帮助，农民经营不善可能会导致产出下降。在初级产品出口导向型发展模式下，农业产出下降，意味着国家财富的下降。因此，在追求按照比较优势原则发展出口导向型经济的模式下，维持大地产的土地制度是现实利益选择。事实上，在独立后的一个多世纪中，拉美国家土地的高度集中不仅没有改善，反而愈演愈烈。即便在第三阶段一些左翼政府执政的拉美国家开启了新一轮土地改革，并且提出了耕者有其田的目标，但在实际执行过程中，土地改革也是以征用大地产的闲置土地和转变经营方式提高农业效率的模式为主，缺乏根本变革大地产的经济动力。

在第二阶段，拉美国家纷纷由基于比较优势的外向型经济发展模式转变为进口替代工业化的内向型发展模式。工业的发展需要投入大量的资本和劳动力，相比传统的农牧矿业，工业具有报酬递增的性质，更需要大规模市场的支撑。然而，以半封建性质的大庄园制为主的高度集中的土地制度，一方面不能有效利用土地产生足够的农业剩余为工业发展提供资金；另一方面，因其半封建性质的剥削关系，大量农民沦为庄园主的半农奴而被束缚在土地上，不能充当工业的自由劳动力。此外，高度集中的收入分配模式和农民生活的极端贫困，不能为工业发展提供大规模市场的支撑。因此，这一阶段，改革半封建性质的高度集中的土地制度成为工业发展的重要前提。在进口替代工业化战略下，民族资产阶级领导拉美各国纷纷开启了土地改革。但拉美国家却没有采取东亚那般彻底的土地改革消灭大地产建立小农经济，而是将土地改革的重心转向消灭大庄园中不合理的封建半封建剥削制度以及提高土地利用效率、增加农业产出。改革内容以征收大地产的闲置土地（或开征闲置土地税）、垦殖移民等为主，将地主自己经营的，或采取资本主义方式经营的土地，视为"履行了社会职能"的土地而予以保护。[①]

拉美国家这种改良性质的土地改革，不仅与资产阶级的软弱性及资产阶级和大地产的利益纠葛等因素有关，还与资产阶级对工业化实现机制的理解有关。拉美资产阶级对工业化实现机制的理解，使其愿意包容大地产的土地制度。工业化有两种实现途径，一种是由需求推动的自下而上的工业化，这种工业化发源于农村，并在重商主义政府的支持下获得发展。这是欧美发达国家以及东亚发达经济体所普遍采用的工业化途径。在这种途径下，通过改革农村落后的生产关系和生产力，在农民中实现了较为均等的收入分配，从而提高了农民生产积极性，农业剩余和农民收入得以增加，农民逐渐有能力消费原先仅由城市的贵族阶级和富有的工人，以及农村的地主阶级所消费的工业制成品。农民对工业品需求的增加使得在农村就地进行原始工业化以及开展远程贸易变得有利可图，原始工业化的发展为农村经济增长注入了活力，推动农民收入进一步增加。在这一过程中，农村剩余劳动力得以产生、商业得以发展、农村基础设施得以建立、市场得以扩大、农民企业家和商人阶层得以培育，所有这些因素都为更大范围、更高层次的工业化奠定了基础。产业在需求支撑下逐渐升级，工业化建立了自我激励的正反馈机制。这样的工业化深深扎根于国内市场需求中，当工业发展到一定程度，国内市场规模潜力不足以支撑其进一步发展时，这些国家及时通过自由贸易或出口导向战略将市场拓展到国外，从而为工业的进一步发展提供了更大规模市场的支撑，顺利实现了产业升级。

---

① 例如委内瑞拉 1960 年土地改革法明确规定，对已经采用资本主义方式经营的庄园和农牧企业予以保护；将"充分利用"和由地主"直接耕种"的土地视为"履行了社会功能"的地产，也予以保护。

另一种是由政府主导的自上而下的工业化。这种工业化缺少一个农村原始工业化的市场孕育过程，在政府行政指导下，工业化围绕城市地区开展。苏联与拉美国家的工业化采取的都是这种途径。在这种工业化途径中，政府运用行政权力举国调动资源投入工业，工业化得以快速推进。在这一过程中，因缺乏对工业报酬递增机制的理解，市场规模的重要性没有获得足够重视，政府的行政权力取代市场供求机制成为工业发展的核心动力。在这种工业化的逻辑下，对农业生产效率的重视超过对包含农村在内的市场规模的重视，工业的建立和发展建立在牺牲农业和农民利益的基础上，即农业哺育工业、农村哺育城市，待工业化得到一定程度的发展之后，再力图进行工业反哺农业、城市反哺农村。正是基于这样的工业化逻辑，拉美国家将农业生产率的提高而非土地在农民中较为均等的分配作为土地改革的主要目标。一方面，在农业机械化的时代，小农经济不利于机械设备的使用，再加上拉美农民缺乏独立经营经验，政府担心将大地产分割为小地产会引起农业产出下降，从而增加工业原材料成本和产业工人的生活成本；另一方面，在进口替代工业化战略中，即便是最初将原本进口的简单工业消费品进行自主生产替代，也需要借助发达国家的技术和机械设备。要进口这些机械设备，在缺少其他外汇来源（比如国际援助）的条件下，只能依赖出口初级产品赚取的外汇。而本国工业品市场的保护必然激起其他国家的报复，致使初级产品面临的出口环境恶化。即便农业产出不变，农业的出口创汇能力也会下滑，从而制约本国进口发达国家机械设备和先进技术的能力。上述因素，使保留大地产制度与开展工业化具有一定意义上的利益一致性，因而拉美国家更愿意选择将大庄园制转变成经营效率高的资本主义大农场，而非可能带来农业产出下滑的小农经济。

三　土地改革延误与拉美工业化的失败

土地改革是传统农业社会向工业社会和现代化转变的重要起点。

首先，改革传统农业社会高度集中的土地分配结构，实现土地在农民手中较为均等的分配，是缓和社会矛盾，为经济社会发展营造稳定的政治和社会环境的前提。美国政治学家塞缪尔·亨廷顿（Samuel P. Huntington）指出，对处于现代化之中的国家而言，土地改革是政治上极为突出的问题，没有哪一个社会集团会比拥有土地的农民更加保守，也没有哪一个社会集团会比田地甚少或者交纳过高田租的农民更为革命。因此在某种意义上说，一个处于现代化之中的国家的政府的稳定，有赖于它在农村推行改革的能力。[①] 土地改革的不彻底使得高度集中的土地分配结构在拉美得以保留，成为拉美地区贫困化、收入分配严重不公和社会冲突不断的结构性根源。拉美地区是最早迈入中等收入水平的发展中地区，然而，与其经济发展水平和城市化进程不相协调的，是拉美地区显著的贫困化和收入两极分化。在经济发展最为快速的进口替代工业化时期，拉美地区牺牲农业和农民利益发展工业，农民不仅没有受惠于经济增长摆脱贫困，反而与城市居民的收入差距进一步拉大。美国经济学家伯索尔等引用的数据显示，在 20 世纪 60、70、80 年代，拉美的基尼系数分别为 0.51、0.52 和 0.50，而东亚则分别为 0.38、0.40 和 0.39，[②] 其中城乡居民收入差距是拉美收入差距的重要因素。20 世纪 90 年代，新自由主义改革为固守落后的土地制度提供了合法化的理由，墨西哥等国宣布正式废除土地改革。在这种严重失衡的土地结构和社会结构下推进自由化、私有化、市场化和制度化，必然导致贫者愈贫富者愈富，拉美的贫富差距和贫困化问题进一步加剧。严重的贫困和收入两极分化带来了一系列不安定因素。大量无地农民和少地农民涌入城市，但无论是依托比较优势的外向型发展模式，还是具有资本密集型特点的工业化道路，都不能为这些劳动力提供足够的就业机会。他们或涌入非正规部门，或沦为新的失业者，难以获得稳定的收入来源和生活保障，最终沦落为城市的贫民，由此造成了拉美地区独特的城市贫民窟现象和与其经济发展水平不协调的城市化进程，以及与其发展阶段不相符的产业结构形态。而留在农村的无地和少地农民，为了

---

① 塞缪尔·P. 亨廷顿：《变化社会中的政治秩序》，王冠华等译，上海世纪出版集团，2008，第 311 页。
② 江时学：《拉美国家的收入分配为什么如此不公》，《拉丁美洲研究》2005 年第 5 期，第 11 页。

争取土地，不断陷入与政府和大地主的斗争和武装冲突中。[①] 持续不断的社会冲突已成为制约拉美经济发展的重要因素，正因如此，21 世纪初以委内瑞拉为代表的左翼政府提出"21 世纪社会主义"发展理念，将削减贫困和降低贫富分化的社会改革放在突出位置。但遗憾的是，改革并没有触动拉美最根本的土地制度结构，而是以现实经济利益的重新分配为主，没有对产生经济利益的源头即土地等进行根本的重新分配。改革是在新自由主义时期基于比较优势的外向型经济发展模式下进行的，改革资金依赖大宗商品的出口收入。在 21 世纪最初十年的大宗商品超级周期下，以大宗商品出口为主要经济基础的拉美国家收入大幅提高，拉美左翼政府可以借此大幅提高社会支出水平，使出口收入惠及更多贫困人口，取得显著的减贫成果。但在 2010 年之后，受国际金融危机的持续影响，大宗商品超级周期退去，以大宗商品出口为主要经济支柱的拉美国家出口收入大幅下滑，难以维持此前的社会支出水平。之前大量脱离贫困的人口重又陷入贫困，减贫成果也随之毁于一旦，社会陷入更严重的动荡。

其次，改革传统农业社会高度集中的土地分配结构，实现耕者有其田，从而普遍提高占人口绝大多数的贫农、佃农等农民阶层的收入，是发展工业化和扩大市场的重要基础。与农业相比，工业具有典型的规模经济特点，越是资本密集度高的工业，即阿林·杨格（Allyn A. Young）所说的生产的迂回化程度越深的行业，规模经济效应越显著。在拉美工业化之初，即简易进口替代工业化时期，因生产的产品主要是轻工业日用品，生产的机械化和迂回程度还不是很高，市场规模对拉美工业化的限制效应还不是很突出。当拉美进入进口替代工业化时期之后，市场规模狭小的限制性已经非常突出，为破解这一限制，拉美地区自 20 世纪 50 年代开始探索区域经济一体化，从 50 年代初至 80 年代，拉美地区成立了多个区域一体化组织，其中包括中美洲共同市场、拉美自由贸易协会、安第斯共同体和加勒比共同体等。除中美

---

① E. 卡多佐等：《拉丁美洲经济：多样性、趋势和冲突》，转引自江时学：《拉美发展模式研究》，经济管理出版社，1996，第 241 页。

洲共同市场曾取得较为突出的成绩，实现了市场的扩大，为成员国工业的发展提供了支撑之外，其他几个都没有取得太大的实质性进展，而中美洲共同市场也在 60 年代末 70 年代初因成员国间的边境冲突陷入困境。拉美国家的资本品和耐用消费品工业化始终没有获得大规模市场的有力支撑，也就难以获得足以支撑产业自身发展的赢利能力和市场竞争力，不得不走上长期依靠外债支撑产业发展的模式，最终在 20 世纪 80 年代国际资金环境陡然变化的情况下陷入危机，工业化的成果也因此受损。而与之相对的东亚地区，在开启工业化的初期就通过较为彻底的土地改革，实现了耕者有其田，既有力地缓和了社会矛盾，为发展经济奠定了良好稳定的社会基础，又使广大农民阶层的收入获得了普遍提高，为发展工业奠定了市场基础。同拉美一样，东亚地区的工业化也是从简易工业品进口替代开始的，但不同的是，东亚地区不仅在最初就通过土地改革最大限度地拓展了本国的市场，而且在充分挖掘本国市场潜力之后，又及时通过出口补贴等出口鼓励措施将轻工品的市场拓展到海外，从而为接下来的重工业品工业化奠定了大规模市场的基础。东亚地区的重工业化因此具有了内在的市场驱动力，不必像拉美那样严重依赖外债才能生存下去，顺利实现了产业升级。

土地制度问题已经成为制约拉美经济发展的结构性、根源性问题。目前，去工业化被认为是拉美经济结构失衡、失业高企、对外部市场依赖加大的核心问题，拉美国家也试图重启再工业化进程。发展工业的关键，就在于基于报酬递增机制为工业创造尽可能大的市场。人们倾向于认为，拉美 20 世纪 80 年代开始经济滑坡的根源，是工业化转型的历史性延误，即没有像东亚那样及时由进口替代工业化转向出口导向工业化。但从工业化的内在逻辑来看，拉美国家最大的延误也许并不是工业化转型的延误，而是土地改革的延误。正是土地改革的延误，使拉美社会结构失衡，社会冲突不断，难以为经济发展提供稳定的社会环境；正是土地改革的延误，使拉美国家不能充分拓展国内市场，难以为基于报酬递增的工业提供足够大的市场需求支撑。拉美国家要重启工业化，其历史遗留的土地制度问题是不得不逾越的障碍。

小　结

报酬递增的高质量生产活动是经济发展的核心。工业相对于农业来说是具有报酬递增特质的高质量生产活动。对于农业社会来说，发展的过程也就是从农业社会步入工业社会的过程，工业化无疑是拉美国家发展战略上的正确选择。然而，为什么拉美国家的工业化最终失败了呢？这涉及如何在农业社会开展报酬递增高质量生产活动的问题，或者说如何开启和推进工业化的问题，也即工业化的发展逻辑问题。本书第二章提出两个重要的逻辑关键点，即市场和技术，本章重点从市场的角度，对拉美国家工业化的失败进行了分析。从内涵上来说，市场包括市场机制和市场规模。市场本质上是一个公共产品，市场机制的有效运行建立在基础设施和规章制度等一系列公共品的支撑之上。市场规模的扩大也需要政策的引导和制度的支撑。因此，成熟的大规模市场不是天然存在的，而是不断发展孕育的结果，政府在市场的建设和培育过程中发挥不可替代的重要作用。将政府限定为"守夜人"的新古典主流经济学理论，忽视了市场发展的阶段性特征和市场的培育过程，抹掉了后发国家落后的市场与发达国家成熟的市场的显著差异。市场机制的培育和市场规模的扩张是一个长期的、循序渐进的过程，与工业化的开展互为支撑。从地域上来说，市场包括本国市场和世界市场。从时间上来看，不同时期市场建设和培育的侧重点不同。一国工业的发展总是先从国内市场开启，具备了一定的竞争力之后，再走向世界市场。因此，工业化之初，国内市场的建设尤为重要，而随着工业化的发展，世界市场的拓展成为重点。本章重点分析了土地改革失败对拉美国家市场扩大的制约，这属于工业化起点上需要解决的问题。随着工业化的推进和本国工业生产能力的提升，除通过收入政策、税收政策等继续释放国内市场潜力之外，还需要大力推动出口，谋求更广大范围的世界市场，为规模报酬效应更强的更高质量生产活动的发展（即产业升级）提供支撑。这主要涉及贸易政策方面的内容，包括市场保护与开放的时机选择、保护的目标和效率等。本章没有对这一部分展开分析，而是将其放在了第五章，在对制度与政策的探讨中略作探讨。

报酬递增的工业生产活动，必须要获得有序运转的大规模市场的支撑。然而，拉美国家在工业化的推进过程中，忽视了市场的建设和培育，使得工业化的发展得不到有效规模的市场支撑，工业化的推进缺乏内在动力。本章第一节的分析显示，拉美国家市场规模的扩张和市场机制支撑要素的发展远远落后于同时期的亚洲发达经济体，本章第二节从土地改革这一制度供给的角度提供了一个解释。在工业化发展之初，拉美国家没有改革两极分化的土地制度，营造初级分配公平的社会收入结构，这从根本上制约了拉美国家后续发展过程中市场规模扩张的潜力。初次收入分配不公造成的两极分化，可以通过有效的社会政策和就业措施等进行一定程度的弥补。然而，第五章的分析显示，拉美国家的社会保障政策和教育政策，不仅没有发挥再分配和促进社会公平的功能，反而进一步加剧了两极分化。在尚未实现充分就业的情况下，就大力开展资本替代劳动的工业活动，加剧了失业和收入分化，进一步制约了市场规模的扩张。报酬递增的特征，意味着工业化的发展天然是面向出口的，市场规模越大，越能促进工业的发展。然而，第五章对拉美工业化时期贸易政策的分析显示，拉美国家的工业化是严重歧视出口的，拉美国家缺少拓展外部市场的意识和努力。区域一体化的探索是有益的，然而拉美各国发展不均衡、政治互信程度不高、边界冲突等历史遗留因素，使得利益协调困难，一体化的建设成果有限。与此同时，交通运输、通信基础设施和商业物流体系的发展十分落后，制约了市场的扩大和市场运转效率的提升。建设统一的、有序运转的大规模市场，是建立和开展报酬递增的大规模生产活动的前提和基础，拉美国家在不具备这个前提时就将产业结构重心全力推进到重化工业、耐用消费品和资本品等报酬递增效应强的工业项目，大规模生产活动无法得到大规模市场需求的支撑，报酬递增效应始终难以显现，经济发展难以实现自我激励的累积向上的因果循环，最终的失败在所难免。

第四章 技术在拉美国家中的地位与作用

  技术和创新是经济发展的核心驱动力量，这一点是演化发展经济学和主流经济学的共识。但对如何培育技术和创新能力，双方给出的政策建议完全不同。技术与创新的发展根本上是一个需求引致的过程，不同的生产活动创新的机会窗口差距显著，这意味着开展不同的生产活动所能引致的技术和创新能力是显著不同的。然而，主流经济学通过代表性厂商的统一化处理，抹掉了生产活动的异质性。主流经济学对技术的研究集中于技术在经济增长中作用的核算，以及将技术纳入模型化过程中，而对技术自身的动力过程不太关心，技术对经济发展的作用过程在主流经济学中一直是被忽视的存在。因此，尽管主流经济学理论认同技术和创新是经济发展的核心驱动力量，但因其对经济活动同质化的假设处理以及缺少对技术动力过程的深入理解，无法给出具有建设性的政策意见。演化发展经济学认为，技术进步和创新是生产活动特定的，只有创新机会窗口大的生产活动，才能带来技术进步和创新。因此，要培育和积累技术能力，使技术和创新成为经济增长的核心驱动力力量，首要因素就是建立和发展创新机会窗口大的高质量生产活动。演化经济学的新熊彼特学派将目光聚焦于技术和创新作用于经济发展的动力过程，对于技术能力是如何积累的、技术影响经济增长的过程具有更为深刻的见解，因而也能提出更具有建设性的政策建议。

  本章内容主要在于考察技术在拉美国家中的地位和作用。技术在拉美国家的地位如何？技术对拉美国家经济增长有何种程度的贡献？对于上述问题的考察主要从两个角度展开。第一，从衡量科技投入和科技产出的几个指标入手，考察拉美国家的技术特征，在此基础上，通过国际比较，考察技术在拉美国家中的地位。第二，通过计量分析模型和软件，实证分析技术在拉美国家经济增长中发挥的作用。对于技术背后的因素，即什么样的制度与政策影响了拉美国家技术和创新能力的积累，将在第五章展开论述。

第一节　拉美地区科技发展状况

拉丁美洲是一个拥有灿烂文明的地区，发祥于尤卡坦半岛及其周边地区的玛雅文明、今墨西哥的阿兹特克文明，以及南美洲的印加文明三大古文明至今仍然令世人赞叹。在 1492 年哥伦布发现美洲大陆之前，这三大文明已经在物质、社会和文化等方面发展到相当高的水平，特别是在农业和建筑业领域。15 世纪西班牙和葡萄牙的殖民活动，极大改变了拉美地区的技术发展轨道。在殖民时期，拉美地区的教育和技术发展严格受宗主国的控制和影响，技术的发展围绕着宗主国的利益开展。宗主国在拉美地区最大的利益，就是攫取自然资源，特别是矿产和植物资源，主要的经济活动也围绕着采矿业和农业等进行，因此，技术也围绕着这两个方面发展。尽管如此，随着欧洲与拉美地区人员的不断交融，18 世纪启蒙运动的思想传入拉美，拉美的自然科学，特别是物理学和植物分类学得到发展。19 世纪独立之后，欧洲孔德的实证主义思想传入拉美，拉美一些国家开始创建研究机构，在外来学者特别是美国学者的参与下，基础科学特别是地质学得到了发展。19 世纪末 20 世纪初，科学开始出现明显的进步。但是，当时拉美国家以原材料供应者的身份融入资本主义的国际分工体系，经济活动对科学技术的需求并不十分直接和迫切，加上对科学技术价值的认识不够，因此没有建立起现代科学和技术强有力的基础。20 世纪初拉美国家开始发展工业化之后，对应用科学和技术的需求增加，几个拉美大国政府开始重视科学技术和教育，科学技术得到发展和进步。二战前夕，阿根廷、墨西哥和智利等少数拉美国家在某些领域的科学技术水平已经接近欧美国家。但在 20 世纪 50～70 年代，在一些科学比较发达的拉美国家，出现了严重的人才流失现象。特别是阿根廷，大批工程师和科学家移民海外，这些流失的人才原本占据该地区科技人才库的很大一部分，人才流失极大地损害了该地区的科学技术发展能力。总的来说，自 20 世纪以来，除了个别国家（如巴西、阿根廷、古巴、委内瑞拉）在某些领域取得突出成绩外，拉美地区取得的科技成就较为有限，其对世界科技的贡献，并不符合本身在世界所处的地位。

一　科技投入情况

科技投入主要包括两方面，从事科学研究与开发的人员投入，以及研究开发资金投入。首先来看下研究开发经费方面的投入情况。

（一）研究开发支出

1963 年以来，拉美地区研发支出总额和强度整体上都有所增长，人均研发支出与美国的差距也显著缩小。1963 年，拉美地区用于研发支出的金额为 9.17 亿美元（2000 年不变美元价）；2007 年，这一金额增加到 194 亿美元（2000 年不变美元价）（见表 4-1）。ACAL 数据库的数据显示，拉美各国的研发经费在此期间并不是一直保持增长势头。事实上，受债务危机影响，1980~1990 年，巴西是拉美地区唯一一个大幅增加科学经费的国家。墨西哥、阿根廷在 20 世纪 80 年代前半期经费减少，后半期部分恢复。智利、委内瑞拉、哥伦比亚则努力维持其科学经费水平，甚至微有增长。① 1963 年拉美人均研发支出只占美国人均研发支出的 1/124；1980 年这一比例上升到 1/41；此后拉美国家陷入长达十年的债务危机，研发支出也相应缩减；1990 年与美国的人均研发支出差距有所扩大。随着 20 世纪 90 年代拉美经济企稳，研发支出又有所增长。至 2007 年，拉美国家人均研发支出相当于美国的 1/29。至 2013 年，这一比例上升到 1/14。拉美国家研发支出总额占世界研发支出总额的比重也呈现相同趋势。

---

① 中国科学技术信息研究所、联合国教科文组织：《世界科学报告 1993》，科学技术文献出版社，1995，第 36 页。

表 4-1 1963~2007 年美国与拉美地区研发支出比较

年份	美国研发支出总额(2000年不变美元价,百万美元)	拉美地区		美国人均研发支出/拉美人均研发支出
		研发支出总额(2000年不变美元价,百万美元)	人均研发支出(2000年不变美元价,百万美元)	
1963	399080	917.43	3.21	124
1974	443800	2671.47	9.51	47
1980	592590	5246.30	14.44	41
1990	746320	6944.85	16.67	45
1995	758960	10423.45	22.80	33
2000	938000	11340.00	21.90	43
2007	1023530	19390.76	35.88	29

资料来源：Guillermo Andrés Lemarchand. Science， "Technology and Innovation Policies in Latin America and the Caribbean During the Past Six Decades"， *Social Science Electronic Publishing*，2012：36。

尽管长期来看无论是研发支出金额、研发支出强度，还是研发支出占世界的比重，拉美地区都有所增长。但拉美地区的研发支出水平不仅低于发达国家水平和世界平均水平，也低于发展中国家的平均水平。1980~2013 年，发展中国家研发支出强度由 0.52% 提高到 1.88%，研发支出占世界的比重由 6.03% 提高到 30.4%，同期拉美地区分别由 0.44% 和 1.74% 提高到 0.69% 和 3.5%（见表 4-2）。拉美地区对世界科技投入的贡献，也与其在人口、经济总量上的地位不相符。2013 年拉美地区研发支出总额占世界的 3.5%，远低于同期拉美地区人口占全球总人口的比重 8.5%，以及 GDP 总额占世界的比重 9%。

表 4-2 1980~2013 年拉美地区研发支出情况

	1980 年	1985 年	1990 年	1992 年	2002 年	2007 年	2009 年	2011 年	2013 年
研发支出强度：R&D/GDP(%)									
世界总体	1.85	2.22	2.55	1.76	1.7	1.57	1.65	1.65	1.7
发达国家	2.22	2.62	2.92	2.38	2.2	2.16	2.28	2.27	2.31
发展中国家	0.52	0.54	0.64	0.62	0.8	1.39	1.61	1.71	1.88

续表

	1980 年	1985 年	1990 年	1992 年	2002 年	2007 年	2009 年	2011 年	2013 年
拉美地区	0.44	0.43	0.4	0.37	0.6	0.59	0.65	0.67	0.69
非洲	0.28	0.25	0.25	0.45	0.4	0.36	0.4	0.42	0.45
研发总额(百万美元)									
世界总体	208370	271850	452590	428580	790300	1132300	1225500	1340200	1477700
发达国家	195798	258834	434265	371950	653000	902400	926700	972800	1024000
发展中国家	12571	13016	18325	49610	136200	228000	2964000	3641000	4498000
拉美地区	3635	3062	2860	3930	22100	37100	40000	46900	51800
非洲	1081	921	1139	1810	6900	12900	15500	17100	19900
研发支出占世界比重(%)									
世界总体	100	100	100	100	100	100	100	100	100
发达国家	93.97	95.21	95.95	86.79	82.6	79.7	75.6	72.6	69.3
发展中国家	6.03	4.79	4.05	11.58	17.2	20.2	24.2	27.2	30.4
拉美地区	1.74	1.13	0.63	0.92	2.8	3.2	3.5	3.5	3.5
非洲	0.52	0.34	0.25	0.42	0.9	1.1	1.3	1.3	1.3

资料来源：1980～1990 年数据来源于 UNESCO，*UNESCO Science Report* 1993，UNESCO Publishing，1993；1992 年数据来源于 UNESCO，*UNESCO World Science Report* 1996，UNESCO Publishing，1996；2002 年数据来源于 UNESCO，*UNESCO Science Report* 2010，UNESCO Publishing，2010；2007～2013 年数据来源于 UNESCO，*UNESCO Science Report：Towards* 2030，UNESCO Publishing，2015。

　　拉美地区各国的研发支出水平差距很大。巴西是拉美地区研发支出强度最大的国家。2000~2016 年，巴西研发支出强度均在 1%以上（见表 4-3）。墨西哥、智利的研发支出强度均在 0.5%以下；阿根廷研发支出强度稍高，但最高也不过 0.62%。与拉美各国较低的研发支出水平形成鲜明对比的是亚洲部分经济体，进入 21 世纪以来，亚洲部分经济体明显加大了科技投入力度，尤其是韩国。韩国政府认为科技创新是经济进步的核心，韩国政府曾制定计划将研发支出占 GDP 的比重由 2008 年的 3.4%提高到 2012 年的 5%，尽管最终没有实现，但最近几年韩国的研发支出强度逐年增加，至 2015 年高达 4.23%，仅次于以色列（4.27%）。日本也是极为重视研发投入的国家，2015 年研发支出强度为 3.28%，在世界排名中仅次于韩国，位列世界第三位。中国最近几年也大大提高了研发投入，研发支出强度由1996年的0.56%增加到2015年的2.07%。马来西亚的研发支出强度也持续提高，2009年开始超过1%。

表4-3 部分国家研发支出强度

单位：%

国家	1993年	1996年	2000年	2005年	2009年	2010年	2015年	2016年
阿根廷		0.42	0.44	0.42	0.58	0.56	0.62	0.56
巴西			1.05	1.00	1.12	1.16	1.34	1.26
智利					0.35	0.34	0.37	0.38
哥伦比亚		0.30	0.11	0.15	0.20	0.20	0.29	0.27
哥斯达黎加		0.33	0.39		0.54	0.48	0.45	0.43
古巴	0.78	0.38	0.45	0.51	0.61	0.61	0.43	0.34
厄瓜多尔					0.39	0.40		
萨尔瓦多					0.08	0.07	0.13	0.15
危地马拉				0.03	0.06	0.04	0.03	0.02
墨西哥	0.22	0.31	0.37	0.40	0.42	0.49	0.43	0.39
巴拿马	0.36	0.38	0.40	0.27	0.14	0.15	0.12	0.14
巴拉圭				0.09			0.10	0.12
秘鲁			0.11				0.12	0.12
特立尼达和多巴哥		0.10	0.11	0.11	0.06	0.05	0.09	0.09
乌拉圭	0.07	0.27	0.24		0.41	0.34	0.36	0.41
委内瑞拉				0.19	0.24	0.19	0.44	0.69
日本		2.69	2.90	3.18	3.23	3.14	3.28	
韩国		2.24	2.18	2.63	3.30	3.45	4.23	
新加坡		1.32	1.82	2.16	2.16	2.02		
中国		0.56	0.90	1.31	1.66	1.71	2.07	
印度		0.63	0.74	0.81	0.84	0.82	0.63	
马来西亚		0.22	0.47		1.01	1.04	1.30	
俄罗斯		0.96	1.05	1.07	1.25	1.13	1.13	

资料来源：拉美地区数据来源于伊比利亚美洲及泛美科学技术指标网络（RICYT）数据库，其他国家数据来源于WDI数据库。

历史上，拉美地区研发支出一直都是政府主导的模式。从数据上来看，拉美地区政府机构支出占研发支出的比重由 1990 年的 55.4% 先是提高到 2000 年的 58.5%，后又下降到 2005 年的 49.7%，然后又回升到 2016 年的 58.4%。企业所占比重由 1990 年的 42.7% 先是下降到 2000 年的 37.9%，后又提高至 2005 年的 45.8%，然后又下降到 2016 年的 35.8%（见表 4-4）。

表 4-4　研发经费来源结构

单位：%

	1990 年	1995 年	2000 年	2005 年	2010 年	2015 年	2016 年
拉美地区							
政府机构	55.4	55.4	58.5	49.7	56.1	58.3	58.4
企业	42.7	41.9	37.9	45.8	40.1	37.2	35.8
高等院校	1.3	1.6	2.3	3.3	2.9	3.4	4.4
非营利机构	0.2	0.4	0.4	0.4	0.5	0.5	0.5
国外	0.4	0.7	0.9	0.8	0.4	0.7	0.9
总　计	100.0	100.0	100.0	100.0	100.0	100.0	100.0
阿根廷							
政府机构			70.7	59.6		74.8	71.5
企业			23.3	31.0		19.2	18.8
高等院校			2.5	5.7		2.0	1.7
非营利机构			1.9	3.0		0.5	0.5
国外			1.6	0.7		3.5	7.5
总　计			100.0	100.0		100.0	100.0
巴西							
政府机构			51.7	47.7	51.1	52.2	52.4
企业			47.2	50.4	47.0	45.6	45.0
高等院校			1.1	1.9	1.9	2.2	2.6
非营利机构							
国外							
总　计			100.0	100.0	100.0	100.0	100.0

续表

	1990 年	1995 年	2000 年	2005 年	2010 年	2015 年	2016 年
墨西哥							
政府机构		66.2	63.0	49.2	64.0	79.7	77.6
企业		17.6	29.5	41.5	33.0	17.4	18.8
高等院校		8.4	6.0	7.3	2.0	1.7	2.2
非营利机构		1.1	0.6	0.9	0.5	0.6	0.7
国外		6.7	0.9	1.1	0.5	0.6	0.7
总　计		100.0	100.0	100.0	100.0	100.0	100.0
乌拉圭							
政府机构		6.1	20.3		23.1	28.6	28.2
企业		31.1	39.3		47.5	4.6	4.6
高等院校		50.4	35.7		26.8	59.2	59.5
非营利机构					0.9	0.3	0.3
国外		12.5	4.8		1.7	7.4	7.4
总　计		100.0	100.0		100.0	100.0	100.0
哥伦比亚							
政府机构		35.0	33.2	37.2	8.9	9.6	6.5
企业		52.8	38.4	25.6	23.2	44.7	48.4
高等院校		10.9	21.5	28.9	39.9	28.6	27.4
非营利机构		1.4	1.6	3.8	27.2	16.7	17.3
国外			5.2	4.5	1.0	0.4	0.4
总　计		100.0	100.0	100.0	100.0	100.0	100.0
美国							
政府机构		35.3	30.6	26.1	32.5	25.5	25.1
企业		60.4	63.5	69.2	57.1	62.4	62.3
高等院校		2.2	2.8	2.3	3.0	3.5	3.7
非营利机构		2.1	3.1	2.4	3.6	3.6	3.8
国外					3.8	5.0	5.2
总　计		100.0	100.0	100.0	100.0	100.0	100.0

资料来源：伊比利亚美洲及泛美科学技术指标网络（RICYT）数据库。

　　具体到国别来看，这种趋势也十分明显。阿根廷企业研发支出占比由1997年的27%下降到2001年的20.8%，之后开始上升，一直增加到2005年的31.0%，然后又开始下滑，2016年降为18.8%。同期政府机构支出占比由1997年的65.5%提高到2001年的74.3%，接着下降到2005年的59.6%，之后调头向上，2016年占比增加到71.5%。墨西哥企业支出占比在20世纪90年代至2006年持续上升，由1993年的14.3%持续上升到2006的45%。2007年之后开始下滑，到2016年，占比已经下降到18.8%。同期政府机构支出占比由1993年的73.4%先是下降到2006年的49.8%，后又上升到2016年的77.6%。阿根廷和墨西哥也是2016年拉美地区政府机构研发支出占比最高的两个国家。巴西企业研发支出占比在2005年达到高峰（50.4%），并且首次超过政府机构成为研发支出第一大来源。但这一结构转瞬即逝，次年开始企业占比下滑，到2016年企业占比下降到45%，政府机构占比增加到52.4%。

　　也有例外，比如乌拉圭。乌拉圭研发资金的第一大来源是高等院校，2015~2016年乌拉圭来自高等院校的研发资金占比超过50%，其次是政府机构，来自企业的研发资金投入很少。另一个例外是哥伦比亚。在20世纪90年代哥伦比亚研发支出的第一大来源是企业，1995年企业研发支出占52.8%。1995~2010年，这一比例不断下降。2003年政府机构研发支出超过企业。2015~2016年企业重回第一大研发支出资金来源的位置，其次是高等院校，政府机构研发支出占比下降到2016年的6.5%。此外，哥伦比亚来自非营利机构的研发资金占比较高，2016年非营利机构占比高达17.3%，是第三大研发资金来源。

　　国际比较来看，美国等发达国家的研发支出大都以企业为主。2015~2016年，美国60%以上的研发支出来源于企业。20世纪亚洲发达经济体在经济发展过程中，大都经历了研发支出由政府主导型向企业主导型转变的历程。亚洲所有国家及地区政府机构研发支出占比由1975年的34%下降到1989年的23%，同期企业占比由59%上升到72%。其中韩国的变化十分突出，韩国政府机构研发支出占比从1976年的64.3%下降到1990年的

15.9%，同期企业占比从 35.2%增加到 84.1%。日本政府机构占比由 1975年的 29.7%下降到 1990 年的 16.2%，同期企业占比由 62.7%提高到77.9%。相比较而言，拉美地区这种典型的以政府为主的研发支出结构，一定程度上反映了企业对研发活动动力不足。

相比政府机构在研发支出中的主导地位，政府机构承担的研发活动在全部研发活动中所占比例较低，相当一部分政府机构研发资源转移给了高等院校。以阿根廷为例，1997 年，阿根廷政府机构占全部研发支出的比重为 65.5%，但它只承担 39.6%的研发活动；2016 年，政府机构在全部研发支出中所占比重上升到 71.5%，政府机构承担的研发活动占比上升到 47%。同期高等院校占全部研发支出的比重均为 1.7%，承担的研发活动占比则由 31.5%下降到 26.5%。企业研发支出占比由 27.2%降为 18.8%，但企业承担的研发活动占比由 25.9%变为 25.7%。非营利机构研发支出占比由 2.2%下降到 0.5%，承担的研发活动占比由 1.5%下降到 0.7%。这种情况说明，一方面，政府机构是阿根廷研发活动的主要执行主体，高等院校是第二大主体，高等院校的研发经费主要来自政府；另一方面，企业在研发活动中的地位受到政府重视，相当一部分政府研发经费从高等院校转到了企业。智利的情况略有不同，在智利，尽管政府机构是研发资金的主要来源，但政府机构自身承担的研发活动十分有限，高等院校是研发活动的主要执行机构。政府机构研发支出所占比重由 2008 年的 33.8%上升到 2016 年的 45.5%，但政府机构承担的研发活动占比却由 9.7%下降到 1.3%；同期高等院校研发支出占比由 117.2%下降到 14.1%，但高等院校承担的研发活动占比则由 40.8%上升到 43%；企业研发支出占比由 43.7%下降到 35.1%，企业承担的研发活动占比由 40.4%下降到 37.7%。可见，智利将政府机构承担的很大一部分研究开发职能剥离给了高等院校，高等院校在研发活动中的地位有所提高。20 世纪 90 年代以来，与企业在研发支出结构中的变化趋势一致，墨西哥企业在研发活动方面的占比也经历了先上升后下降的过程。墨西哥企业研发支出占比由 1993 年的 14.3%提高到 2007 年的 45.2%，

此后开始下降，至 2016 年这一比例降为 18.8%。企业承担的研发活动
占比由 1993 年的 10.4% 提高到 2006 年的 48.9%，企业成为墨西哥第一
大研发活动主体，此后占比下滑，到 2016 年降为 22.2%。目前高等院
校依然是墨西哥第一大研发活动主体，2016 年高等院校承担了墨西哥
50.4% 的研发活动；其次是政府机构，承担了 26.4% 的研发活动；企业
居第三位。

　　此外，拉美部分国家非营利机构在研发活动中占据重要地位，例如哥伦
比亚、哥斯达黎加、巴拿马等。特别是巴拿马，绝大部分研发活动都是由非
营利机构开展的。2014 年，巴拿马非营利机构承担的研发活动占全部研发
活动的比例高达 72.2%，其次是政府机构，高等院校和企业承担的研发活
动都很少（见表 4-5）。

表 4-5　1996~2014 年各部门承担的研发活动比例

单位：%

国别	政府机构			企业			高等院校			非营利机构		
	1996年	2007年	2014年	1996年	2007年	2014年	1996年	2007年	2014年	1996年	2007年	2014年
拉美地区	26.5	25.9	27.1	29.8	32.8	28.9	42.0	40.0	43.0	1.7	1.4	1.1
阿根廷	40.9	38.9	47.6	25.9	30.4	21.1	31.5	28.8	30.4	1.7	1.9	0.9
智利	—	9.9	9.2	—	34.7	37.9	—	43.0	44.2	—	12.4	8.7
哥伦比亚	5.0	8.0	9.0	30.0	22.4	42.6	35.0	42.0	31.1	30.0	27.7	17.4
哥斯达黎加	12.3	15.9	26.9	21.7	28.9	36.5	36.6	48.9	35.8	29.3	6.4	0.8
厄瓜多尔	68.4	67.0	36.8	4.0	24.8	42.3	15.5	4.5	19.5	12.0	3.8	1.4
墨西哥	36.4	27.2	32.3	22.4	43.6	17.9	37.9	27.9	48.8	3.3	1.3	1.0
巴拿马	41.5	42.4	24.4	1.6	1.0	0.3	8.6	7.2	3.2	48.3	49.4	72.2
乌拉圭	28.7	—	34.4	30.4	—	4.6	40.9	—	59.8	0	—	1.2
美国	12.7	11.9	11.4	72.1	71.1	71.5	12.0	13.1	13.1	3.2	3.9	4.0

　　资料来源：伊比利亚美洲及泛美科学技术指标网络（RICYT）数据库。

从研发活动类型来看，大部分拉美国家的研发支出以应用研究为主。但也有例外，例如墨西哥。21 世纪之前墨西哥的研发资金大部分用于应用研究，2011~2016 年，墨西哥研发资金投入结构发生较大调整，实验开发居第一位。2016 年其占比为 39.6%，基础研究与应用研究占比分别为 30.5% 和 29.9%（见表 4-6）。2007~2016 年，智利加大实验开发和基础研究的力度，两者所占比重均有所提高，同期应用研究所占比重下降。古巴一直将应用研究所占比重控制为 50%，在基础研究和实验开发两者之间，以实验开发为主。但 2007~2016 年，古巴开始加强基础研究，由 2007 年 10% 上升到 2016 年的 20%，同期实验开发所占比重下降。拉美国家研发资金投向与美国显著不同，美国 60% 以上的研发支出都用于实验开发，应用研究比基础研究略有增加，差别不大。

表 4-6　按照研发活动类型划分的研发投入结构

单位：%

国家	研发活动类型	1996 年	2007 年	2011 年	2015 年	2016 年
阿根廷	基础研究	28.1	29.3	41.0	33.9	28.7
	应用研究	49.6	42.7	48.8	48.8	41.4
	实验开发	22.3	28.0	10.2	17.4	29.9
智利	基础研究		26.4	27.1	30.3	33.0
	应用研究		52.6	48.9	44.2	40.9
	实验开发		21.1	24.0	25.5	26.1
古巴	基础研究		10.0	10.0	20.0	20.0
	应用研究		50.0	50.0	50.0	50.0
	实验开发		40.0	40.0	30.0	30.0
厄瓜多尔	基础研究	23.1	22.0	16.4		
	应用研究	70.2	69.0	74.9		
	实验开发	6.7	9.0	8.8		

续表

国家	研发活动类型	1996 年	2007 年	2011 年	2015 年	2016 年
墨西哥	基础研究	23.0		30.4	31.9	30.5
	应用研究	47.0		27.0	29.3	29.9
	实验开发	30.1		42.6	38.8	39.6
巴拿马	基础研究	51.2	49.1	22.0		
	应用研究	27.9	22.6	41.5		
	实验开发	21.0	28.4	36.6		
巴拉圭	基础研究			15.4	13.7	15.9
	应用研究			63.1	73.1	73.2
	实验开发			21.5	13.2	11.0
秘鲁	基础研究				26.2	
	应用研究				66.5	
	实验开发				7.3	
美国	基础研究	16.6	17.1	17.1	16.9	16.9
	应用研究	21.9	22.6	19.3	19.6	19.7
	实验开发	61.5	60.3	63.6	63.5	63.4

资料来源：伊比利亚美洲及泛美科学技术指标网络（RICYT）数据库。

　　拉美地区不同国家的政府研发经费投入的经济和社会目标侧重点有所不同。阿根廷、巴西、智利、哥斯达黎加、巴拿马、巴拉圭和乌拉圭都对农业技术领域十分重视，特别是乌拉圭和巴拉圭将一半以上的研发经费投入农业技术领域（见表4-7）。巴拉圭将近30%的研发资金投入卫生领域。墨西哥重视工业技术领域发展，2013 年对工业技术的研发资金投入占比高达47.9%，此外，智利、厄瓜多尔等国对工业技术的研发经费投入比重也比较大。

表4-7　政府研发经费按领域分配比重

单位：%

国家	年份	资源大气	基础设施	环境	卫生	能源	农业技术	工业技术	社会发展	民用空间	基础科学	国防	其他
阿根廷	2008	4.4	2.6	4.7	13.7	3.3	18.2	26.5	8.2	4.4	7.9	0.4	5.7
	2016	6.2	2.2	5.4	16.5	7.7	15.4	9.2	10.7	5.4	14.4	0.9	6.2
巴西	1999	54.1	0.3	2.1	2.8	5.2	21.3	5.3	2.5	4.2	2.2		
	2007	5.4	3.1	8.2	9.7	3.1	14.5	25.1	10.1	1.9	8.6	0.4	9.8
智利	2016	7.8	2.5	9.9	10.5	3.2	16.6	17.8	9.1	0.5	21.8	0.3	
	2007	7.3	10.3	21.7	37.6	11.1			2.7			5.3	4.0
哥伦比亚	2016	1.4	19.0	37.8	17.2	2.1	4.9		7.5				7.5
哥斯达黎加	2009	4.1	1.7	16.5	13.8	4.7	22.9	5.7	23.2		7.4		
厄瓜多尔	2006	10.4	7.3	31.8	3.4	2.9	23.0	12.0	5.0	1.6	2.5		0.2
墨西哥	2013	4.3	3.7	8.9	14.5	9.1	11.7	47.9					
巴拿马	1998	6.2	0.1	5.0	22.8	0.1	43.6	1.9	9.5		10.8		
巴拉圭	2011	5.7	21.8	13.7	5.0	17.0	5.3	1.4	5.5		7.3	11.5	5.8
乌拉圭	2012	4.5	0.6	2.7	29.5	2.6	50.3	2.3	5.2		0.5		1.9
	2006	2.3	1.7	2.9	9.0	1.5	57.9	8.1	7.7		6.5	0.3	2.1
美国	2000	1.2	2.3	0.7	20.9	1.5	2.1	0.6	0.9	10.6	6.0	53.2	

资料来源：巴西数据来源于李罡德等：《拉丁美洲的科学技术》，世界知识出版社，2006，第68页。其他数据来源于伊比利亚美洲及泛美科学技术指标网络（RICYT）数据库。

122

（二）科学技术的人力资源

与拉美地区水平较低的研发支出相对应，拉美地区科学技术的人才储备也较低。根据联合国教科文组织发布的数据，2013 年，全世界共有 776 万名科研人员，其中约 2/3 在高收入经济体，1/3 在中等收入经济体。具体到地区和国家来看，欧盟科研人员数量最多，约有 173 万名，占世界总数的22.3%；其次是中国，约有 148 万名，占比 19.1%；美国位列第三，科研人员总数约为 127 万，占比 16.4%；日本 66 万，占比 8.5%，位列第四。拉美地区的科研人员总数为 28.95 万人，仅占全世界总数的 3.7%。拉美各国中科研人数最多的国家是巴西，约占拉美地区科研人员总数的一半。其次是阿根廷和墨西哥，合计占拉美地区科研人员总数的 34% 左右。[①]

如果剔除人口基数的影响，考察每千人中科研人员的数量，拉美地区的情况也不太理想。2013 年，世界平均每千人中科研人员人数为 1.1 人，其中发达经济体为 3.8 人，中等偏上经济体为 0.9 人，中等偏下经济体为 0.2人，低收入经济体为 0.1 人。具体到地区和国家来看，每千人中科研人员数量最多的国家是以色列，有 8.3 人；其次为韩国 6.5 人；再次为日本 5.2人。南美洲国家每千人中科研人员数量平均为 0.5 人，介于中等偏下经济体和中等偏上经济体之间；加勒比地区平均为 0.2 人，与中等偏下经济体持平。拉美科研人员最多的三个大国中，每千人中科研人员数量最多的是阿根廷，约 1.3 人；其次是巴西，约 0.7 人（2011 年数据）；墨西哥最低，约 0.4 人（2011 年数据）。拉美国家每千人中科研人员数量不仅低于发达国家，也低于俄罗斯（3.1）、马来西亚（1.8）、土耳其（1.2）、中国（1.1），但高于印度（0.16，2011 年数据）。

从时间上看，拉美国家科研人员数量呈现增长趋势。但也有部分国家在个别时间段内有所减少，例如墨西哥和委内瑞拉。2005 年墨西哥科研人员数量达到历史峰值 4.4 万人，但次年就下降到 3.6 万人，减少了 18%；之后开始缓慢回升，2009 年达到 4.3 万人；此后科研人员数量下滑，到 2012 年

---

① UNESCO，*UNESCO Science Report: Towards* 2030，UNESCO Publishing，2015：14.

下降到 2.9 万人，比 2009 年时减少了 33%；2013 年开始科研人员数量不断增加，但直到 2016 年也仅增加到 3.9 万人，尚没有恢复到 2009 年的水平（见表 4-8）。造成这种现象的原因可能是，墨西哥跟美国经济联系密切，在 2008 年的金融危机中受到的冲击较大，减少了科研活动和对科研人员的需求。1998 年委内瑞拉只有 1159 名科研人员，到 2013 年科研人员增加到 1 万多名，是 1998 年的 9 倍多。但 2013 年开始委内瑞拉陷入严重的经济社会危机，国家财富大幅缩水，生产停滞，失业严重，科研人员数量随之大幅下降。2015 年降至 7488 人，比 2013 年少了 31%。其他国家中，21 世纪以来科研人员数量增长最多的是巴西。2000 年巴西科研人员数量为 5.2 万，2014 年增长到 18.0 万，增加了近 13 万人。科研人员数量增速最高的是厄瓜多尔，2014 年厄瓜多尔科研人员数量是 2001 年的 12 倍；其次是委内瑞拉，2014 年委内瑞拉科研人员数量是 2000 年时的 5.5 倍。

表 4-8　拉美部分国家科研人员储备数量

单位：人

年份	阿根廷	巴西	智利	哥伦比亚	哥斯达黎加	厄瓜多尔	墨西哥	乌拉圭	委内瑞拉
1993							14103		
1994							17061		
1995						474	19434		
1996						983	19895		
1997	24804					932	21418		
1998	25419					1014	22190		1159
1999	26004						21879	724	1336
2000	26420	51604					22228	922	1495
2001	25656	59786				514	23390		1761
2002	26083	71530				550	31132	1242	1761
2003	27367	76950			548	645	33558		2450
2004	29471	88881			459		39724		2749
2005	31868	94742			527		43922		3248
2006	35040	102219				985	36326		3977
2007	38681	105547	5551			924	37950		4503

续表

年份	阿根廷	巴西	智利	哥伦比亚	哥斯达黎加	厄瓜多尔	墨西哥	乌拉圭	委内瑞拉
2008	41523	113435	5959		1104	1491	37639	1429	5261
2009	41925	121280	4974		1535	1739	42973	1871	5209
2010	45960	134284	5552		1748	2110	38497	2105	5803
2011	48786	145710	6078		1882	2736	39826	2070	6720
2012	50247	157136	6798		1581	4351	29094	2137	8686
2013	50562	168563	5893	2667	1684	5508	29921	2152	10834
2014	51461	179989	7585	2738	2590	6373	31315	2186	8192
2015	53006		8175	3305	2401		34282	2257	7488
2016	54805		8985	4305	2574		38882	2325	8963

资料来源：伊比利亚美洲及泛美科学技术指标网络（RICYT）数据库。

拉美每千人中科研人员数量也随着时间推移有所增长，联合国教科文组织发布的报告显示，阿根廷、巴西、墨西哥的这一数据分别从 2002 年的 0.7、0.3 和 0.2，增加到 2011 年的 1.2、0.7 和 0.4。[①]

从科研人员的供职部门分布来看，绝大部分拉美国家的科研人员都集中在高等院校和政府机构，在企业就职的科研人员占比较低。2000 年以来巴西企业中的科研人员数量占比大幅下滑，由 2000 年的 40.3% 下降到 2014 年的 26.1%；同期高等院校的科研人员数量占比不断攀升，由 2000 年的 51.8% 上升到 2014 年的 69.9%。阿根廷企业中的科研人员数量占比也呈同样趋势，由 2000 年的 12.2% 下降到 2014 年的 6.2%；同期高等院校的科研人员数量占比也由 50.0% 下降到 45.0%；政府机构的科研人员数量占比由 36.1% 上升到 48.2%。墨西哥 2005 年企业的科研人员数量超过了高等院校和政府机构，占比 45.3%，但此后这一比例不断下降，2014 年为 28.5%，低于高等院校（47.7%），但高于政府机构（21.6%）（见表 4-9）。

---

① UUNESCO，*UNESCO Science Report* 2005，UNESCO Publishing，2005：6；UNESCO，*UNESCO Science Report: Towards* 2030，UNESCO Publishing，2015：executive summary，14.

表 4-9　拉美科研人员供职部门分布

单位：%

国家	部门	2000 年	2005 年	2008 年	2014 年
阿根廷	政府机构	36.1	41.7	45.1	48.2
	企业	12.2	11.8	10.5	6.2
	高等院校	50.0	44.6	42.7	45.0
	非营利机构	1.7	2.0	1.7	0.6
巴西	政府机构	6.8	4.1	3.9	3.3
	企业	40.3	32.0	29.3	26.1
	高等院校	51.8	62.4	65.8	69.9
	非营利机构	1.2	1.5	1.0	0.7
智利	政府机构			9.4	10.1
	企业			29.5	29.6
	高等院校			54.3	47.5
	非营利机构			6.7	12.8
哥斯达黎加	政府机构		9.4	9.5	32.5
	企业		5.6		
	高等院校		79.9	72.9	65.6
	非营利机构		5.2	17.6	1.9
厄瓜多尔	政府机构				28.1
	企业			15.0	
	高等院校			85.0	70.9
	非营利机构				1.1
危地马拉	政府机构		29.5	35.4	46.8
	企业				
	高等院校		70.5	64.6	53.3
	非营利机构				
墨西哥	政府机构	32.1	15.0	21.3	21.6
	企业	19.7	45.3	31.5	28.5
	高等院校	47.6	38.0	44.3	47.7
	非营利机构	0.6	1.7	2.9	2.2
巴拿马	政府机构	64.3	47.7	58.3	
	企业		0.3	1.1	
	高等院校	19.9	38.1	30.3	
	非营利机构	15.7	14.0	10.3	

续表

国家	部门	2000 年	2005 年	2008 年	2014 年
巴拉圭	政府机构		22.0	27.0	25.3
	企业				
	高等院校		70.4	65.6	52.4
	非营利机构		7.6	7.4	22.3
乌拉圭	政府机构	5.0		19.0	15.7
	企业	5.0		1.1	0.9
	高等院校	90.0		77.4	80.2
	非营利机构			2.6	3.2
委内瑞拉	政府机构	12.3	11.7	9.0	19.6
	企业	0.7	0.6	1.1	12.3
	高等院校	86.8	87.3	89.4	68.0
	非营利机构	0.3	0.4	0.6	0.1

资料来源：伊比利亚美洲及泛美科学技术指标网络（RICYT）数据库。

按照学科领域来看：阿根廷、哥伦比亚、萨尔瓦多、特立尼达和多巴哥、乌拉圭和巴拿马，自然与精密科学领域的科研人员数量最多；哥斯达黎加、厄瓜多尔、墨西哥，社会科学领域的科研人员数量最多；危地马拉和秘鲁工程技术领域的科研人员数量最多；巴拉圭科研人数最多的学科领域是农业科学，委内瑞拉则是人文科学（见表4-10）。总的看来，拉美地区整体上比较重视自然与精密科学以及社会科学领域，这与拉美国家历史上的科学传统是一致的。这一点与亚洲发达经济体的区别很明显，在 20 世纪 80 年代亚洲发达经济体快速工业化的过程中，日本、韩国、新加坡科研人员数量最多的领域都是工程和技术，而且远远超过其他领域。

表 4-10 2014 年部分拉美国家科研人员学科领域分布

单位：%

国家	自然与精密科学	工程技术	医学科学	农业科学	社会科学	人文学科
阿根廷	26.22	17.15	13.35	10.08	23.28	9.92
玻利维亚	17.31	22.81	15.88	17.80	22.25	3.96

续表

国家	自然与精密科学	工程技术	医学科学	农业科学	社会科学	人文学科
哥伦比亚	27.72	18.63	17.63	5.31	24.52	6.19
哥斯达黎加	20.79	18.18	14.67	15.08	27.19	4.08
厄瓜多尔	17.87	21.45	11.51	8.10	33.43	7.64
萨尔瓦多	36.74	21.46	16.29	4.17	17.93	3.41
危地马拉	8.19	28.29	29.89	13.17	8.19	12.28
巴拉圭	15.84	17.83	22.11	25.78	17.08	1.37
秘鲁	21.52	27.75	14.62	10.41	21.12	4.58
特立尼达和多巴哥	23.70	19.22	22.72	13.11	21.25	
乌拉圭	30.81	10.74	10.78	14.83	23.82	9.03
委内瑞拉	11.86	12.68	17.35	19.02	16.62	22.48
巴拿马[a]	29.74	12.42	22.22	8.50	27.12	
墨西哥[b]	6.48	17.24	12.62	2.77	58.53	2.36

注：a 代表 2008 年，b 代表 1995 年。

资料来源：伊比利亚美洲及泛美科学技术指标网络（RICYT）数据库。

二 科技产出情况

拉美地区的科研产出情况可以从科研论文发表、科技专利申请与授予以及高技术产品贸易三个方面来考察。

（一）科研论文发表情况

20 世纪 90 年代，为促使科学家多发表成果，拉美许多国家引入了学术业绩评价制度，这似乎推动了拉美科研人员相对生产率的提高。20 世纪 90 年代以来，拉美地区科研人员在国际主流出版物上发表的文章数量及其占世界的份额都有显著增加。1990~2016 年，拉美科研人员在 SCI 上发表的文章总数由 11046 篇增加到 100797 篇，增长了 8 倍多，在国际上所占份额也由 1% 左右上升到 5.2%（SCI 扩展）。1990~2016 年，增长最快的是哥伦比亚和厄瓜多尔，这两个国家均增长了 26 倍；其次是巴西，增长了 13 倍；巴拉圭和玻利维亚均增长了 12 倍。如果从科研论文密度（每百万居民发表的科研论文数量）来看，这一期间增长最快的是哥伦比亚，增长了约 19 倍；其次是厄瓜多尔（15 倍）、巴西（9 倍）、圭亚那和乌拉圭（8 倍）。

拉美地区科研论文的发表高度集中在少数几个国家。2016 年，仅巴西、墨西哥、阿根廷、智利和哥伦比亚五个国家在 SCI 上发表的科研论文数量就占该地区总数的 98.8%，其中巴西占比高达 53.87%，墨西哥占 17.45%，阿根廷占 11.25%，智利占 10.49%，哥伦比亚占 5.71%，其他国家合计占 1.23%（见图 4-1）。如果考虑到人口规模的影响，考察科研论文密度，排名将发生很大变化，2016 年智利平均每百万居民发表论文 582 篇，位列拉美地区第一，其次是巴巴多斯（412 篇）和乌拉圭（358 篇），巴西（265 篇）、阿根廷（260 篇）、墨西哥（143 篇）分别位列第四、第五、第八。从上述数据可以看出，绝大部分拉美国家的科研论文产量很低，意味着这些国家知识存量和科技水平还比较有限。

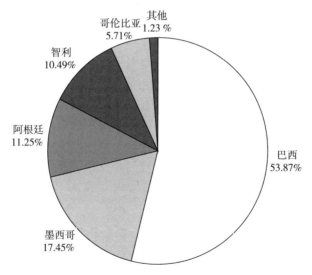

图 4-1 2016 年拉美各国在 SCI 上发表的科研论文数量占该地区的比例

资料来源：伊比利亚美洲及泛美科学技术指标网络（RICYT）数据库。

从学科分类上来看，2008～2014 年，拉美地区发表的科研论文中 25% 属于生物科学，22% 属于医学科学，物理学占 10%，化学占 9%，农业科学、工程学、地球科学各占 8%。与 2001 年相比，学科结构发生了一些变化，最显著的就是 2001 年医学科学是发表论文数量最少的弱势学科，2014 年医学科学已经成为第二大学科。医学科学地位的上升与诸多拉美国家将医学列为重点领域息息相关。与此相对照，工程学的弱势地位始终没有改变，而这与本地区工业活动竞争力的落后息息相关。

虽然拉美国家在科研论文发表方面取得了显著进展，但其对国际科学的影响力依然较小。Hirsch 提出 h 指数概念，指一国发表的至少被引用 h 次的论文数量。根据他的统计，1994～2014 年，拉美国家中 h 指数最高的是巴西（379），其次是墨西哥（289）、阿根廷（273）、智利（233）以及哥伦比亚（169）。[1] 但是，如果将发表论文的总数纳入考虑，考察发表论文的平均引用率，上述排名将发生很大的变化，巴西、墨西哥、阿根廷都远远落后于巴拿马、秘鲁、玻利维亚、哥斯达黎加等发表论文较少的国家。[2]

（二）科技专利申请与授予情况

尽管过去几十年拉美国家在科研论文产出方面有了显著提升，知识有了一定的积累，但是拉美国家似乎并没有很好地将知识转移到生产部门。作为一个技术指标，专利很好地反映了知识的强大积累和沉淀。[3] 2015 年世界知识产权组织的调查显示，拉美国家平均每 100 家公司只有 1～5 家拥有专利，而欧洲国家的这一数字是 15～30。[4] 在美国专利商标局注册的专利中，来自拉美国家的微乎其微，而且随着时间的推移这方面并没有明显改进。1991～2013 年，拉美国家在美国专利商标局注册的专利从 194 项增加到 890 项，占比由 0.2% 提高到 0.3%（见表 4-11）。2013 年，在属于拉美国家的专利中，38% 来自巴西，巴西、墨西哥、阿根廷三国合计占比 75.5%。与世界其他国家和地区相比，拉美国家在专利方面的发展不仅远远小于美国、欧盟、

---

① Hirsch, J. E., An Index to Quantify an Individual's Scientific Output, arXiv：physics/0508025, http：//arxiv. org/abs/physics/0508025.

② UNESCO, *UNESCO Science Report: Towards 2030*, UNESCO Publishing, 2015：188.

③ 联合国教科文组织编著《联合国教科文组织科学报告（2010）》，中国科学技术协会调研宣传部、国际联络部译，中国科学技术出版社，2012，第 12 页。

④ UNESCO, *UNESCO Science Report: Towards 2030*, UNESCO Publishing, 2015：193.

日本等发达国家和地区，也远远落后于其他发展中国家。1991年以来，中国和印度在专利注册方面都取得了很大进步。在美国专利商标局注册的专利中，中国由1991年的63项增加到2013年的7568项，占比由0.1%上升到2.7%；印度由1991年的31项增加到3317项，占比由不到1%上升到1.2%。

表4-11 各个国家和地区在美国专利商标局注册的专利数量及其占比

单位：项，%

	1991年		2001年		2013年	
	数量	占比	数量	占比	数量	占比
世界	96268	100	166012	100	277832	100
拉美地区	194	0.2	449	0.3	890	0.3
美国	51703	53.7	89565	54	139139	50.1
欧盟	18504	19.2	29124	17.5	45401	16.3
日本	21144	22	33721	20.3	52835	19
非洲	128	0.1	160	0.1	303	0.1
巴西	66	0.1	149	0.1	341	0.1
墨西哥	36	0	120	0.1	217	0.1
阿根廷	19	0	53	0	114	0
俄罗斯	—	—	338	0.2	591	0.2
中国	63	0.1	298	0.2	7568	2.7
韩国	—	—	3868[a]	2.3[a]	14839	5.3
印度	31	0	231	0.1	3317	1.2

注：a代表2002年数据。

资料来源：UNESCO, *UNESCO Science Report* 2005, UNESCO Publishing, 2005; UNESCO, *UNESCO Science Report* 2010, UNESCO Publishing, 2010; UNESCO, *UNESCO Science Report: Towards 2030*, UNESCO Publishing, 2015.

拉美国家绝大部分的专利都是由外国居民申请和获得的。1990~2016年，本国居民与外国居民的差距变大，这使得本国居民对外国技术的依赖性变强，本国技术的自足率变低（见表4-12）。

表4-12 拉美地区专利情况

	1990年	1995年	2000年	2005年	2010年	2015年	2016年
申请数量（项）							
居 民	5795	6390	9241	10130	9701	10495	11803
非居民	16459	24057	44562	45120	48709	57241	51552
总 数	22254	30447	53804	55250	58410	67736	63355
授予数量（项）							
居 民	1496	1544	1535	1180	1387	1893	2108
非居民	6511	10005	14933	13423	16405	16560	17384
总 数	8007	11549	16468	14603	17792	18453	19492
依附率（%）	2.84	3.76	4.82	4.45	5.02	5.45	4.37
自足率（%）	0.26	0.21	0.17	0.18	0.17	0.15	0.19

注：依附率指授予非居民专利数与授予居民专利数之比，因此，数值越高，则依附率越高。自足率指授予本国居民专利数与授予专利总数之比，数值越高，自足率越高。自足率与依附率负相关。

资料来源：伊比利亚美洲及泛美科学技术指标网络（RICYT）数据库。

从企业创新结构来看，大多数拉美国家制造业企业进行过程创新的比例高于产品创新（见表4-13）。无论是产品创新还是过程创新，创新行为主要集中在大企业和中型企业，小企业和微型企业进行创新的比例很小。除了巴西之外的大多数拉美国家的创新型企业都是引入另一家国内或国际公司实施创新。

表4-13 拉美国家制造业企业创新情况

单位：%

国家	年份	创新类型	创新企业占比
阿根廷	2012	产品创新	38.0
		过程创新	39.0
巴西	2011	产品创新	17.5
		过程创新	32.0
智利	2012	产品创新	19.3
		过程创新	22.8
哥伦比亚	2010	产品创新	17.1
		过程创新	22.1
哥斯达黎加	2011	产品创新	68.0
		过程创新	62.1

国家	年份	创新类型	创新企业占比
厄瓜多尔	2011	产品创新	45.8
		过程创新	47.0
墨西哥	2011	产品创新	9.7
		过程创新	6.8
巴拿马	2008	产品创新	36.7
		过程创新	40.7
秘鲁	2011	产品创新	41.2
		过程创新	45.5
多米尼加	2009	产品创新	61.4
		过程创新	74.5
乌拉圭	2009	产品创新	17.2
		过程创新	24.5

资料来源：伊比利亚美洲及泛美科学技术指标网络（RICYT）数据库。

（三）高技术产品贸易情况

表 4-14 统计了拉美地区四个大国 2000~2018 年的技术贸易情况。从中可以看出，巴西是该地区出口技术总额最高的国家。2018 年巴西从世界其他地区获得的特许权使用费和许可费为 8.25 亿美元，是阿根廷、墨西哥、智利三国总和的 2.6 倍；巴西向国外支付的特许权使用费和许可费也是四国当中最多的，2018 年该项支出为 51.2 亿美元，是其他三国总和的 1.2 倍。巴西的技术贸易逆差在四国中也最高，2018 年为 43 亿美元，比其他三国总和高 5.1 亿美元。2000 年时阿根廷技术出口额高于智利，但低于墨西哥和巴西。自 2007 年起，阿根廷超过墨西哥，成为该地区仅次于巴西的第二大技术出口国。从技术出口额的增速来看，阿根廷是该地区增速最高的国家，2018 年阿根廷技术出口额是 2000 年时的 7.2 倍；其次是巴西，为 6.6 倍。智利尽管也实现了较为明显的增长，2018 年技术出口额是 2000 年时的 4.6 倍，但智利的高速增长是在 2008 年之前完成的。2008 年智利技术出口额达到历史高位 6400 万美元，自 2009 年开始下滑，此后几年技术出口额呈现震荡走势，至 2018 年没有进入上升通道。与此同时，智利的技术进口额增长

较快，2018 年技术进口额达 1.78 亿美元，较 2000 年时增长了 5 倍，这使智利技术贸易逆差高达 17.4 亿美元，与阿根廷的 17.6 亿美元相当。墨西哥在 2009 年之后技术进口和技术出口均出现大幅下滑，2009 年技术出口额和技术进口额分别为 9400 万美元和 18.2 亿美元，但次年就分别大幅下滑至 900 万美元和 2.9 亿美元，此后一直到 2018 年都在这样的水平徘徊。墨西哥和智利技术贸易在 2009 年之后的走势可能与国际金融危机的影响有关，这两个国家是拉美地区与欧美发达国家经济联系最为密切的国家，在金融危机中最先受到冲击，受到的影响也最大。

表 4-14 2000~2018 年四个拉美国家技术贸易金额

单位：百万美元

年份	阿根廷			巴西			墨西哥			智利		
	出口	进口	逆差	出口	进口	逆差	出口	进口	逆差	出口	进口	逆差
2000	37	580	544	125	1415	1289	43	407	364	10	297	287
2001	47	564	517	112	1244	1132	41	419	378	25	269	244
2002	33	351	318	100	1229	1129	86	1072	986	41	251	210
2003	52	403	352	108	1228	1120	124	977	853	45	257	212
2004	61	521	459	113	905	792	96	1881	1785	49	307	259
2005	51	651	600	102	1404	1303	70	1933	1864	54	348	294
2006	71	806	735	150	1664	1513	81	1875	1794	55	384	329
2007	106	1042	936	319	2259	1940	95	1392	1297	61	448	386
2008	105	1463	1358	465	2697	2232	97	929	832	64	539	475
2009	102	1461	1360	434	2512	2078	94	1824	1730	59	597	537
2010	152	1712	1560	190	3226	3036	9	294	285	36	726	690
2011	155	2079	1924	301	3748	3447	6	284	278	55	774	718
2012	158	2217	2059	276	4198	3922	5	253	249	36	1002	966
2013	180	2329	2149	368	4567	4199	8	235	227	38	1356	1317
2014	174	2099	1925	375	5923	5548	8	240	232	41	1549	1508
2015	162	2178	2016	581	5250	4669	7	260	252	42	1558	1516
2016	169	2108	1940	651	5141	4490	7	277	270	38	1614	1575
2017	209	2298	2089	642	5402	4760	6	292	285	50	1670	1619
2018	268	2025	1757	825	5124	4299	7	302	295	46	1783	1737

资料来源：UN Comtrade 数据库。

国际比较来看，拉美四国的技术出口额远远小于韩国，韩国技术贸易虽然也是逆差，但 2006~2018 年技术出口额增速远超过技术进口额，使得逆差额减少。2018 年无论是技术出口额还是技术进口额，以及技术贸易逆差额，拉美四国都远远落后于中国。2018 年巴西的技术出口额与印度相当，但技术进口额远小于印度。阿根廷的技术出口额和技术进口额均与马来西亚相当。但就增速来看，巴西和阿根廷的技术出口与技术进口增速均落后于中国、印度和马来西亚（见表 4-15）。

表 4-15　2000~2018 年部分国家技术贸易金额

单位：百万美元

年份	中国			印度			马来西亚			韩国		
	出口	进口	逆差	出口	进口	逆差	出口	进口	逆差	出口	进口	逆差
2000	90	1378	1288	60	235	175	18	546	528			
2001	110	1938	1828	37	317	280	21	751	731			
2002	133	3114	2981	20	345	325	12	628	616			
2003	107	3548	3441	24	550	526	20	799	779			
2004	236	4497	4260	53	611	558	42	896	854			
2005	157	5321	5164	206	672	466	27	1325	1298			
2006	205	6634	6430	61	846	785	26	953	927	2046	4650	2604
2007	343	8192	7849	163	1160	997	37	1182	1145	1735	5134	3399
2008	571	10319	9749	148	1529	1381	197	1296	1099	2382	5656	3274
2009	429	11065	10636	192	1860	1668	266	1119	853	3199	7188	3989
2010	830	13040	12209	128	2438	2310	100	1320	1220	3188	9183	5995
2011	743	14706	13963	302	2820	2517	149	1634	1485	4399	7415	3016
2012	1044	17749	16705	321	3990	3669	136	1543	1408	3903	8617	4714
2013	887	21033	20146	446	3904	3458	110	1395	1286	4355	9837	5482
2014	676	22614	21937	659	4849	4190	76	1424	1348	5542	10546	5004
2015	1085	22022	20938	467	5009	4542	89	1295	1206	6554	10056	3502
2016	1161	23980	22818	525	5466	4941	115	1348	1233	6936	9429	2493
2017	4803	28746	23943	660	6515	5856	286	1827	1540	7287	9702	2415
2018	5561	35783	30222	785	7906	7121	267	2006	1739	7752	9881	2129

资料来源：UN Comtrade 数据库。

在高技术产品贸易方面，情况略有不同。巴西仍然是四国当中高技术产品出口额最高的国家，2017 年巴西高技术产品出口额为 119.6 亿美元（见表 4-16）。其中 74% 都是飞机及其零部件，这凸显了巴西在飞机制造领域的技术优势；其次是医药产品，占比 18.2%。巴西进口的高技术产品额为 222.5 亿美元，其中 51% 是医药产品，18.9% 是飞机及其零部件。墨西哥是四国当中第二大高技术产品出口国，2017 年该国的高技术产品出口额为 82.5 亿美元。其中 58% 都是精密仪器及其零部件；其次是医药产品，占比 24.3%。2017 年，墨西哥进口高技术产品 143.5 亿美元，其中精密仪器及其零部件占比最高，为 37.9%；其次是医药产品 33.5%。阿根廷出口高技术产品 14.35 亿美元，其中 63.1% 都是医药产品。进口 90.8 亿美元，其中医药产品最多，占 53.1%；其次是飞机及其零部件，占比 23.4%。2017 年，智利出口高技术产品 1.9 亿美元，医药产品占比 63.6%；进口 22.3 亿美元，医药产品占比 43.2%，飞机及其零部件占比 32.7%。总体上而言，1986～2017 年，拉美四国高技术产品出口额、进口额以及逆差额都有所增长（受危机影响，2001～2002 年，阿根廷高技术产品出口和进口都有明显下滑）。四国当中巴西和墨西哥高技术产品出口额增速相当，阿根廷增速最快，智利最慢。智利高技术产品贸易规模远小于其他三国，而在 1986 年，智利的高技术产品出口额一度还超过阿根廷，而后，智利在技术发展方面落后于其他三个国家。

表 4-16　1986～2017 年四个拉美国家高技术产品贸易金额

单位：百万美元

年份	巴西			阿根廷			墨西哥			智利		
	出口	进口	逆差	出口	进口	逆差	出口	进口	逆差	出口	进口	逆差
1986	374	754	380	30	202	171	233	601	368	34	79	45
1987	495	926	431	34	242	209	172	637	465	9	102	92
1988	523	741	218	40	211	171	158	777	618	6	108	103
1989	813	942	129	40	178	138	399	866	467	14	135	121
1990	710	1152	441	63	174	111	256	1198	942	40	160	120
1991	570	1197	627	85	345	260	296	1491	1195	20	177	157

续表

年份	巴西			阿根廷			墨西哥			智利		
	出口	进口	逆差	出口	进口	逆差	出口	进口	逆差	出口	进口	逆差
1992	562	1203	641	98	670	572	717	2201	1484	26	223	197
1993	528	1065	537	136	808	672	840	2128	1288	28	262	234
1994	572	1917	1345	134	1150	1016	1011	2561	1550	26	377	351
1995	541	2124	1583	186	977	791	1299	1854	555	29	381	353
1996	728	2901	2174	314	1162	849	1572	2523	952	40	417	377
1997	1106	3552	2447	349	1424	1075	1948	3028	1081	44	501	457
1998	1703	3766	2063	453	1607	1154	3118	4137	1020	66	514	448
1999	2339	3973	1635	496	1932	1436	2957	4168	1211	68	461	393
2000	4023	3983	-39	643	1467	823	3449	4812	1363	77	429	353
2001	4038	3972	-66	595	1222	627	4100	4897	797	84	472	387
2002	3279	3744	465	439	774	336	4304	5314	1010	78	468	389
2003	2527	3704	1177	523	867	344	4116	5581	1466	93	537	444
2004	3983	4726	743	495	1461	965	4468	6652	2184	111	628	516
2005	4076	5378	1302	548	1554	1006	5384	7720	2336	111	965	854
2006	4445	6667	2222	861	1936	1075	6020	10990	4970	136	1465	1329
2007	6256	9069	2813	988	2426	1437	5885	14750	8865	159	1556	1398
2008	7393	12176	4783	1575	3182	1607	6114	14891	8777	190	2061	1871
2009	5714	10541	4827	1447	2983	1536	4793	10589	5796	150	1571	1421
2010	6139	12873	6734	1481	3814	2333	5805	12279	6474	159	1858	1699
2011	6377	13542	7165	1768	3827	2059	6455	13279	6824	185	2450	2265
2012	7324	14754	7430	1603	4219	2616	7152	14338	7186	209	4156	3947
2013	6490	15346	8857	1575	3619	2044	7775	14479	6704	341	3070	2729
2014	6198	14511	8312	2526	8770	6244	8127	14505	6377	291	3392	3101
2015	6337	12533	6196	1442	8941	7499	8130	15743	7614	272	2802	2529
2016	6563	11342	4779	1400	8958	7559	7742	14137	6395	257	2764	2507
2017	11961	22246	10284	1435	9082	7647	8249	14351	6102	188	2234	2046

注：Lall 在 SITC（Vs. 2）三位数产品分类的基础上，将 SITC 0-9 类共 300 多种产品按照技术含量，划分为五大类，分别是初级产品、资源型产品、低技术产品、中技术产品和高技术产品。其中高技术产品又划分为两类，即电子电气产品和其他高技术产品。这两者的区别是，电子电气产品在终端的加工装配环节具有劳动密集型特点，因而可以将其放在低收入国家进行，对应这一环节的产品附加值很低，而其他高技术产品需要高端的专业技能、技术和供应网络，这些产品的比较优势主要在发达国家。本文采用的高技术产品口径按照 Lall 对高技术产品中其他高技术产品的分类，对应 SITC（Vs. 2）中 SITC 编码为 524、541、712、792、871、874、881 的产品。

资料来源：UN Comtrade 数据库；Lall, Sanjaya. "The Technological Structure and Performance of Developing Country Manufactured Exports, 1985-1998", *Oxford Development Studies*, 3（2000），28：337-369. DOI：10. 1080/713688318.

国际比较来看，拉美四国高技术产品出口额及其增速不仅远远落后于韩国，也落后于中国和印度两个发展中大国。1986 年，韩国高技术产品出口额为 5.43 亿美元（见表 4-17），与巴西相差不大；到 1989 年时，韩国的高技术产品出口额增加到 6.96 亿美元，而巴西则增加到了 8.13 亿美元，实现对韩国的反超。但随后进入 20 世纪 90 年代，巴西开始了新自由主义的结构调整，高技术产业受到冲击，高技术产品出口额下滑。而同期韩国的高技术产品出口则稳步提升，两者差距显著拉大。至 2017 年韩国高技术产品出口额达到 316.38 亿美元，是巴西的 2.65 倍。中国自 20 世纪 90 年代以来，特别是 2001 年加入 WTO 之后，高技术产品出口额和进口额都实现快速增长。1986 年，中国的高技术产品出口额远远低于巴西和墨西哥，但 2017 年，中国的高技术产品出口额是巴西的 14.5 倍，墨西哥的 21 倍，进口额分别是两国的 11 倍和 17 倍。2007 年之前，巴西和墨西哥的高技术产品出口额大多数年份超过印度，但 2007 年之后，随着医药产品出口额的大幅增长，印度高技术产品出口额大多数年份超过了巴西和墨西哥。而且自 2011 年开始，印度的高技术产品贸易额由逆差转为顺差，80% 以上的高技术产品出口都是医药产品。2018 年，印度医药产品出口额超过了其他所有高技术产品进口额。

表 4-17　1986~2017 年部分国家高技术产品贸易金额

单位：百万美元

年份	中国			印度			韩国		
	出口	进口	逆差	出口	进口	逆差	出口	进口	逆差
1986	57	164	107	147			543	1502	960
1987	583	1883	1300	205			416	1700	1284
1988	717	1763	1046	292	637	345	523	3053	2529
1989	873	1898	1025	482	1227	745	696	3289	2594
1990	1042	2190	1149	497	981	484	728	3303	2575
1991	1177	2791	1614	532	606	74	903	4600	3697
1992	2047	3967	1920	465	886	421	942	4833	3890
1993	2012	4447	2434	517	1511	994	1044	5194	4150

年份	中国			印度			韩国		
	出口	进口	逆差	出口	进口	逆差	出口	进口	逆差
1994	2425	5904	3479	637	1372	735	1133	6562	5429
1995	3317	4315	998	766	1381	614	1482	8432	6950
1996	3532	5700	2168	873	1233	360	1399	9209	7810
1997	4273	6515	2242	1045	1286	241	2381	7553	5173
1998	4807	6947	2140	1020	1188	168	3140	4593	1453
1999	5206	7784	2578	1122	1038	-84	3648	5592	1944
2000	5911	8217	2306	1276	1073	-204	1879	7157	5278
2001	5532	12112	6580	1500	1279	-221	1562	5975	4413
2002	6233	15750	9517	1829	1678	-151	1481	6650	5170
2003	8646	25822	17176	2174	2615	441	2672	7947	5275
2004	11960	38524	26564	2514	3017	502	4872	10983	6110
2005	14727	45116	30390	3054	4634	1580	10629	13200	2572
2006	17896	56159	38263	3775	8329	4553	17261	15517	-1744
2007	26393	65060	38667	5217	7308	2091	22790	13969	-8821
2008	33409	72099	38690	7835	17264	9429	26576	14577	-11999
2009	31707	65139	33432	7649	10716	3067	27110	12484	-14626
2010	43418	88337	44920	9311	9517	207	35029	17708	-17322
2011	51492	98557	47065	12662	9009	-3654	33113	20468	-12645
2012	56515	106667	50151	13629	10007	-3622	34118	20737	-13380
2013	57142	114347	57204	18389	10084	-8305	32982	20239	-12744
2014	58367	121096	62729	20780	9719	-11061	32876	20893	-11983
2015	116365	229797	113432	18798	10553	-8245	30543	22044	-8498
2016	112874	218074	105199	18758	10673	-8084	26082	22135	-3946
2017	173415	245328	71913	18347	13325	-5022	31638	26117	-5521

资料来源：UN Comtrade 数据库。

1990~2015 年，在高技术产品和中高技术产品出口额占制造业出口额比重方面，墨西哥是拉美四国中最高的（见表4-18），智利无论是高技术产品出口占比还是中高技术产品出口占比，都远远小于其他三个国家。在 20 世纪 90 年代上半段，阿根廷和巴西的高技术产品出口所占比重经历了多年下滑，后半段恢复增长。考虑到 20 世纪 90 年代结构调整对拉美国家高技术产业的冲击最为严重，这一现象不难理解。墨西哥没有出现显著下滑，反而持续增长到 21 世纪初，这可能与墨西哥加入北美自由贸易区，承接美国产业转移发展客户工业有关。考虑到墨西哥在客户工业中主要以技术含量低的加工装配为主，因此尽管墨西哥的高技术产品出口占比高于其他拉美三国，也不意味着墨西哥的技术能力和产业创新水平同样高于其他三国。[①] 无论是阿根廷、巴西，还是墨西哥，高技术产品出口占比在 21 世纪初都开始停滞不前，甚至下滑。阿根廷和墨西哥在 2000 年、巴西在 2001 年都达到了各自高技术产品出口占比的历史峰值，此后一直到 2015 年仍没有达到当时的水平。考虑到 21 世纪初大宗商品迎来了超级周期，拉美国家都加大了资源型产品的出口力度，挤压了高技术产品出口的份额，这一现象也不难理解。由此也可以看出拉美国家在资源红利面前，缺乏持续发展技术的意志和努力。智利在高技术产品出口方面发展一直都较为缓慢，2015 年智利高技术产品出口占制造业出口比重 6.1%，仅比 1990 年时的 4.68% 高 1.42 个百分点。中高技术产品出口方面，智利也没有明显的发展，2015 年中高技术产品出口占制造业出口比重为 11.28%，略高于 1990 年（10.83%）的水平。因此，尽管智利根据人均 GDP 水平衡量已经迈入发达国家行列，但发展很大程度上依靠铜矿等自然资源，技术和产业竞争力上的落后将制约智利未来的发展潜力。

表 4-18　1990~2015 年拉美四国高技术和中高技术产品出口额占制造业出口额比重

单位：%

年份	阿根廷		巴西		墨西哥		智利	
	高技术产品	中高技术产品	高技术产品	中高技术产品	高技术产品	中高技术产品	高技术产品	中高技术产品
1990		23.62	6.46	37.87	8.43	61.24	4.68	10.83
1991		23.62	5.20	38.18	8.68	65.39	1.99	10.69
1992	7.95	23.62	4.92	39.81	11.24	71.08	2.37	10.81

① 以客户工业或曰出口加工工业为主的发展中国家菲律宾、马来西亚、老挝、哈萨克斯坦以及中国的高技术产品出口占比都很高，甚至超过包括美国在内的绝大多数发达国家，这显然并不意味着这些国家的高技术产品竞争力已经超过发达国家。

续表

年份	阿根廷		巴西		墨西哥		智利	
	高技术产品	中高技术产品	高技术产品	中高技术产品	高技术产品	中高技术产品	高技术产品	中高技术产品
1993	6.48	28.97	3.95	39.81	11.60	72.42	2.38	12.47
1994	4.76	30.01	4.60	39.99	13.94	74.06	2.15	14.24
1995	4.02	30.46	4.89	38.25	15.17	73.11	3.34	9.87
1996	5.59	31.79	6.21	39.65	15.81	73.41	3.66	11.30
1997	5.07	37.41	7.54	43.97	17.55	72.24	3.33	13.01
1998	5.91	38.02	9.41	44.14	19.25	73.62	3.67	14.47
1999	8.10	33.08	13.17	43.19	20.75	75.12	3.24	13.37
2000	9.35	36.17	18.73	48.26	22.45	76.15	3.41	13.81
2001	9.27	36.68	19.25	47.07	22.06	76.62	3.18	14.78
2002	7.67	31.66	16.52	46.15	21.43	75.84	3.78	14.69
2003	8.90	28.32	11.96	44.48	21.40	76.04	4.65	15.44
2004	7.72	30.03	11.59	47.90	21.29	75.60	5.92	12.63
2005	6.83	32.44	12.84	48.16	19.64	75.16	6.94	12.94
2006	7.05	34.19	12.08	46.32	18.98	76.64	6.83	12.67
2007	6.59	35.17	11.87	45.79	17.18	76.79	7.38	11.60
2008	9.02	38.62	11.65	46.34	15.73	76.88	6.54	14.96
2009	8.69	42.44	13.20	40.24	18.18	76.89	5.63	12.55
2010	7.42	45.02	11.22	36.30	16.94	78.71	5.73	11.74
2011	7.07	46.40	9.72	35.54	16.51	77.83	4.91	12.44
2012	6.42	46.72	10.49	38.52	16.34	78.59	4.86	12.17
2013	7.26	49.68	9.65	40.05	15.92	78.33	6.04	11.08
2014	6.88	49.13	10.61	37.64	15.99	79.10	6.35	11.90
2015	9.01	46.13	12.31	41.46	14.69	80.07	6.10	11.28

资料来源：WDI 数据库。

三　小结

技术和创新能力的发展是一个复杂的系统工程，涉及诸多方面，单纯考察几个指标固然不足以展现其全貌，但我们仍然可以据此看出拉美国家的国际差距及其自身的一些特征。

首先，拉美国家的技术发展水平十分不平衡，无论是科技投入，还是科技产出方面，都高度集中于少数几个大国，特别是巴西、阿根廷、墨西哥三个国家。

其次，即便代表拉美国家科技发展水平最高的三个国家，与世界发达国家和中国、印度等发展中大国相比，也较为落后。

就研发支出强度来看，发达国家普遍在 2%以上，1980 年以来发展中国家研发支出强度提高，由 20 世纪 80 年代的 0.5%左右，提高到 2013 年的 1.88%，而拉美地区始终落后于发展中国家的平均水平。除了巴西研发支出强度于 2000 年开始超过 1%之后，绝大部分拉美国家都不足 0.5%。如此低水平的研发经费投入，反映了一直以来拉美国家普遍对研发的重视程度不够。

在科研人力资源方面，拉美国家也明显落后。2013 年拉美国家的科研人员总量仅占世界的 3.7%，远远低于其人口和产出占世界的比重，但略高于研发支出总额在世界的占比。科研人员密度方面，2013 年世界平均水平是 1.1，发达经济体平均为 3.8，而南美洲国家平均为 0.5，加勒比地区平均为 0.2，远低于世界平均水平，也落后于发展中国家平均水平。与科研人员储备不足并存的问题是，科研人员高度集中于高等院校和政府机构，企业的科研人员少，这种情况在巴西、墨西哥和智利相对好一些，但这些国家企业的科研人员占比也小于高等院校。这与发达国家和 20 世纪 80 年代高速发展的韩国、日本等亚洲发达经济体截然不同，这些国家和地区科研人员高度集中于企业。拉美国家科研人员高度集中于高等院校和政府机构，既反映了拉美国家创新体系的特征，即该地区一直以来以纯科学研究为主的知识生产模式，缺乏将知识转变为生产力的意识和机制，也反映了背后的产业结构和竞争力模式，即拉美地区缺乏技术密集型的产业和企业，进而对科研人员的需求不足。

相对于低水平的研发支出和科研人员储备而言，拉美国家在科研论文发表方面表现较好，拉美国家在 SCI 上发表的论文数量占世界比重由 1990 年的 1%左右增加到 2016 年的 5.2%（SCI 扩展）。这一方面与上述科研人员的就职部门结构高度相关，相较于企业，高等院校更看重科研人员的论文发表情况。特别是 20 世纪 90 年代以来拉美国家普遍引入了与论文发表高度挂钩的学术业绩评价制度，更加激励了科研人员的论文产出。另一方面，也与拉美国家和欧美学者不断加深的国际合作有关。在 SCI 上发表的论文中，很大一部分比例都是拉美学者与美国、西班牙等国家的学者合作完成的。

与较好的科研论文产出绩效相对照的是，拉美国家在科技专利方面进步有限。在代表较高水准的美国专利商标局注册的专利数量方面，拉美国家从 1991 年的 194 项增加到 2013 年的 890 项，占比仅由 0.2% 提高到 0.3%，其发展远远落后于中国和印度，更不用说早已迈入发达国家的韩国了。这也反映了拉美国家技术创新体系的特征，即在将知识转化为技术和生产力方面，存在明显的短板。

知识、技术最终都要落实到生产上，体现在高技术产品国际竞争力的提高方面。数据显示，最近几十年来拉美国家的技术有所积累，体现在技术出口额和高技术产品出口额的增长，但在世界各国普遍将知识视为生产力、大力推进技术发展的大背景下，拉美国家的进步相对而言也十分有限，特别是墨西哥 2010 年以来更是出现技术贸易额的大幅收缩。但是，巴西在飞机及其零部件出口方面的绩效显示，该地区在飞机制造领域积累了丰富的经验。

第二节　技术进步与经济增长的实证考察

一　研究方法

某一特定时期的全球生产技术水平可以用一个生产可能性集的外部边界来表示，生产可能性集边界的向外扩张代表着技术进步。对于特定的生产单元来说，某一时期的生产可能恰好位于生产可能性集边界之上，这是有效率的生产方式，也可能位于生产可能性集边界以内，这是一种低效率的方式，存在着效率损失。从时期 b 到时期 c 的生产率的增加可能是从两个方向进行的：因为技术进步带来的技术边界的扩张，表现为生产可能性集边界的向外移动，和因资源配置效率等方面的改善带来的技术效率的提高，表现为向生产可能性集边界的趋近，当然也可能两个因素同时存在。

在经济增长因素的核算中，经济增长通常被分解为三个因素的贡献：资本、劳动和全要素生产率。技术就包含在全要素生产率中。因此，核算技术对经济增长的贡献，进一步被分解为核算全要素生产率对经济增长的贡献和技术对全要素生产率的贡献。目前，学术界对于技术变化和技术效率的变化对生产率的贡献程度的测量，主要是基于马尔姆曼奎斯特提出的 Malmquist 指数，即 Malmquist Productivity Index（MPI）进行的。MPI 指数用来测算生产率随时间的变化情况，它可以被分解为效率变化和技术变化两部分。从产出角度来看，生产可能性集合中生产点 k 从时期 b 到时期 c 的生产率变化指数 MPI 可以用下式表示：

$$MPI_k^{o,bc} = \left\{ \frac{F^o(y_{k,b}, x_{k,b}, y_b, x_b \mid CRS)}{F^o(y_{k,c}, x_{k,c}, y_b, x_b \mid CRS)} \times \frac{F^o(y_{k,b}, x_{k,b}, y_c, x_c \mid CRS)}{F^o(y_{k,c}, x_{k,c}, y_c, x_c \mid CRS)} \right\}^{1/2} \tag{1}$$

MPI 指数可以被分解为下述形式：

$$MPI_k^{o,bc} = \frac{F^o(y_{k,b}, x_{k,b}, y_b, x_b \mid CRS)}{F^o(y_{k,c}, x_{k,c}, y_c, x_c \mid CRS)} \times$$
$$\left\{ \frac{F^o(y_{k,c}, x_{k,c}, y_c, x_c \mid CRS)}{F^o(y_{k,c}, x_{k,c}, y_b, x_b \mid CRS)} \frac{F^o(y_{k,b}, x_{k,b}, y_c, x_c \mid CRS)}{F^o(y_{k,b}, x_{k,b}, y_b, x_b \mid CRS)} \right\}^{1/2} \tag{2}$$

其中，$F^o(y_{k,d}, x_{k,d}, y_a, x_a \mid CRS)$ 代表在规模报酬不变的技术条件假设下，数据点 k 在时期 d 对于由观测值（y_a，x_a）定义的技术边界的 Debreu-Farrell 度量。[1]

公式（2）的第一项衡量了技术效率变化对生产率变化的贡献程度，第二项衡量了技术变化对生产率变化的贡献程度，这是本节所要重点测算的

---

[1] Debreu、Farrell 提出对生产单位效率损失的常规径向度量方法，Debreu-Farrell 度量指常规径向度量，除此之外，还有对效率损失的非径向度量。见 Debreu，G. "The Coefficient of Resource Utilization"，*Econometrica*，（19）1951：273-292；Farrell，M. J. "The Measurement of Productive Efficiency"，*Journal of the Royal Statistic Society*，Series A，CXX，Part 3，1957：253-281.

数据。

公式（2）可以简写为：$MPI = EFF \times TECH$

如果 $EFF > 1$（在以投入为基础的度量中 < 1），意味着由时期 b 到时期 c 的技术效率变化对生产率的变化有正的贡献，即产生了技术效率的改进；$TECH > 1 / = 1 / < 1$，分别意味着时期 b 到时期 c 发生了技术进步/技术停滞/技术退步。

在规模报酬可变的技术条件假设下，MPI 指数可以进一步分解为三个部分：纯粹技术效率变化（$PEFF$）、技术变化（$TECH$）以及规模效率变化（SEC）。

$$MPI_k^{o,bc} = \frac{F^o(y_{k,b}, x_{k,b}, y_b, x_b \mid VRS)}{F^o(y_{k,c}, x_{k,c}, y_b, x_b \mid VRS)} \times$$

$$\left\{ \frac{F^o(y_{k,c}, x_{k,c}, y_c, x_c \mid CRS)}{F^o(y_{k,c}, x_{k,c}, y_b, x_b \mid CRS)} \frac{F^o(y_{k,b}, x_{k,b}, y_c, x_c \mid CRS)}{F^o(y_{k,b}, x_{k,b}, y_c, x_c \mid CRS)} \right\}^{1/2} \times \quad (3)$$

$$\frac{S_k^o(y_{,b}, x_{k,b})}{S_k^o(y_{,c}, x_{k,c})}$$

其中，S_k^o 代表规模效率。

公式（3）可以简写为：$MPI = PEFF \times TECH \times SEC$。

MPI 指数可以通过数据包络分析（DEA）技术获得。运用 DEA 技术建立非参数边界模型估计技术和技术效率的变化对生产率的贡献程度，优点在于不需要设置一个先验的生产函数形式，而且可以允许多种技术形态的存在。但应注意的是，运用 DEA 对技术变化和技术效率变化的估计，是根据由有限样本估计的技术边界而非真实的技术边界计算的，估计结果会受样本的影响。因此，在样本选择上，应尽可能多涵盖那些可能代表着现实技术边界的发达经济体。

下面，将根据上述理念和方法估计拉美主要国家 1953～2017 年技术变革对经济增长的影响。

二 数据处理

本文运用 stata15 软件的 malmq 命令进行估计。

（1）样本的选择。在样本方面，除了包含拉美主要国家之外，还包括用来定义技术边界的发达国家，以及部分用来对照的亚洲经济体。样本具体见表4-19。

表4-19　样本组经济体

拉美国家	发达国家		亚洲经济体
阿根廷	澳大利亚	日本	韩国
巴西	奥地利	荷兰	中国台湾
智利	比利时	新西兰	菲律宾
哥伦比亚	加拿大	挪威	中国大陆
哥斯达黎加	芬兰	瑞典	印度
厄瓜多尔	法国	瑞士	
墨西哥	德国	英国	
秘鲁	希腊	美国	
乌拉圭	冰岛	意大利	
委内瑞拉	爱尔兰		

（2）总产出。总产出数据选择由支出法链式购买力平价计算的实际国内生产总值（2011年百万美元），来源于PWT9.1数据库。

（3）劳动投入。选择PWT9.1数据库的雇佣人数指标（百万人）。

（4）资本投入。选择PWT9.1数据库按当前购买力平价计算的资本存量指标（2011年百万美元）。

三　实证结果分析

根据上述样本和数据，用stata软件估计1953~2017年共65个年份的最佳实践边界（估计的生产可能性集边界）。通过将每一个国家和地区的实践与最佳实践边界进行比较，可以得到各个国家和地区与最佳实践边界的效率差距和技术差距。在动态变化中，考察每个国家和地区的效率变化和技术变化。为了更好地反映这种动态变化，本书研究了每个国家和地区1953~2017年的变化情况。简洁起见，将其划分为七个时间段，每个时间段的指标得分都是各个国家和地区该时间段内各项指标得分的平均值。为了综合反映拉美国家的总体情况，将样本中的拉美十国在七个时间段内的指标再进行平均，得出拉美国家在各个时间段内的平均生产率变化情况及技术效率和技术的变化情况，见表4-20。根据该表，在七个时间段内，生产率呈现增长的只有1953~1960年和1960~1970年这两个时间段，这两个阶段都处于进口替代工业化时期。1953~1960年，生产率的提高主要是由技术效率改进带来的，纯技术效率和规模技术效率都有所提高，而技术则呈现退步，反而阻碍了生产率的提升。1960~1970年，生产率的提高是由技术效率改进和技术进步双重推动的，技术首次成为拉美国家经济增长的推动力量，然而也是1953年以来唯——次。考虑到1960~1970年这一时期刚好是拉美国家进口替代工业化第二阶段的关键时期，技术密集度的提高是这一时期生产活动的主要特征。正是因为高质量生产活动的建立和发展，大大提高了对技术的需求，从而推动技术的发展，出现技术进步。这一结果印证了本书的理论：技术和创新是生产活动特定的，只有对技术需求高的高质量生产活动，才能带来技术的进步。1970~1980年，生产率有所下降，但技术效率仍有轻微提高，生产率的下降主要是由技术退步导致的。这一时期，拉美国家对跨国公司的技术依赖越来越严重，民族产业和民族技术受到挤压。因此，只有高质量的产业还不足以推动经济发展和技术进步，高质量的产业还必须掌握在本民族的手中，如此才能获得民族内生的技术能力和技术进步，这是第五章重点论述的内容。1980~1990年是拉美国家深陷债务危机的十年，这一时期生产率呈现较大程度的下降，技术效率和技术均呈现恶化现象。1990~2000年，新自由主义改革的推行使得拉美国家经济逐渐企稳，技术效率开始轻微上升，但技术本身却较上一时期出现更大程度的退步。综合因素下，生产率继续呈现与上一时期程度相当的恶化。这一结果进一步印证了本书的观点：经济增长和技术进步是生产活动特定的。新自由主义改革不仅冲击了拉美国家原本的技术供给体系，也使得拉美国家的经济结构按照比较优势原则向低端的、远离技术中心的经济活动进行调整，从而大大降低了拉美国家对技术的需求。在供需两方面冲击下，这一时期出现技术的显著退步就不难理解了。2000~

147

2010 年，大宗商品呈现超级周期，在短期利益的诱惑下，拉美国家的经济结构进一步按照比较优势原则向低端的、自然资源密集型的生产活动专业化发展。这使得拉美国家的经济活动进一步远离技术中心，技术进一步衰退，尽管这一时期技术效率有所调整，但仍无法逆转生产率退步的局面。2010~2017 年，除了延续上一时期的经济结构外，国际金融危机的影响开始蔓延到拉美国家，拉美多国出现经济危机和衰退，这一时期，技术效率和技术都呈现较大程度的恶化，从而使得生产率大幅衰退。

表 4-20　1953~2017 年拉美国家平均 MPI 指数及其分解

时期	tfpch	effch	techch	pech	sech
1953~1960 年	1.008225443	1.028829500	0.981771843	1.012479800	1.016255986
1960~1970 年	1.009521040	1.006806800	1.003316340	1.005962370	1.000726840
1970~1980 年	0.995711770	1.002146870	0.993943480	1.001035160	1.000663150
1980~1990 年	0.970363210	0.979712140	0.991009740	0.983688350	0.996173110
1990~2000 年	0.978463040	1.000899280	0.977834140	0.997724480	1.003363120
2000~2010 年	0.990715310	1.015982700	0.975392660	1.016501120	0.999595630
2010~2017 年	0.955197397	0.961439307	0.964515637	0.964642770	0.966326521

注：tfpch、effch、techch、pech、sech 分别指的是全要素生产率的变化（MPI 指数）、技术效率变化、技术变化、纯粹效率变化、规模效率变化，tfpch = effch × techch = techch × pech × sech。表 4-21、表 4-22同。

　　下面分析拉美几个主要大国的具体情况（见表 4-21）。

表 4-21　1953~2017 年部分拉美国家 MPI 指数及其分解

国家	时期	tfpch	effch	techch	pech	sech
巴西	1953~1960 年	1.017418571	1.077140000	0.945239000	1.032759714	1.043864571
	1960~1970 年	1.021674200	1.013543100	1.008558000	1.020875100	0.993219200
	1970~1980 年	0.983737700	1.005037600	0.979031900	0.978686000	1.027933300
	1980~1990 年	0.967353100	0.979552100	0.988062700	0.991390400	0.990169800
	1990~2000 年	1.003095000	1.025273200	0.978750500	1.018030200	1.009975900
	2000~2010 年	0.962340900	0.986800400	0.975527100	0.990804700	0.996615700
	2010~2017 年	1.062676429	1.070529571	0.993219000	1.084216857	0.995295000

国家	时期	*tfpch*	*effch*	*techch*	*pech*	*sech*
墨西哥	1953~1960 年	1.034858714	1.022616714	1.013128429	1.000000000	1.022616714
	1960~1970 年	1.005219500	1.006843400	0.999790900	1.000000000	1.006843400
	1970~1980 年	0.990859500	0.975566200	1.017235500	1.000000000	0.975566200
	1980~1990 年	0.974869100	0.972915400	1.002549600	1.000000000	0.972915400
	1990~2000 年	0.995255100	1.019128200	0.976639100	1.001509600	1.016933800
	2000~2010 年	0.966355900	0.991695300	0.974918100	0.991474700	1.000223800
	2010~2017 年	1.035668000	1.047909429	0.989438714	1.032731000	1.014241857
智利	1953~1960 年	1.019113000	1.026575571	0.994556286	1.028746571	0.997750429
	1960~1970 年	1.021596700	1.016367900	1.004851600	1.000154900	1.015627400
	1970~1980 年	1.017478600	1.020469200	0.996178300	1.009477800	1.009436700
	1980~1990 年	0.983573400	0.989330300	0.994801800	0.989767800	0.999472400
	1990~2000 年	0.982140600	1.004151600	0.978058300	1.003624800	1.000515500
	2000~2010 年	0.995594500	1.022097400	0.974148300	1.023587400	0.998505700
	2010~2017 年	0.928614571	0.936242571	0.992244714	0.941808286	0.993293143
阿根廷	1953~1960 年	1.010089000	1.069458571	0.945118571	1.011727143	1.057061429
	1960~1970 年	0.998696200	0.988553400	1.010506600	1.000053100	0.988506600
	1970~1980 年	0.976013500	0.994246300	0.981623900	0.988207300	1.006792500
	1980~1990 年	0.963300500	0.981832500	0.982554100	0.976238600	1.005563900
	1990~2000 年	0.991862900	1.013128200	0.978785500	1.013236400	0.999773900
	2000~2010 年	1.006002900	1.029533000	0.977143200	1.028905600	1.000980600
	2010~2017 年	0.900799143	0.905977286	0.995274714	0.922329143	0.978094857
委内瑞拉	1953~1960 年	1.007276143	0.987188286	1.022280429	0.992187857	0.995004571
	1960~1970 年	1.020687400	1.020372200	1.001771800	1.015718900	1.004097200
	1970~1980 年	0.968378400	0.970153800	0.998981700	0.969939500	0.999627600
	1980~1990 年	0.987137500	0.978966900	1.008034100	0.979286200	0.999722600
	1990~2000 年	0.977606300	0.997904500	0.980457900	0.997575300	1.000140300
	2000~2010 年	0.990287400	1.018697000	0.973535900	1.022265600	0.995768200
	2010~2017 年	0.913664429	0.925809000	0.987925286	0.920759000	1.005094143

巴西有四个阶段都出现生产率的提升，分别是 1953~1960 年、1960~1970 年、1990~2000 年和 2010~2017 年。但这四个时期中，只有一个时期生产率的提升是由技术进步推动的，即 1960~1970 年，其他三个时期都是由技术效率的提升引起的，技术本身对这三个时期生产率的贡献都为负。

墨西哥的技术表现在拉美几个大国中较为突出，在 1990 年之前的四个阶段中，除了 1960~1970 年技术呈现略微的退步之外，其他三个阶段都出现了技术进步。甚至在 1980~1990 年债务危机期间，技术仍然出现小幅的进步。技术进步最明显的是 1970~1980 年，然而，这一时期墨西哥的技术效率却呈现更为显著的下滑，导致这一时期生产率的退步。自 1990 年新自由主义改革开始，墨西哥的技术退步，1990~2000 年技术效率有所提升，但仍无法扭转因技术退步导致的生产率的衰退局面。2000~2010 年，技术退步叠加技术效率下滑，导致生产率出现较为显著的恶化。2010~2017 年，尽管技术仍然恶化，但技术效率有较高程度的增长，推动这一时期生产率正增长。

与巴西类似，智利也仅在 1960~1970 年进口替代的垂直工业化阶段呈现小幅的技术进步趋势，其他几个时期技术都处于退步趋势。其中 1990~2000 年和 2000~2010 年这两个新自由主义改革时期，技术退步的程度最显著。生产率方面，在 1953~1960 年、1960~1970 年、1970~1980 年的三个时期，因技术效率的提升，生产率都呈现提升趋势。1980~1990 年，技术效率和技术双下滑，导致这一时期生产率退步。1990~2000 年和 2000~2010 年这两个时期，技术效率有所提升，但因技术退步较为严重，生产率都呈恶化趋势。2010~2017 年，技术小幅退步，但技术效率出现较大程度下降，导致这一时期生产率呈现显著退步。

阿根廷在 1960~1970 年出现技术进步，其他时期技术退步，且技术退步程度在 1953~1960 年和 2000~2010 年最为显著。

委内瑞拉的技术表现在拉美各国中也比较突出，在七个历史阶段中，有三个阶段都出现技术进步，分别是 1953~1960 年、1960~1970 年和 1980~1990 年。1990 年之后的三个阶段技术退步。2010~2017 年，由于发生严重的经济社会危机，委内瑞拉的技术效率大幅下滑，导致这一时期生产率出现显著衰退。

表 4-22 列出了其他地区部分经济体的指标情况，以与拉美国家进行对比。

表 4-22 1953~2017 年部分经济体 MPI 指数及其分解

国家	时期	tfpch	effch	techch	pech	sech
美国	1953~1960 年	1.015312286	1.000000000	1.015312286	1.000000000	1.000000000
	1960~1970 年	1.019300800	1.000000000	1.019300800	1.000000000	1.000000000
	1970~1980 年	0.970846600	0.968096200	1.003199700	0.979596400	0.988440200
	1980~1990 年	1.014393700	1.000000000	1.014393700	1.000000000	1.000000000
	1990~2000 年	1.019784000	1.000000000	1.019784000	1.000000000	1.000000000
	2000~2010 年	1.007381600	1.000000000	1.007381600	1.000000000	1.000000000
	2010~2017 年	0.934753000	0.934633714	0.999772714	0.942355143	0.990321000
韩国	1953~1960 年	1.182677429	1.201449429	1.127808429	1.216552571	1.129520286
	1960~1970 年	1.042150800	1.037066000	1.005341300	1.040117500	0.997918600
	1970~1980 年	1.167761600	1.190534800	0.975512500	1.122153900	1.055747100
	1980~1990 年	1.010025300	1.016369100	0.995579200	1.028926700	0.987918200
	1990~2000 年	1.024976700	1.011680200	1.013771800	1.009494300	1.002966800
	2000~2010 年	0.979526000	1.008751400	0.970805500	1.001295200	1.007481200
	2010~2017 年	1.113410571	1.087868286	1.017251000	1.086012429	1.002280714
中国台湾	1953~1960 年	1.033515143	1.094662857	0.945237857	1.095055857	0.999803000
	1960~1970 年	1.020988600	1.013512200	1.007550800	1.025549800	0.988478000
	1970~1980 年	0.992433600	1.013222100	0.978787100	0.985755200	1.028040600
	1980~1990 年	1.018963200	1.012972200	1.006722800	1.012818200	1.000104400
	1990~2000 年	1.000197700	1.000000000	1.000197700	1.000000000	1.000000000
	2000~2010 年	0.960477600	0.991946600	0.968409400	0.992709300	0.999233600
	2010~2017 年	0.979115000	0.977562857	1.004368286	0.979992000	0.997835429
中国大陆	1953~1960 年	0.927201714	1.000000000	0.927201714	1.000000000	1.000000000
	1960~1970 年	1.017364200	1.000452600	1.016168400	1.000000000	1.000452600
	1970~1980 年	0.953471200	0.978878700	0.974490500	0.984026200	0.994706600
	1980~1990 年	0.984362400	1.006269000	0.978546700	1.000000000	1.006269000
	1990~2000 年	0.964835800	0.991895400	0.972796300	1.000000000	0.991895400
	2000~2010 年	0.952994200	0.976867100	0.975998600	0.991733200	0.985054600
	2010~2017 年	1.057796000	1.067413429	0.993806000	1.100795571	0.996922286

　　首先看美国的情况。1953~2017 年的七个阶段中，除了 1970~1980 年和 2010~2017 年这两个阶段之外，其他五个阶段美国都是现实技术边界的定义者和技术进步的推动者，经济以最有效率的方式在生产可能性集边界上

运行，生产率的提升全部来源于技术进步带来的生产可能性集边界的扩张。1970～1980年这一时期，美国发生了严重的经济滞胀，虽然技术仍在进步，但技术效率明显下降，经济存在非效率损失，拖累这一时期的生产率增长。2010～2017年，受2008年金融危机的持续影响，美国经济复苏乏力，失业严重，这一时期的技术效率大大下降。与此同时，技术也呈现退步迹象，结束了一直以来的技术进步趋势，预示着美国经济出现了较为严重的问题和阻力。

与拉美国家相比，韩国的技术表现好得多。在七个阶段中，韩国有四个阶段都产生了技术进步，而且技术进步的速度整体上较高。除此之外，韩国的技术效率表现也很好，这使韩国的生产率整体上表现也很好。

中国台湾的技术表现整体上也好于大多数拉美国家。在1953年以来的七个阶段中，中国台湾也有四个阶段出现了技术进步，但技术进步程度明显落后于韩国。而且中国台湾的技术效率表现也不如韩国，2000～2010年和2010～2017年两个阶段，技术效率都出现下滑。特别是后一个时期，技术效率下降程度较为突出，这使得这两个时期中国台湾的生产率都出现较为明显的退步。

中国大陆的技术表现与拉美国家相当，在所有七个阶段中，仅有一个阶段出现了技术进步，即1960～1970年。中国重要的军事技术"两弹一星"的突破都发生在这一时期。技术效率的表现也不是很好，只有三个阶段出现技术效率的提升，即1960～1970年、1980～1990年以及2010～2017年，其中前两个阶段技术效率的改进幅度有限，最后一个阶段技术效率呈现较为明显的改进，并推动这一时期生产率的提升。

四 结论

从总体上来看，技术在拉美国家经济增长中的作用有限，技术没能发挥经济增长的引擎作用。具体到不同的发展阶段来看，1960～1970年垂直进口替代工业化的关键十年是拉美国家唯一出现技术进步的时期，其他时期技术都呈退步趋势，而且自1990年新自由主义改革以来的三个时期，技术退步的程度显著增加。具体国别来看，墨西哥和委内瑞拉的技术表现在几个拉美大国中最为突出，在七个阶段中有三个阶段都出现了技术进步，墨西哥技术进步的程度较委内瑞拉更为明显，但所有的技术进步都发生在 1990 年新自由主义改革之前的时期。本部分的实证分析很好地支撑了本书观点。第一，技术和创新是生产活动特定的。只有开展技术需求高的、创新机会窗口大的高质量生产活动，才可能带来技术进步和创新。第二，新自由主义改革使拉美国家的经济结构向低端专业化调整，从根本上破坏了拉美国家技术和创新的经济环境。国际比较来看，美国一直是技术边界的界定者和突破者，但 2010～2017 年的数据显示，美国技术进步领导者的地位有所下降。韩国和中国台湾的技术表现明显好于拉美国家，特别是韩国，在多个阶段都出现了较为显著的技术进步，而且技术效率也在改善，技术因素是推动韩国生产率提升和经济增长的重要因素，这可能是韩国与拉美国家拉开发展差距的核心因素所在。中国大陆的情况与拉美国家相似，只在 1960～1970 年出现过技术进步，尽管改革开放之后中国经济迎来了持续的高速增长，但增长不是由技术进步推动的，中国要实现经济赶超，应吸取拉美国家的经验教训，像韩国那样，使技术成为经济增长的核心驱动力量。

小　结

技术和创新是经济发展的核心动力，经济发展的关键就是要培养和提高自身的技术和创新能力，对于发展中国家来说，唯有技术能力的提高才能真正缩小与发达国家的差距，实现赶超。然而，本章的研究发现，技术和创新能力的发展在拉美国家并没有获得应有的重视，表现为技术投入的各项指标不仅落后于同时期的发达国家与地区，也显著落后于同时期同水平的发展中国家与地区。而且这种情况并没有随着时间的推移而改变，与历史时期相比，拉美国家的技术投入力度虽有所增长，但速度较慢，远远落后于世界平均水平。企业应是创新的主体，然而，对技术投入结构的分析显示，企业参与技术和创新的程度十分有限，政府机构与高等院校依然是拉美国家技术创

新体系中的核心主体。与拉美国家低水平的技术投入力度相适应，拉美国家
的技术创新成果非常有限，尤其是有关产业核心竞争力方面的专利授予和申
请方面，相比世界其他地区而言，拉美国家的成果较少。对拉美国家技术与
经济增长的实证分析显示，除了进口替代工业化的个别时期，技术不仅没有
对经济增长起到显著的推动作用，反而大多数时期技术退步拖累了经济增
长。因而，技术发展的停滞和退步是造成拉美国家发展困境的重要原因。然
而，拉美国家的技术为何停滞甚至退步？下一章将从制度与政策的角度，深
入分析这一问题。

第五章　制约生产和技术的制度与政策

演化发展经济学指出，经济活动是高度异质的，这种异质性主要体现在两方面，一是报酬递增和报酬递增的缺乏，二是创新机会窗口的大小不同。经济活动的异质性，意味着经济发展是经济活动特定的，只有创新机会窗口大、具有报酬递增特质的高质量生产活动，才能带来经济发展。因此，发展的关键，就是要建立和发展这样高质量的生产活动。建立这样的高质量生产活动，关键要提供两个支撑：一是市场，为报酬递增的高质量生产活动营造统一的高效运转的大规模市场；二是技术，为创新机会窗口大的生产活动营造技术能力。市场和技术条件的创造，离不开切实有效的制度和政策的支撑与保障。本书前两章分别考察了拉美国家的市场情况和技术情况，本章将重点考察市场和技术的背后因素，即制度和政策。本章的目的，在于从经济发展的内在逻辑出发，重点从为高质量生产活动的建立和发展营造大规模高效运转的市场，以及提升技术能力的角度，考察拉美国家的制度和政策情况。

第一节　简要的分析框架

演化发展经济学认为，知识和创新是经济增长的核心驱动力。一个国家要发展经济，最核心的就是要实现知识和技能的积累，建立和发展本国的创新能力。创新能力和知识与技术的积累既服务于生产活动，又来源于生产活动。一方面，脱离了具体的生产活动，也就脱离了对知识、技术以及创新能力的需求，必然难以发展创新能力；另一方面，脱离了生产活动的知识积累和技术研究，难以将知识和成果应用于生产活动，必然带来生产能力和经济水平的低下，而这又必然导致先进科研设备和科研人才的缺失，从而制约科学技术的发展。

然而，在促进知识积累和创新能力发展方面，生产活动是高度异质的，不同的生产活动所具有的创新的机会窗口是截然不同的。佩蕾丝和弗里曼提出了"技术经济范式"的概念，他们研究指出，人类社会进入工业社会以来，大概每隔五六十年，就会进行一次大的技术经济范式的转换。每一次新的技术经济范式下的核心产业，都会呈现生产率"爆炸式"的增长。这些核心产业技术更新的速度很快，创新的机会窗口最大。而农业和一些无法再机械化的传统制造业，创新和技术变迁的机会窗口很小，即使把全世界所有的资本都投入进去，也不能产生创新并推动生产力的发展，赖纳特称这些产业为"技术死胡同"模式。一国实现知识和技术的积累，提高创新能力的重要抓手，就是创新机会窗口大的高质量生产活动。

对于欠发达国家来说，一方面，以技术为基础的创新机会窗口大的高质量生产活动是本国的比较劣势生产活动，在自由开放条件下是难以存活的。市场是建立高质量生产活动的前提条件，在高质量生产活动成长起来之前，对其提供一定的市场保护是必不可少的。另一方面，即便通过市场保护建立了以技术为基础的高质量生产活动，也不一定能带来技术和创新能力的增长。技术和创新能力的增长，还需要在相应条件下，组织和个人积极主动和持续不断地学习。换句话说，市场是高质量生产活动建立和发展的前提，高质量生产活动是技术和创新能力增长的前提和载体，技术与创新能力的增长是一个复杂的系统工程，要真正建立起一国的技术与创新能力，有赖于具有战略远见和意志坚定的政府制定和实施一系列相互协调、行之有效的制度和政策。正是从这个角度出发，演化发展经济学的制度主义是强调生产和创新的制度主义，而且，制度和政策要服务于产业和技术能力发展的需要，因而必然是内生的，它不同于新制度经济学以交易成本为基础强调交换的、普适的因而可以外生决定的制度主义。

我们可以从对技术的供给与需求的大框架入手，来考察制度和政策的有效性。

从对技术的需求角度讲，核心就是要建立和发展技术相关的生产活动或说产业，其中，又包含产业自身发展的逻辑，即产业的发展必须建立在需求（市场规模）的基础上。不同的产业具有不同的规模经济临近点，总的来说，资本和技术越密集，对市场规模的要求越高。产业的发展过程也可称为工业化的过程，一般都是从提供满足最终需求的轻工业消费品开始的，这些简单工业消费品的生产技术适中、对资本的要求也不高，因此对市场规模的要求也不高。简单工业消费品工业的建立和发展通过产业关联效应带动上游中间品和原材料以及下游运输销售环节生产活动的建立和发展，从而广泛吸纳农村剩余劳动力，提高国民收入，并使市场规模扩大。当市场规模足够大的时候，最终消费品的生产环节将进行细分（即亚当·斯密所说的劳动分工）和资本化，大规模生产以及建立在工业"三位一体"基础上的大规模运输就变得有利可图，成本的降低和工人工资水平的提高可以同步实现。这进一步积蓄了市场的力量，为生产耐用消费品提供了需求支撑，产业得以扩张。简单来说，产业发展的过程就是将最终消费品和中间产品的生产环节不断细分和资本化的过程，在这一过程中，生产链条不断延长，生产过程越来越迂回化，技术不断发展，资本化和规模经济程度不断提高。这是一个需求引致需求的过程，产业链条的每一次延伸都建立在上一个环节对其大规模需求的基础上，最终则建立在最终需求的基础上。需求（市场规模）是产业发展的内在动力，没有足够的需求支撑，产业的发展就不可持续。要推动产业发展，核心要素之一就是为产业发展积极营造大规模市场，这不仅包括通过土地改革等制度改善初始资源分配，通过收入政策、再分配政策提高国民收入水平，还包括通过修建交通通信等基础设施、降低地方贸易壁垒等统一内部市场，以及通过与外部的互联互通、贸易政策积极拓展外部市场。

简单来说，从促进技术需求的角度来看，基本的逻辑是，通过一定程度的市场保护，建立起以技术为基础的创新机会窗口大的生产活动，进而创造出对技术的需求；在此基础上，通过一定的机制，促进本国企业之间的竞争，以激励企业进行创新和技术学习；与此同时，又要防止过度竞争损害规模经济，并通过发展基础设施、促进就业、调节收入分配、降低国内贸易壁垒等措施，积极扩大本国市场，为产业发展提供规模支撑；当本国企业逐渐成长起来之后，要逐步放开对本国市场的保护，引入外部竞争者和拓展潜在外部市场，以增强竞争激励，促使企业持续创新并占有外部更大规模的市场。

从对技术的供给角度讲，核心是要结合技术发展和技术学习的不同阶段与特征，提供适宜的制度和政策，以促进技术的产生（获取）、扩散、消化吸收和技术能力的提高，主要涉及技术政策和教育制度等内容。后发国家的技术发展轨迹和技术学习方式与发达国家是不同的。一般来说，发达国家作为技术的领导者和技术边界的拓展者，是新产品、新工艺和新技术轨迹的创新主体。发达国家领先的技术能力很大程度上来自基础研究的支持，技术学习的方式以科学知识基础上的"研究型"学习为主。而后发国家是技术的跟随者和模仿者，技术的发展通常是在引进发达国家成熟技术的基础上进行的。Kim 提出后发国家技术能力发展的三阶段：复制性模仿、创造性模仿和原创。[①] 不同的发展阶段技术学习的方式是不同的，对支撑要素的要求也不同，相应的对政策和制度的需求也不同。

在复制性模仿阶段，后发国家工业化刚刚起步，本国知识和技术存量以及生产能力都很有限，技术的发展主要是从引进发达国家已经市场化的成熟技术开始的，将引进技术进行推广应用、建立规模生产能力是这一时期的主要目标。根据不同的技术引进方式，本国有关技术和生产人员通过反向工程，或者在技术供应方的培训、指导下，逐渐掌握引进技术的诀窍和设备的基本操作，进而建立起本国的规模生产能力，是这一时期技术学习的主要方式，这种方式可以称为"实践型"学习或"干中学"。相应地，这一时期技术政策的核心是关注技术引进的内容是否适宜、技术引进的方式是否有利、如何促进引进技术的消化吸收和推广等。通过普及初等教育，大力发展中等教育，为工业生产和"干中学"提供大量生产人员和技术人员，应是这一时期教育工作的重点。

在创造性模仿阶段，随着技术能力的积累和技术扩散带来的市场竞争的

---

① Kim，Linsu，*Imitation to Innovation: The Dynamics of Korea's Technological Learning*. Canisbnharvard Business Press，1997.

加剧,后发国家的企业开始对引进技术进行创造性改进,以增强竞争力。而在这一阶段的后期,因已经积累了一定的技术能力和科研人才,后发国家逐渐有能力引进发达国家的有关研究成果,将其在本国进行开发和商业化,因而可以在某些先进技术领域与发达国家展开竞争。这一时期的技术学习方式仍以"实践型"学习为主,但以实验室开发为主的"研究型"学习也开始受到重视。因此,技术政策的重点转向加强以企业为主的内部研究开发投入力度,提高本国对引进技术的改进能力,以及以外国研究成果为主的新技术开发能力。教育制度也要相应发展,逐渐加大高等教育投入力度,为技术改进和新技术开发提供工程师和技术人员。

在原创阶段,后发国家通过追赶已经达到技术边界,开始与发达国家在技术前沿领域展开激烈竞争,技术学习的来源从以外部技术信息的引进为主转向内部研究开发活动为主,技术学习方式也转向以基础研究和应用研究为主的"研究型"学习。这一时期,技术政策重点转向加大基础研究力度,为技术边界的突破提供所需的前沿知识;同时,推动基础研究、应用研究、实验开发和商业化的相互协调转化,注重科学知识、技术与市场的结合。教育相应地向研究型、高水平、精英化发展,为科技发展提供科学家、工程师、商业管理者等尖端人才支持。

下面,本书将在上述理论和分析框架的指导下,按照时间脉络,识别进口替代工业化以来拉美国家那些不利于生产和创新的制度与政策。

第二节 需求侧的考察

从技术的需求角度,我们可以做出两个大的判断。首先,产业是技术发展的前提,没有了产业对技术的需求,技术的发展就失去了方向和动力,从这一点上来说,进口替代工业化时期是拉美国家历史上最具发展潜力的时期。其次,在技术能力成长起来之前进行的自由放任的新自由主义改革,使得拉美国家重新回到依托自然资源和廉价劳动力静态比较优势的专业化发展道路上,产业结构严重退化,大大冲击了对技术的需求。

一 进口替代工业化时期的考察

迄今为止，进口替代工业化时期依然是拉美国家历史上技术能力发展最快、取得科技成果最多的时期。其中逻辑非常简单，工业生产活动的建立以及对发展军事力量的重视引发了对知识和技术的需求，需求引致了供给。这一时期，一些拉美国家在政府主导下，以国有企业为核心，建立了大量公共研发和工程设计部门，取得了技术能力的重大进步。阿根廷的原子能研究和巴西的航空技术研究都是在这一时期，由与军队关系密切的公共研发部门开展的，基于此两国相继建立了具有竞争力的核工业和航空工业。技术能力的提高使得阿根廷、巴西等一些拉美国家开始向本地区其他国家，以及非洲、西班牙等地区出口技术复杂程度不断提高的制造业产品，并以"交钥匙"方式开展"纯"技术出口。一些拉美国家在个别领域甚至接近或达到世界前沿水平。然而，与同时期东亚的日本、韩国甚至中国台湾相比，拉美国家取得的技术进步又十分有限。造成这一差异的原因有很多，从促进技术需求，亦即产业发展来的角度来看，可以从如下几个方面来解释。

（一）受保护产业选择的盲目性

根据演化发展经济学的发展观，经济增长是生产活动特定的，对于发展中国家来说，"做什么"是比"怎么做"更为首要的问题。发展的起点，就是要选择正确的生产活动，也就是选择受保护的"幼稚产业"。对受保护产业的选择，实际上决定了一国工业化的发展方向。不是所有的制造业生产活动都需要保护，原因有以下几点。首先，保护是有成本的，保护的面越广、保护的产业越多，保护成本越高，留给积累和再投资的资金越有限。其次，一定时期内一国的市场规模和生产要素是有限的，对所有产业提供保护，势必降低所有产业的规模和供给能力，从而制约报酬递增效应的发挥，损害产业经营效益。再次，不同的生产活动在创新的机会窗口、报酬递增特质以及产业关联性等方面都是不同的，而只有那些创新机会窗口大、规模报酬递增效应强、能发挥协同效应的产业，才能带来技术进步、报酬递增、国民福利增加的累积向上的因果循环。这样的高质量生产活动，才是演化发展经济学认为应该选择的正确的生产活动。从工业革命的发展史来看，这样的生产活动就是每一次工业革命的核心产业，如第一次工业革命的棉纺织业，第二次工业革命的电力、钢铁、石油化工、汽车等产业，第三次工业革命的计算机、通信设备、新能源、新材料等产业。从工业革命的内在逻辑来看，第一次工业革命发生在纺织业不是偶然的。第一，衣食住行是人类最基本的需求。第二，与其他轻工业消费品相比，纺织品的收入弹性极高，市场潜力最大，能随收入提高而快速增长，能刺激并维持机械化大规模生产。第三，棉纤维比其他衣服纤维，如蚕丝、羊毛、亚麻纤维等柔韧性更强、更容易进行机械控制，原材料棉花也比其他原材料更易于大规模供应。综观历史上成功实现工业化的国家，无一不依赖纺织业开启工业化道路，将纺织业作为战略发展产业。韩国也将纺织业作为 20 世纪 60 年代的战略发展产业，并通过出口导向战略大大扩大了纺织业的市场规模。到 20 世纪 70 年代，以纺织业为主导的轻工业规模已经足以支撑资本货物和中间货物的规模经济生产。与此同时，军事防卫的形势也发生了重要变化，韩国顺势沿着产业链后向联系的方向，开启了重化工业运动，顺利实现了产业结构升级。日本也是以纺织业为旗舰产业开启工业化道路，日本学者筱原三代平曾提出过选择主导产业的三个基准：收入弹性大、生产率增长速度快和关联效应高。日本的产业也是按照这一思路开展的，通产省在主导产业的选择方面发挥了重要作用。

　　选择需保护的"幼稚产业"是发展的第一步，第二步则是通过一定的制度和政策，扶持"幼稚产业"的发展。对"幼稚产业"来说，保护只是增强竞争力的手段而不是目的，保护的最终目的是开放市场，进行自由贸易。因此，"幼稚产业"的发展从根本上是面向世界市场的。在贸易政策方面，对制成品征收高关税、对原材料和中间产品免税，保护程度随着本国"幼稚产业"的日渐成熟逐步降低，是李斯特和汉密尔顿"幼稚产业"保护理论的核心，也是通过进口替代实现赶超的发达国家的历史经验所在。韩国也是遵循这样的思路来发展"幼稚产业"的。韩国在开启资本品进口替代工业化战略之前，对资本品的进口都是近乎免税的，有力支撑了以纺织品为主导的轻工业的发展。保护的时间也视不同产业成长速度的不同而不同，有的产业在经过几年保护期之后迅速成长起来，保护也随之取消；有的技术复杂的产业则经过长达几十年的保护，比如汽车工业。

与上述理论和经验不同的是，一方面，拉美国家在选择需要保护的"幼稚产业"方面缺少长远系统的规划和经济依据，保护不是针对高质量的"幼稚产业"，而是覆盖了整个工业部门。拉美国家的保护更像是为了自给自足而保护，而不是通过保护增强本国产业竞争力以开展自由贸易。① 而且，拉美国家的贸易政策没有很好地支撑"幼稚产业"的发展，表现之一就是不仅对制成品征收高额关税，还对制造业和出口部门不得不进口的原材料、中间产品和资本品也征收高关税。例如智利的家具制造商对原材料支付平均 20% 的关税，酒、小麦、玉米的生产者对原材料分别支付 90%、32%、28% 的平均关税。另一方面，保护程度不仅没有随着时间推移而下降，反而越来越高了。例如 1969 年末，智利精梳羊毛纺织品的进口关税由 4 年前的 80% 提高到 120%，之前不征关税的男士衬衫和之前关税为 23% 的外溢关税也增至 120%。② 高度的、全面的产业保护，一方面体现出拉美国家的工业化缺乏清晰的思路和发展战略，另一方面也带来诸多具体问题。第一，保护的代价过高。据估计，20 世纪 60 年代前期，保护的代价相当于巴西、智利和墨西哥国内生产总值的 9.5%、6.2% 和 2.5%。③ 第二，与全面保护相适应的，是庞大的政府部门和庞大的公职人员。1989 年的数据显示，在拉美国家受雇于正规部门的劳动者中，1/3 都在不直接生产的政府部门工作。④ 第三，全面保护带来的管制规则过于复杂难懂，不仅导致政府工作的

① 对此，拉美经委会曾在 1961 年指出，拉美的工业化进程具有三个主要缺陷，第一，几乎所有工业化活动都面向国内市场；第二，选择工业部门的依据不是经济上的可行性，而是随意性；第三，工业化并没有消除拉美国家的外部脆弱性。见江时学：《拉美发展模式研究》，经济管理出版社，1996，第 48 页。
② 塞巴斯蒂安·爱德华兹：《掉队的拉美——民粹主义的致命诱惑》，郭金兴译，中信出版社，2019，第 59 页。
③ 江时学：《拉美发展模式研究》，经济管理出版社，1996，第 64 页。
④ 塞巴斯蒂安·爱德华兹：《掉队的拉美——民粹主义的致命诱惑》，郭金兴译，中信出版社，2019，第 62 页。

低效率，而且提供了大量徇私舞弊的空间。第四，过高的保护水平使得国内生产商可以在很低的效率水平下维持很高的利润水平，而没有足够的技术学习和组织创新的动力。20世纪60年代末，阿根廷、哥伦比亚、巴西的有效保护率接近100%，乌拉圭和智利分别高达384%和217%。[①] 第五，全面的保护使得拉美国家建立了大而全的工业体系，但是，在生产要素有限的情况下，工业的大而全必然限制供给能力和规模经济效应的发挥，这使得短缺经济现象长期存在，市场一直被卖方把持，且工业品价格长期居高不下。例如，20世纪60年代中期，在实施了20年保护政策之后，智利市场上裤子的价格仍然高于国际市场52%，羊毛衫贵23%，鞋子贵20%，自行车比发达国家贵300%。[②]

（二）竞争与规模经济

保护不一定意味着没有竞争，实际上，通过采用合适的政策工具，政府也可以在给企业提供保护的同时促进竞争，促使企业加强技术学习和改善经营管理以提高经营业绩。韩国在这方面就做得很成功，韩国政府采取优胜劣汰奖励先进的方式激励企业提高效率。所有为本国市场提供保护的政策工具，比如许可证、信贷都可以成为政府激励企业提高经营效益的工具。例如，韩国将许可证与企业经营效益挂钩，效益好的企业被继续授予许可证，可以扩大经营，为创办新的风险高的企业颁发利润更丰厚的工业许可证，以鼓励企业的多元经营。与此同时，优胜劣汰，对于经营不善面临破产的企业，政府拒绝兜底，而是指定经营好的财团兼并它们。[③]

一些拉美国家也意识到在保护的同时要促进国内竞争，然而，它们并没有采取韩国那种有效的政策工具，这或许与拉美国家保护范围过于全面有

① 江时学：《拉美发展模式研究》，经济管理出版社，1996，第64页。
② 塞巴斯蒂安·爱德华兹：《掉队的拉美——民粹主义的致命诱惑》，郭金兴译，中信出版社，2019，第58页。
③ 金麟洙：《从模仿到创新——韩国技术学习的动力》，刘小梅、刘鸿基译，新华出版社，1998，第30页。

关。拉美国家在激励企业改善技术、加强技术学习、提升组织管理和提高经营效益方面做出诸多尝试，但总体上成效有限。有效激励机制的缺失，导致企业安心在受保护的市场中凭有限的技术水平和管理运营能力获得高利润，没有改进技术和实施创新的动力，对技术的需求仅维持在最低水平。在某些领域，拉美国家试图通过引进更多的市场参与者来促进竞争，然而，这带来了另一个问题：过度竞争损害规模经济。对于资本和技术密集度高的部门，规模经济效应显著，对能实现盈利的市场规模的临界值要求很高。在这样的部门，试图通过引入多个竞争者来激励竞争的做法，反而会导致过度竞争、市场被瓜分，进而使得每个企业都难以达到实现规模经济所要求的市场规模水平，最终损害企业经营效益。例如汽车产业是典型的规模经济产业，20世纪 60 年代后期，8 个该行业拉美主要国家有多达 90 家汽车生产厂商，平均每一家汽车厂商的年产量仅为 6700 辆。其中，阿根廷（1965 年）共有 13家汽车厂商。对比韩国，政府对汽车产业进入者的数量进行严格限制。韩国汽车产业的发展始于 1962 年，该年政府通过了《汽车工业扶持法》，豁免进口零部件的关税，保护国内汽车市场。最初建立起来的是后来被称为大宇的现代汽车组装厂。随后，现代公司（1967 年）、亚洲汽车公司（1969年）、起亚汽车公司（1974 年）相继进入汽车组装制造领域。第二次石油危机之后，为更好地发挥汽车产业的规模经济，政府将汽车生产厂家由 4 家减至 2 家①，即现代和大宇（大宇-通用合资公司）。这两家公司后来都发展成为全球知名的汽车企业，特别是现代成长速度更快、竞争力更强，韩国也跻身世界汽车业强国之列。

（三）市场的建设与开拓

市场是产业发展的前提，没有市场就没有对产业的需求，产业自然也发展不起来，因此，要发展产业，前提和关键之一，就是要为其营造大规模市场。市场应该被视作重要的战略资源，不仅要对其保护，还要努力扩大，同

---

① 政府最初的合理化计划是只保留 1 家汽车生产厂商，将最大的两家现代和大宇-通用合并，停止另外两家企业的旅行车生产。但因多种原因，现代和大宇-通用的合并没有实现，所以最后韩国的旅行车生产商由 4 家减至 2 家。

时积极谋取国外市场。对产业提供支撑的市场不仅取决于以购买力衡量的市场规模的大小，还取决于协调社会化大生产和消费的市场机制，包括运输能力、销售网络、原材料供给和金融中介服务等其他促进供给和需求之间及时反馈，以及将产品及时送达客户手中的能力。① 对于后发国家来说，市场建设的重要任务就是将分散、低效的小规模市场统一成有序运转的大规模市场，为市场机制作用的发挥以及大规模生产提供支撑。为此，不仅需要通过初次分配和再分配制度以及收入政策等改善国民收入，还需要完善交通运输和通信基础设施、改善商业环境、建设信用体系以及削减地区之间贸易和行政壁垒等，从这个角度讲，市场是一种公共产品。进口替代工业化时期，拉美国家在改善基础设施方面取得了很大进展，大多数拉美国家自进口替代工业化进程初期起，就动用大量国家资本建设基础设施。例如，巴西库比契克政府（1956~1961年）在制定发展纲要时，将改变交通运输部门的滞后和能源不足造成的"瓶颈结构"作为其经济计划的核心。巴西在实施第一个全国交通运输发展计划（1956~1960年）期间，共铺设公路1.7万千米，从而使以首都为中心的连接全国主要城市的公路网初具规模。此外，该计划还修建了数千米铁路干线，使巴西铁路运营里程达到历史最高纪录（3.8万千米）。20世纪40年代，为了加快基础设施建设，阿根廷先后成立了国家煤气公司（1946年）、水利电力公司（1947年）、铁路局（1947年）、索米萨公私合营钢铁公司（1947年）、国家电信公司（1948年）和航空公司（1949年）等。②

尽管通过基础设施建设，拉美国家在统一国内分散市场方面取得了一定的成就，但这主要是基于打破基础设施对并展工业化的瓶颈实施的，拉美国家并没有对统一和扩大市场规模以支撑产业发展给予足够重视，表现在歧视出口的政策倾向和不利于内部市场扩大的相关制度与政策上。

---

① 文一：《伟大的中国工业革命——"发展政治经济学"一般原理批判纲要》，清华大学出版社，2016，第89页。

② 苏振兴、徐文渊主编《拉丁美洲国家经济发展战略研究》，北京大学出版社，1987，第46页、第85~86页。

在开拓外部市场方面，拉美国家缺乏必要的意识和努力。在20世纪70年代以前，拉美国家几乎所有的产业都是面向国内市场的，所有的政策都是歧视出口的，没有谋求外部市场的努力，这首先说明，拉美国家并没有意识到市场对产业发展的战略意义。拉美国家对外部市场的重视，是在实施进口替代工业化战略后，国内市场狭小的缺陷愈加明显时才开始的，而主要的解决措施则是寄希望于地区经济一体化。20世纪50~70年代，拉美地区成立了多个区域经济一体化组织。然而，由于成员国之间经济发展水平不均衡，利益协调难以达成共识，最终这些区域一体化尝试都失败了。

在建设和扩大内部市场方面，则存在诸多制度障碍。首先，高度集中的土地分配制度，决定了拉美国家两极分化的收入分配结构，进而从根本上限制了市场扩大的潜力。其次，与经济发展水平相脱节的社会保障和现代福利制度，进一步加剧了收入分配的两极分化。早在20世纪20~30年代，智利、乌拉圭、阿根廷、巴西四国就效仿欧洲大陆，建立起了高水平的、与就业相关联的"保守主义模式"的现代福利制度。此后，大多数拉美国家也于二战后建立起更具普及性的现代福利制度，拉美国家高水平的现代福利制度现象，被有的学者称作"福利赶超"。应该说，福利制度和社会保障制度，有利于提高劳动者的实际收入，进而扩大市场规模，但这一效应的发挥有一个前提条件，即本国市场充分就业。然而，拉美国家的现代福利制度是在失业严重的情况下推行的，这促使了二元劳动市场的形成：一部分城市工人在正规部门就职，拥有相对较高的薪酬和福利保障；另外一些人则在"非正规部门"工作，只能获得极低的工资，也不享受福利。高水平的福利制度还会激励企业以资本代替劳动，从而更加不利于失业问题的解决。随着工业化的深入发展，拉美国家的非正规经济也不断发展壮大。非正规经济部门工人占劳动力的比例，由1950年的9%增加到1970年的12%，而在1989年非正规部门的就业占比高达52%。此外，拉美国家的现代福利制度体系呈金字塔式结构：利益集团势力越大、社会地位越高的阶层，享受社会保障的时间越早、覆盖面越高、缴费成本越低、

待遇数量和质量越高。① 结果，拉美国家的现代福利制度不仅没有改善收入
分配，反而加剧了收入分化。再次，精英主义的教育制度，降低了贫困人口
和中低收入人群受教育的机会，进一步固化了两极分化的社会结构。教育是
提高劳动者素质和劳动生产率的主要途径，也是实现收入再分配的一种有利
方式。在进口替代工业化时期，拉美国家的教育事业普遍获得很大发展。但
与亚洲、非洲等其他发展中地区相比，拉美国家更重视中、高等教育，对初
等教育的投入和普及不够，劳动力受教育的整体水平仍然偏低。1970 年左
右，大多数拉美国家劳动力平均受教育年限不足 4 年。到 1980 年，拉美 15
岁以上人口中仍有 23% 是文盲。精英主义的教育制度，不仅制约再分配功
能的发挥，还加剧了两极分化。有研究表明，在初等教育中，存在从最富裕
的社会群体（13%）向最贫困者（87%）的教育资源净转移，而在中等教
育中，转移是从最贫困的 40% 和最富有的 13% 向城市中低收入阶层进行的，
在高等教育中，教育资源则是从穷人和非常富有的人向中高收入阶层转移。
因此，相当一部分的高等教育补贴仅使相当于最高收入群体的 1/5 受益。②
在上述种种制度催生下，严重的贫富分化问题和居高不下的贫困化率，一直
制约着拉美国家国内市场的扩大。少数富人阶层和中产阶层更倾向于消费国
外质高价高的进口货，对本地市场的需求带动作用有限。大量中低收入阶层
和贫困人口的收入提高缓慢，难以对市场规模扩大提供有力支撑。

　　拉美国家的工业化是自上而下的大推动式的，缺乏由市场需求推动的内
在动力。由于没有充分重视报酬递增机制和建设大规模市场对产业发展的重
要意义，拉美国家既没有积极主动地通过促进就业、改革土地制度、改善收
入分配等措施来扩大内部市场规模，也没有通过激励企业出口来及时拓展外
部市场。产业升级缺乏大规模市场的支撑，导致经济效益低下，缺乏发展技

---

① 房连泉：《拉美现代福利体制的形成与历史演变》，中国社会科学院拉丁美洲研究所成立 50
周年纪念大会暨拉美现代化进程及其启示学术研讨会，2011 年 7 月 15 日。

② Tedesco, Juan Carlos, "Trends and Prospects in the Development of Higher Education in Latin
America and the Caribbean", United Nations Educational, Scientific and Cultural Organization,
Paris, 15 June 1983: 21.

术所需的经济投入能力。更重要的是，不能赢利的产业发展不得不严重依赖外债，而在外部环境恶化时陷入困境，产业发展难以为继，工业化战略最终以失败告终。

二　新自由主义改革对技术需求的冲击

20世纪90年代，拉美地区的新自由主义改革是按照"华盛顿共识"所提供的政策清单实施的，即：①加强财政纪律实现财政预算平衡；②将公共支出瞄准人口中更为贫困的群体；③改革税制以消除对生产和投资的错误激励；④利率自由化和金融部门现代化；⑤统一的和竞争的汇率制度；⑥贸易自由化；⑦鼓励和开放外国直接投资；⑧国有企业私有化；⑨放松商业和投资管制；⑩保护产权。从中可以看出，"华盛顿共识"主要包括两类内容，即宏观经济稳定和确保自由市场经济运转所需的交换制度，而有利于生产和创新的制度则不在改革蓝图之列。对此乔治·卡茨（Jorge Katz）指出，西方主流经济学家们所关心的是基本的宏观经济变量和"普遍适用的"制度，忽视了决定市场成功或失败的关键因素："初始的"技能、技术吸收能力、知识创造的规模报酬是否递增等。[①] 拉美国家的新自由主义改革立竿见影，成效显著。缩减财政赤字、实施大刀阔斧的税务改革、开放外资，之前禁止外资进入的矿产能源类行业国有企业私有化，大量国有企业被出售给国内外私人投资者，贸易自由化迅速推进，拉美平均进口关税由1985年的42%削减到2000年的11%，2006年进一步降低到9%。更重要的是，大幅削减了进口许可和配额等非关税壁垒。改革取得了一定成效，主要表现是通胀率降低，宏观经济趋于稳定，然而，改革带给拉美更深远的影响是经济结构的低端化调整和对技术创新能力的破坏。拉美国家不仅没有获得预期的因市场竞争的加剧而提高的技术能力，反而是国有企业私有化、贸易和投资自由化导致产业结构退化，大大地破坏了该地区的技术能力。

[①] Katz, Jorge. "The Limits of Prevailing Orthodoxy", The Present Paper for the Druid Summer Conference to Be Held in Aalbog, Denmark, June 2004, 转引自贾根良、于占东：《自主创新与国家体系：对拉美教训的理论分析》，《天津社会科学》2006年第6期，第82~87页。

首先，新自由主义改革导致拉美国家以国有企业研发部门为核心的研发平台大量消失，极大地损害了本地区的技术生产和供给能力。

国有企业的研发和工程研究部门是进口替代工业化时期技术能力发展的核心力量。然而，伴随国有企业私有化，大量重要的研发部门和工程研究部门消失了。私有化使国有企业要么变成国内大型私有企业，它们更倾向于从国外进口先进的设备或技术（贸易自由化改革激励了对外国资本品和技术的进口），而不是开发自己的技术，企业内部的研发活动不被重视，大量研发平台被取消；要么沦为跨国公司的子公司，通过垂直分工参与由总部协调的国际生产一体化体系，从国外母公司那里获得技术支持，而在当地只进行附加值低的生产活动，它们很少开展研发活动，而即便开展研发活动，也不属于本国的技术能力，因为技术能力是组织内生的，跨国公司的技术能力从产权角度来讲只能属于跨国公司母国。总之，一句话，私有化改革使拉美国家大量以国有企业研发部门为主的研发平台消失了，由此伴随的是大量研发人才的资源浪费。

其次，新自由主义改革使拉美国家产业结构退化，创新机会窗口大的技术和知识密集型生产活动大幅减少，显著降低了对本地技术和知识的需求。

在技术能力方面，新自由主义改革给拉美国家带来的更为长远和重要的影响，源自结构调整带来的"去高端工业化"。经过以市场为导向的新自由主义改革之后，拉美国家重新走上静态比较优势的发展道路，利用非熟练劳动力和自然资源的生产部门得到快速发展，而利用国内工程能力和涉及研发工作的知识密集型生产活动则显著减少。围绕比较优势，"南锥地带"国家和墨西哥与中美洲国家分别呈现两种不同的国际专业化形态。一种是智利、阿根廷等"南锥地带"国家专业化于以自然资源为基础的产业，包括植物油、纸浆、钢铁、铜、鱼粉、果汁等产业。这些产业在自由化改革后生产率大大提升，但这种提升不是基于本地技术能力的增强，而是由于采用了先进设备和自动化的现代生产方式。而这些先进设备和所需的工程技术服务，都是从跨国母公司或国际供应商那里采购得来的。这些产业大多只是利用当地丰富的自然资源，在进口先进机械设备的基础上，进行附加值和技术含量低的加工活动，对技术的需求有限。另一种是墨西哥和中美洲国家专业化于原件来料组装加工业，即客户工业。组装加工产品主要是电脑、电视机和录像机等耐用消费品，成品主要向美国出口。这种工业需要先进而适时的技术，但其产值的98%都是部件的进口费。[①] 生产和管理技术几乎全部来自国外母公司，本国只承担附加值低的劳动密集型组装环节，因此，基本没有产生对本国的知识和技术需求。这类生产活动的核心竞争力就在于低劳动成本，工人工资被压得非常低，本国市场规模发展缓慢。在这些跨国公司的竞争压制下，本国也难以建立起自己的相关产业。

总之，新自由主义改革使得拉美国家走上静态比较优势的发展道路，专业化于低附加值和低技术需求的"加工""组装"等创新机会窗口小的简单生产活动，即赖纳特所说的"技术死胡同"模式的生产活动。专业化于这样的生产活动，即使投入再多研发资金和努力，也难以产生创新和生产率增长。失去最核心的创新机会窗口大的"高质量生产活动"这一抓手，对拉美国家技术能力发展产生了根本性的冲击。

第三节　供给侧的考察

一　进口替代工业化时期的考察

拉美国家的工业化发展并没有带来与之相应的技术能力的增长，从技术供给的角度看，主要有如下几个原因。第一，拉美国家对技术能力的重视程度不够，投向科技发展的资源不足。第二，在技术引进方面，拉美国家倾向于通过引进跨国投资的方式引进技术，而这种方式不仅没有带来本国技术能力的成长，反而使拉美国家陷入了技术依赖。第三，相对于通过引进国外技术发展本国技术能力，拉美国家更倾向于通过发展本国基础研

---

① 李明德、宋霞、高静：《拉丁美洲的科学技术》，世界知识出版社，2006，第226页。

究实现技术自立，而技术自立的发展主要是在线性模型理论指导下进行的，效率低下。

（一）技术政策

1. 科技投入

获得和发展技术能力是一个长期持续且复杂的技术学习过程，对于技术落后的后发国家来说，政府在技术学习过程中具有重要作用。有效的技术学习，离不开具有战略远见和坚定意志的政府，通过制定和实施相互协调、切实有效的战略、制度和政策来引导、支持、激励和推动其发展。政府要承担起推动技术学习的重任，首先要意识到技术能力对一国经济发展的核心推动作用，将建立和发展本国的技术能力放在突出的战略位置。

然而，对科学技术的重视不够，一直是拉美国家被众多研究创新和增长领域的专家学者所诟病的地方。从对科技投入的角度看，直到现在，科学技术的发展在拉美国家也没有受到应有的重视。我们没有获得进口替代工业化时期更为详细明确的科技投入数据，但韩国在 1973 年开始发展重化工业之后，因对技术的需求迅速增加，政府对科技投入的力度大幅增加，研发支出在国内生产总值中的份额，由 1971 年的 0.32% 增加到 1980 年的 0.77%，到 1985 年更是增加到 1.58%。而巴西、阿根廷、墨西哥等拉美大国于 20 世纪 50 年代中期开始就进入垂直进口替代工业化阶段，对技术需求的大量增加却没有引起政府对科技投入的同等增加。1963 年，拉美国家研发支出占 GDP 比重的平均水平为 0.2%，1980 年仅增长到 0.44%。直到 2019 年，拉美地区也仅有巴西一个国家的该比重在 1% 以上，绝大部分拉美国家仍不足 0.5%。而 2015 年韩国已将其提高到了 4.23%，远远超过巴西的 1.34%。

总的来说，因为没有对技术给予充分的重视，拉美国家在技术能力的建设和发展方面持一种被动态度，工业化的推进过程得不到技术发展所要求的相关政策、法律和体制方面的支持，这与韩国、日本积极、主动、系统地出台推动本国技术能力发展的制度和政策建设形成鲜明对比。20 世纪 60 年代，面对垂直进口替代工业化带来的大量技术需求，拉美国家走上了对外依赖的道路，它们更倾向于通过跨国投资引进外部技术，而对发展本地区的内生技术能力缺乏重视。这一时期拉美各国的研究开发活动甚至有所削弱，用于研发活动的经费被直接投资于生产活动，因此，不少政府和私人企业的科研机构被关闭，甚至有些高校的理工院校也停办。[①]

2. 技术引进

对于后发国家来说，因为本国缺少发展所需的技术和知识技能储备，经济发展通常都是从引进国外技术开始的。但引进国外技术，并不等于本国的技术能力获得同步增长了，要将引进的技术转化成本国的技术能力，还需要付出巨大的技术学习努力。就本国内生技术能力能否获得发展方面，不同的技术引进方式结果是截然不同的。金麟洙在《从模仿到创新——韩国技术学习的动力》一书中，系统梳理了国外技术的五大来源，即体现在设备中的信息、人员中的信息、文字信息、国外供货商、国外购买商，并分析了获取国外技术的主要机制，按照是否通过市场媒介，以及国外供货商的作用是主动还是被动，将其划分为四大类（见图5-1）。

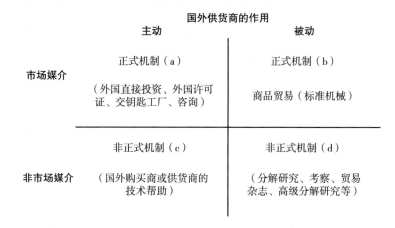

图5-1 获取国外技术的主要机制

资料来源：金麟洙：《从模仿到创新——韩国技术学习的动力》，刘小梅、刘鸿基译，新华出版社，1998，第113页。

———————————

① 李明德、宋霞、高静：《拉丁美洲的科学技术》，世界知识出版社，2006，第276页。

其中，外国直接投资、外国许可证和交钥匙工厂是正式技术转移的主要来源（a）；购买资本货物也转移了包含在机械中的信息（b）；印刷的信息，如销售目录、蓝图、技术规范、贸易杂志以及其他出版物，再加上对外国工厂的考察，这都是重要的非正式机制（d）；从原制造商手中购买设备的国外供货商或购买商经常将关键技术转移至生产厂家，以确保产品能达到购买商的技术规范（c）。此外，引进外国技术专家或国外培训专业人员等都是获取技术的重要方式。如果后发国家的企业有足够强的吸收能力，它们不必花费交易费用就能够有效获得国外技术（c、d）。

当技术较简单而且成熟，而专利也解禁时，本国企业特别是小企业，如果有足够的能力就不必通过正式的渠道购买技术，它们可以对国外产品进行分解研究，生产仿制品或复制品。而当技术比较复杂，本国企业的吸收能力不足以支撑其通过分解研究获取技术时，引进外国直接投资或者购买外国许可证就成为主要的选择。但这两种获取国外技术的方式，对于本国技术能力发展的影响是截然不同的。在其他条件相同的前提下，外国许可证比外国直接投资更有利于本国技术能力的培育和发展。这是因为，技术知识很大程度上都是隐含知识，具有强烈的缄默性，只能由工作组织经验性地获得；[①] 技术进步是一个充满不确定性的动态演进过程，不能用最大化和最优选择来解释，而只能被理解为累积性的学习过程；由于缄默性和累积性，产品工艺以及企业和工业特定的知识、技能、经验和诀窍在组织之间是很难转移的，组织只能通过持续不断的有意识的努力学习获得。因此，本国的技术能力只能借由本国的企业组织平台获得。跨国公司可以通过人员培训和流动、示范效应、竞争效应等机制，在东道国产生一定的技术溢出，但在技术差距巨大的领域，跨国公司的强大竞争力使本国的民族企业难以存活，更别谈利用技术溢出效应提升本国的技术能力了。金麟洙研究发现，即便是采取外方主导的

---

① Nelson，Richard R.，Winter，Sidney G.，"An Evolutionary Theory of Economic Change"，*Administrative Science Quarterly*，2（1982）：32.

合资形式，也不利于本国技术能力发展。[①] 因为合资企业会遇到在本国进行产品开发等创新活动与外方母公司之间的利益冲突问题，掌握主导权的外方不允许合资企业开发可能与母公司竞争的新产品。更关键的是，外方会千方百计阻止合资方掌握核心技术，它们不允许合资企业中存在活跃的研发组织，对于原有的技术研发力量，它们也倾向于将其解散或"圈养"。在这种模式下，合资企业总是可以轻易地从外国母公司那里获得技术帮助，逐渐丧失了自主研发的动机、信心和能力，最终只是加重了对外方技术的依赖。因此，一国可以通过外国直接投资获得生产能力，但不会获得相应的技术能力，而且跨国公司对本国市场的抢占，反而会使本国企业没有生存空间，进而失去发展本国技术能力的平台。正是基于这一考虑，历史上除了新加坡和爱尔兰外，其他国家无不是通过严格限制外资甚至拒绝外资进入本国市场而崛起的，美国是这方面的典型。经济史学家利普西（Robert Lipsey）曾指出："美国在19世纪许多行业技术落后于欧洲国家，令人惊讶的是，这些行业中基本没有直接投资，而直接投资是开发优势技术的天然渠道。"[②] 美国总统伍德罗·威尔逊（T. Woodrow Wilson）在1913年对此做出了解释：曾有人说拉丁美洲给外国资本以特权，但从未曾听人说美国给外国资本以特权……这是因为美国不给它们这种权利，因为投资于某个国家的资本会占有并统治该国。日本和韩国在崛起过程中对外资也是严格限制，1981～1995年，就外国直接投资占固定资本形成的比例来看，发达国家平均为3.5%，发展中国家平均为4.3%；而在1971～1990年，这个比例在日本只有0.1%，在1971～1995年的韩国这一比例小于1%。[③] 是否主要以外国直接投资的方式引进技术，是拉美国家和上述这些国家崛起过程中的重要区别。

在进口替代的简易阶段，因涉及的技术比较简单，拉美国家与其他追赶

---

① 金麟洙：《从模仿到创新——韩国技术学习的动力》，刘小梅、刘鸿基译，新华出版社，1998。

② 斯坦利·L.恩格尔曼等主编《剑桥美国经济史（第二卷）：漫长的19世纪》，高德步等总译校，中国人民大学出版社，2008，第493页。

③ 爱德华多·加莱亚诺：《拉丁美洲被切开的血管》，王玫等译，人民文学出版社，2001，第2页，转引自贾根良等：《新李斯特经济学在中国》，中国人民大学出版社，2015，第183页。

过程中的国家一样，主要是通过对外国产品进行分解研究获得技术，生产仿制品和复制品。因外汇资源短缺，为激励本国企业和外国企业谈判时争取更有利的条件，拉美国家和韩国一样，都对购买许可证实施严格的限制。而在垂直进口替代阶段它们选择了截然不同的技术引进方式，韩国更偏向于购买外国许可证，同时非常注重购买交钥匙工厂和进口资本品基础上的消化吸收；而拉美国家更倾向于依赖外国直接投资，对通过购买外国许可证、交钥匙工厂和资本品获取技术的依赖程度很低。

拉美主要大国从 20 世纪 50 年代中期开始相继进入第二阶段进口替代工业化。面对大量本地无法满足的资金和技术需求，许多拉美国家修改外资政策，试图通过引进外国直接投资来满足工业化所需的资金和技术。1955 年巴西库比契克政府放弃热图利奥·瓦加斯时代限制外资的政策，改为鼓励外国直接投资。修改后的外资政策甚至在一定程度上使跨国公司比本国企业享受更多的优惠。例如，1955 年初巴西财政部颁发的 113 号指令规定，外资企业在进口其生产必需品时可获得足够的外汇，而本国企业则不能享受这一便利。① 1957 年的关税法令加强了对国内工业的保护，包括在巴西从事生产的外国企业都享受这一保护政策。墨西哥也有同样的进程。1954 年，墨西哥改变了外资政策，除了在石油、银行、保险和交通运输等部门外，多方面放松对外资的限制，并提供特殊的优惠政策，大力鼓励外资进入制造业。1955 年，有关新兴和关键工业领域的法令允许免除某些税务，其关税总则第十四条规定，基本设备的进口关税可享受补贴。此外，同巴西一样，墨西哥也加强保护建在当地的工业，保护范围也涵盖在墨西哥从事生产的外国企业。即便在庇隆执政时期的阿根廷，尽管有强烈的民族主义情绪，政府仍然放宽了对跨国公司的限制。1953 年 4 月，政府通过了阿根廷首部外商投资法，并提供优惠，试图吸引外商去阿根廷投资。在优惠政策的激励下，大量跨国公司进入拉美地区，1957～1961 年，将近 200 家外国公司在阿根廷投资设厂，而外资企业大量进入巴西的现象曾被称为"国内市场的国际

---

① 江时学等：《拉美与东亚发展模式比较研究》，世界知识出版社，2001，148 页。

化"。尽管 20 世纪 60 年代，在依附论思想的影响下，拉美地区曾掀起了声势浩大的国有化运动①，但国有化的对象主要是能源、矿业等自然资源部门的跨国公司，而在制造业部门，对待外国直接投资仍然是鼓励为主的态度。②

与此同时，拉美国家却始终保持着对购买外国许可证的严格限制和对进口资本货物的限制。以巴西为例，巴西自 1958 年起由中央银行控制特许权使用费，规定最高不超过净销售额的 5%。1962 年，治理巴西境内的国外投资的法律严格控制技术转移，禁止子公司与国外母公司之间以及合资企业与在合资企业拥有超过 50% 股份的外国伙伴企业之间发生技术转移支付，该法律现在依然有效。③ 此外，通过进口资本货物来获取技术在巴西基本没有获得重视，进口资本货物占巴西国内投资总额 GDI 的比重一直很低，巴西更倾向于通过限制资本货物进口来推动本国资本货物工业的发展。巴西技术政策的主要目的，不是利用和掌握世界各国的先进技术以服务于国内经济发展，而是引导国内企业开拓新领域，以实现技术"自治"。换句话说，巴西将"技术"也看作与工业品一样需要进口替代的产品。这样的技术发展路线与当时拉美各国普遍接受的技术发展线性模式直接相关。

总之，在获得外国先进技术方面，拉美国家严重依赖外国直接投资，而且基本不限制外国直接投资的形式，外资政策十分优惠。

与拉美国家形成鲜明对照的是，韩国将购买交钥匙工厂和进口资本品，以及购买外国许可证放在技术引进的突出位置，而对外国直接投资则格外限制。韩国早期十分注重通过购买交钥匙工厂和进口资本品来促进技术转让。

---

① 联合国跨国公司中心统计，在 1960~1976 年，将近 200 家较大的外资企业被收归国有。参见江时学等：《拉美与东亚发展模式比较研究》，世界知识出版社，2001，148 页。
② 1965~1973 年，拉美地区对外资采取"重政策"，即在能源、矿业等自然资源部门实行国有化政策，而在制造业部门则鼓励外国投资。参见苏振兴主编《拉丁美洲的经济发展》，经济管理出版社，2000，第 74 页。
③ 理查德·R. 尼尔森编著《国家（地区）创新体系：比较分析》，曾国屏等译，知识产权出版社，2012，第 540 页。

韩国的化学、水泥、钢铁和造纸工业都是在 20 世纪 60 年代和 70 年代初，通过购买交钥匙工厂和进口外国资本品建立起来的。但是，由于韩国企业很快消化并吸收了进口技术，随后的生产规模扩大和技术改进几乎都是在没有外国人帮助的情况下完成的。[1] 大量进口的资本货物为韩国企业通过分解研究进行技术学习提供了机会。韩国进口资本货物规模远远超出外国直接投资和外国许可证购买。例如，1962～1966 年，韩国资本货物进口 3.16 亿美元，同期外国直接投资 4540 万美元，购买外国许可证 80 万美元；1972～1976 年，资本货物进口增加到 88.4 亿美元，同期外国直接投资 7.2 亿美元，购买外国许可证 9660 万美元。[2] 资本货物进口占 GDI 的比重，1965 年、1970 年、1975 年、1980 年在韩国分别为 0.991、0.902、1.272、1.119，同期巴西分别为 0.251、0.327、0.409、0.455，墨西哥分别为 0.352、0.302、0.312、0.370。[3][4] 韩国从 1973 年开始正式开启重化工业进口替代战略，为吸引先进技术，韩国于 1970 年和 1978 年两次放宽对购买外国许可证的限制，调高了专利权使用费。结果，购买外国许可证的专利权使用费大大增加，由 1962～1966 年的 80 万美元，增加到 1972～1976 年的 9660 万美元，1977～1981 年进一步增加到 4.51 亿美元，1982～1986 年增加到 11.85 亿美元（1979～1989 年，巴西支付的专利权使用费合计 3.21 亿美元，其中 1982～1986 年专利权使用费为 1.49 亿美元，远低于同期的韩国）。[5] 20 世纪 80～90 年代，韩国进一步放宽对购买外国许可证的限制，将批准制度改为报告制度，购买外国许可证的数量由 1981 年的 247 件增加到 1993 年的 707

① 金麟洙：《从模仿到创新——韩国技术学习的动力》，刘小梅、刘鸿基译，新华出版社，1998，第 47 页。

② 金麟洙：《从模仿到创新——韩国技术学习的动力》，刘小梅、刘鸿基译，新华出版社，1998，第 47 页。

③ 理查德·R. 尼尔森编著《国家（地区）创新体系：比较分析》，曾国屏等译，知识产权出版社，2012，第 545 页。

④ "在新兴工业化国家中，韩国的资本货物进口占其全部技术转让的比例是最高的……韩国通过进口资本货物比通过任何其他手段从发达国家获得了更多的技术"。见金麟洙：《从模仿到创新——韩国技术学习的动力》，刘小梅、刘鸿基译，新华出版社，1998，第 48 页。

⑤ 理查德·R. 尼尔森编著《国家（地区）创新体系：比较分析》，曾国屏等译，知识产权出版社，2012，第543 页。

件。与此同时，韩国收紧了对外国直接投资的控制。20 世纪 70 年代之前，尽管在实际执行中并不真正鼓励外资，但在政策上是十分宽松的，基本不限制外资的形式，独资也是允许的。20 世纪 70 年代后收紧了外国直接投资政策，基本不允许与本国形成直接竞争的外资企业进入，要求外国直接投资的企业必须面向出口，在形式上合资企业也比外资企业更优先予以考虑，且合资中外资比例不超过 50%。

拉美国家和韩国对待外国直接投资截然相反的态度，最终体现在外国直接投资在双方经济中不同的规模和地位。1972～1976 年，巴西引进的外国直接投资总额为 61.6 亿美元，人均 55.9 美元，同期韩国引进的总额为 4.6 亿美元，人均 12.8 亿美元。[1] 1987 年巴西外国直接投资累计额占 GDP 的比重为 9.6%，同期韩国仅为 2.3%。[2] 1983 年外国直接投资占巴西总外债的比例为 21.8%，而同期韩国仅为 6.1%，韩国的外国直接投资债券只占巴西的 7%。[3]

外资企业对双方市场的控制力也有显著差异。20 世纪 50 年代末至 60 年代末，涌入巴西和墨西哥的外国直接投资达到顶峰，且几乎都进入了制造业。外国直接投资的大量涌入直接改变了两国的市场结构，到 1972 年，跨国公司已经控制了两国最大的 300 家制造业中的一半，而在最活跃的部门，如化学制品、交通设备和其他机器制造业，外国公司的成分更高。[4] 就前十大企业来看，1987 年巴西有 3 家是外资企业，另有 6 家国有企业和 1 家本国私人大企业。与之相对，韩国的前十大企业都是国内企业，其中国有企业

① 尹保云：《韩国的现代化》，东方出版社，1995，第 192 页，转引自江时学等：《拉美与东亚发展模式比较研究》，世界知识出版社，2001，第 309 页。
② Saavedra-Rivano, Neantro, "From Promising Beginning to Divergent Paths: Brazils and Korea", in Hosono, Akio and Saaveda-Rivano, Neantro, eds., *Development Strategies in East Asia and Latin America*, Macmillan, 1998: 181, 转引自江时学等：《拉美与东亚发展模式比较研究》，世界知识出版社，2001，第 309 页。
③ 金麟洙：《从模仿到创新——韩国技术学习的动力》，刘小梅、刘鸿基译，新华出版社，1998，第 47 页。
④ 加里·杰里菲、唐纳德·怀曼编《制造奇迹：拉美与东亚工业化的道路》，俞新天等译，上海远东出版社，1996，第 82 页。

1 家，其余 9 家均为本国私人大企业。① 从出口结构上也可以看出外资企业在拉美国家的关键地位。20 世纪 60 年代中期以来，拉美的出口商品结构发生明显变化，制成品比重由 1961 年的 2%，增加到 1973 年的 20%，食品和原料的比重则相应下降。然而，这一变化与跨国公司的进入密切相关。1973 年，阿根廷 42% 的制成品出口都来自跨国公司。这一比重在巴西更高，跨国公司基本垄断了巴西高技术制成品的出口。以 1976 年数据为例，这一年巴西电器出口的 71%、运输器材出口的 94.7%、药品出口的 100% 都来自跨国公司。② 根据投资的条件，投资者对资产拥有直接控制权，显然，跨国公司控制了拉美国家垂直进口替代工业化阶段的诸多关键性产业。这就意味着，相对于政府（当局）和地方资本而言，外国资本家拥有更大的经济甚至政治权利，当地资本总体上无法与之竞争，政府也很难控制外国企业。③ 国内企业唯有在食品和纺织业才是保险的。④ 外资控制国内市场的状况也影响了拉美国家的民族自信。⑤ 拉美国家为发展民族工业而保护的市场，最终却挤出了民族企业，保护了外国企业，这等于是把本国宝贵的市场资源拱手让给了外国企业，这不能不说是一种讽刺。正如本书上述所引用的理论分析指出的，技术能力的培育必须扎根于本民族的企业组织，失去了民族企业，技术能力的发展也就无从谈起。拉美国家不仅没有实现技术自立和经济独

① Gereffi, Gary, "Big Business and the State", in Gereffi, Gary and Wyman, Donald, eds., *Manufacturing Miracles: Paths of Industrialization in Latin America and East Asia*, Princeton University Press, 1990: 93, 转引自江时学等：《拉美与东亚发展模式比较研究》，世界知识出版社，2001，310 页。

② 苏振兴主编《拉丁美洲的经济发展》，经济管理出版社，2000，第 81 页。

③ 加里·杰里菲、唐纳德·怀曼编《制造奇迹：拉美与东亚工业化的道路》，俞新天等译，上海远东出版社，第90页。

④ 加里·杰里菲、唐纳德·怀曼编《制造奇迹：拉美与东亚工业化的道路》，俞新天等译，上海远东出版社，第82页。

⑤ 拉美学者 F. 帕索斯指出：在主要工业部门和大量企业被外国人拥有和管理的国家，东道国的人民会产生出一种低下感和对外国人的明显的抵触情绪，这种低下感和抵触情绪在政治上和经济上是不健康的。……当外国人成为雇主而东道国人成为雇员时，这个国家的经济制度在政治上是不稳定的。见江时学等：《拉美与东亚发展模式比较研究》，世界知识出版社，2001，第 154 页。

立，反而越发加深了对发达国家的技术依赖。

反观韩国，因对外国直接投资的严格限制，韩国得以保持管理的独立性，民族企业成为技术学习的主体。国内市场的保护为韩国企业技术学习赢得了宝贵的成长时间。而通过以购买国外许可证、交钥匙工厂以及进口资本品为主的方式引进技术，要将其应用于生产并获得经济利益，还需要通过大量的技术学习，对技术进行消化、吸收并做出改进努力。这迫使韩国企业在技术学习中采取积极主动的态度，并迅速积累起内生于组织的大量技术知识特别是缄默性知识，本国的技术能力因而大大提高。

日本也是在这样的过程中积累技术能力的。日本于1955～1970年仅用了15年快速经济增长时间，就掌握了世界各国半个世纪以来大部分先进技术成就，实现了对发达国家的追赶。为促进技术引进，日本政府采取了税收优惠政策，同时日本政府还实行产业保护措施，以确保引进技术后的经济可行性。^① 此外，政府还积极帮助企业获取并掌握国外技术信息，为此不仅设立了许多用来收集技术情报的专业机构和网络（如1955年成立的生产率总部），还鼓励企业设置专门的情报部门，各大综合商社均设立了庞大的情报机构。这些政策和措施极大地增强了企业技术引进的积极性。1950～1978年，日本总共引进了31738种技术，其中21435种是技术含量高的A类技术，而10303种是B类技术。在引进技术基础上的消化、吸收和改进，是日本获取技术能力的根本方式。为此，日本投入了大量人力、物力、财力，用于对引进技术的学习改进。据估计，日本用于对引进技术进行消化、吸收和改进方面的研发支出，为技术引进费用的5～7倍。例如，在20世纪60年代中期，机械工业的研发支出中16.9%用于技术引进，68.1%用于对引进技术的改进。电子行业的上述比例分别为24.4%和48.1%。因此，日本不但能充分消化引进的技术，而且经过改进和创新，还形成"自主技术"。日本在钢铁、机械、半导体、电视机、微电子等产

---

① 比如，20世纪50年代日本汽车工业刚刚起步，由于汽车生产远未达到规模经济的要求，引进技术的利用条件尚未成熟，通产省通过坚定的产业保护措施（如对外国汽车的进口从外汇配额和进口数量上进行严格限制）确保了技术引进经济上的可行性。

业方面的技术都是这样发展起来的，这些产业后来成为日本具有竞争力的出口产业。[①]

简单来说，将市场控制在本国企业手中，以本国企业作为技术学习的主体，从获取外国技术到消化吸收，再到改进，最终开发出"自主的"尖端技术，是日本、韩国等成功实现追赶的国家通用的技术学习模式和技术发展战略。这一战略可以被称为"吸收型"战略，巴西、阿根廷、墨西哥等拉美国家也通过这一模式实现了技术能力的增长。但在20世纪60年代之后，由于丧失了本国企业在核心产业上的主体地位，拉美国家走上了对外技术依赖的道路，技术能力的发展不是借助"技术引进"基础上的消化和吸收，而是寄希望于通过建立在本国科学知识研究基础上的"技术自立"，实现技术的"弯道超车"。拉美国家之所以寻求这样的技术发展之路，主要是受技术发展线性模型理论的影响。

3. 技术创新模式

从技术来源角度来看，有两种技术能力发展的途径。一种是引进、消化、吸收国外先进技术，从中积累技术知识和经验，获得自身技术能力的提高；另一种是加强本国基础研究和技术研究，大力开发本国的技术。两种途径都很重要，只不过两者的比重会随经济发展阶段的变化而变化。发达国家更多以开发本国技术为主，这是因为发达国家作为技术的领导者，很少有能供其使用和借鉴的外部技术。后发国家则以引进外国技术为主，这是因为，一方面，从基础研究开始的新技术开发，面临的风险和不确定性非常高，开发周期长，需要长时间持续投入大量人力财力物力，后发国家短缺的资金、人才难以满足这方面的需要；另一方面，技术差距是后发国家的后发优势所在，通过引进和吸收外国的先进技术，规避了技术开发过程的高风险，还可以大大缩短本国经济追赶的时间。随着后发国家经济发展水平的提高，开发本国技术的重要性不断提高。一方面发达国家为了保持领先的竞争优势，会

---

① 陈杰：《日本经济增长过程中的技术创新体系研究》，博士学位论文，复旦大学，2004，第55~56页。

倾向于技术封锁，后发国家获取国外先进技术变得更加困难且成本更高；另一方面，后发国家积累的资金、技术知识和人才，使其有能力开展基础研究和应用研究。当后发国家通过追赶达到技术边界时，以基础研究为支撑的前沿技术的开发，就成为后发国家技术能力发展的关键，也是其与领先国家进一步竞争的关键。

然而，拉美国家的技术发展并没有遵循上述的逻辑，在引进技术与开发自有技术之间，拉美国家更注重后者。拉美国家将技术视作同其他工业品一样需要进口替代的产品，为了保护国内的技术开发，对技术进口征收高额关税，并执行严格的限制；而对于工业化发展不得不引进的技术，拉美国家倾向于通过引进跨国投资的方式引进技术，结果不仅没有在引进技术基础上实现技术能力的增长，反而陷入了技术依赖。而拉美国家发展自有技术的努力，则完全是在科学推动的线性创新模型理论指导下进行的，技术创新被视作一个从科学发现到应用研究，再到企业技术开发和生产活动，最终导致新产品进入市场的简单的线性过程，即基础研究→应用研究→实验开发→技术研究→产品服务的生产。这一理论认为，研究开发是创新的主要来源，研究开发产生的成果在寻求应用的过程中推动创新的完成，市场则是创新成果的被动接受者。该理论的基本假定是"更多的研究开发投入"等于"更多的创新产出"。

在技术创新的科学推动的线性创新模型理论指导下，拉美国家从 20 世纪 60 年代开始建立了以高等院校、公共部门、国有企业研发部门等由国家控制的研究部门为核心的技术创新体系，其核心特征包括以下几点。第一，研发经费主要来自公共部门，在 20 世纪 90 年代之前，近 80% 的研发经费来自公共部门，只有约 20% 的研发经费来自私人部门。[①] 第二，公共部门也是研发活动的核心执行者，80% 以上的研发活动是由公共部门承担的，私人部

---

① 研发活动具有高风险、高投入的特点，在发展的早期，私营企业往往不愿意也无力承担，一般都是公共部门作为投资和执行主体。随着发展程度的提高、竞争的加剧，以及政府提供鼓励性政策的推出，私营部门会加大研发投入力度。例如韩国，1963 年私营部门研发投资占全国的 2%，1975 年增加到 29%，1985 年增加到 75%，1994 年增加到 84%。

门研发活动有限。第三，科学推动的线性创新模型理论十分重视科学研究，认为科学进步可以推动技术创新，因此拉美国家比较重视基础研究。作为基础研究主要活动主体的高等院校，在拉美研发活动中占据支配地位，50%以上基础研究的研发活动是由高等院校承担的。与之相应，在研发支出结构中，基础研究的比重相应较高，应用研究比重也较高，而实验开发的比重较低。以1989年数据为例，墨西哥基础研究研发支出占全国研发总开支的比例为20.6%，阿根廷为34.5%，美国为13.7%，日本为13.8%，韩国为24%；应用研究占比方面，墨西哥为45.3%，阿根廷为59.4%，美国为22.8%，日本为24.2%，韩国为28.8%。第四，科学推动的简单线性模型将市场视作创新成果的被动接受者，忽视了技术创新过程中各部门之间的反馈互动。拉美国家在技术开发的过程中对市场需求没有给予应有的重视，而以公共部门为主的研究机构特征，以及以政府拨款为主的经费来源结构，也使公共研究部门较少关注企业的实际需求。拉美国家的技术开发和创新总体上呈现"自上而下"的模式，研究项目由政府或公共研究机构决定，而不是来自经济和社会的需要。在政策设计上，忽视了公共研究部门、企业、大学之间的连接和互动，拉美的大学只与国内其他大学或研究机构建立某种联系，或者与其他国家的大学建立某种联系，而缺乏一种与产业、政府之间的跨部门的联系，产、学、研是相互脱节的。这导致的结果是，科学研究与市场需求脱节、基础研究与应用研究也未能形成合理比例，"为科学而科学"和"为研究而研究"的纯科学现象突出，从而直接影响了研究成果的应用与开发。

总结一下，拉美国家在尚处于经济发展过程的追赶阶段时，就过早选择了以开发自有技术为主的技术自立发展模式，而忽视技术引进基础上的消化和吸收，这本身就是不经济的，是对后发优势的严重浪费。事实上，由于经济剩余有限和对科技的重视不够，科技政策在社会政策中并不具有优先地位，拉美国家对技术自立的投入严重不足，这严重影响了通过大力发展基础研究和应用研究促进技术创新的效率。此外，受科学推动的线性创新模型理论的影响，拉美国家在发展技术自立方面所建立的技术创新体系过于单线程化，忽视了技术创新过程的复杂性，导致大量知识游离于生产部门之外，这对原本就不足的科技资源造成极大的浪费。对此有学者评价称，该地区呈现的矛盾就在于各国都拥有覆盖各个学科领域的合格的科学部门，它们所生产的有用知识具有应用于工业部门的潜力，但是这些国家的经济体系对本地知识毫无需求，并极少有创新性。这就是它和别的地区的不同，它甚至和亚洲国家所遵循的道路截然不同，亚洲国家借用别处产生的知识来弥补自身未充分发展的学术部门的不足，从而从中受益。①

（二）教育制度

不同的技术发展阶段和技术发展模式需要不同的人才支撑，由此引发对特定的教育制度的需求。拉美国家的教育制度很大程度上受科学推动的线性创新模型理论的影响。这种影响可以从联合国教科文组织和拉美经委会以及拉美科技合作组织举办的一些会议决议中看出来，这些国际和区域组织都推崇科学推动的线性创新模型理论。1960 年，首届"拉丁美洲科学研究区域研讨会"提出要在所有教育层面上提高科学教育的提案。1965 年，联合国教科文组织与拉美经委会合作组织的"第一次科学技术在拉丁美洲发展中的应用"会议，着重强调在高等教育中要更加重视科学技术。科学推动的线性创新模型理论的宗旨主要是保证高质量的基础研究，而基础研究对高层次人才的需求更高，因此拉美国家的教育制度更加重视高等教育，相对忽视初等教育。

拉美国家更偏向高等教育的倾向可以从教育资源的分布上看出来。总的来说，拉美政府对教育的投入是比较高的。20 世纪 70 年代，中央政府支出中用于教育的支出占比在 15% 以上的拉美国家有 19 个，其中有 9 个国家高于 20%。② 然而，教育投入资源的分配方面，政府明显偏向高等教育而忽视初等教育，高等教育的增长速度也显著快于初等教育。据统计，1960~1975

---

① 联合国教科文组织编著《联合国教科文组织科学报告（2010）》，中国科学技术协会调研宣传部、国际联络部译，中国科学技术出版社，2012，第 99 页。
② 《拉丁美洲的发展与社会变化》，第 34 页，转引自苏振兴主编《拉丁美洲的经济发展》，经济管理出版社，2000，第 94 页。

年，拉美国家初等教育注册率年均增长 4.8%，同期中等教育和高等教育分别为 11.2% 和 12.9%。在教育经费分配方面，1975 年，拉美国家初等教育、中等教育、高等教育和其他教育经费占比分别为 34%、21%、30% 和 15%。同年，非洲教育开支分配的相应比例分别为 43%、26%、16% 和 15%；亚洲分别为 50%、23%、15% 和 12%。[①] 这种倾向的结果就是，拉美国家在文化普及方面明显落后于东亚发达经济体。就教育的初始情况来说，拉美国家远远好于韩国。1950 年拉美国家 15 岁以上居民中文盲占 42%，中学水平的占 6%；同期韩国 14 岁以上人口中完成中学教育的仅占 2%，文盲率高达 78%。到 1980 年，拉美国家小学入学率达到 82.3%，15 岁以上人口中文盲占比是 23%，同期韩国小学入学率 100%，文盲率则降到了可以忽略不计的水平。

从支持工业化发展的角度讲，拉美国家以高等教育为侧重点的教育制度，不符合工业发展阶段和技术学习的内在要求。在工业化发展的初期和中期，技术学习主要是通过"干中学"进行的，机械化的大规模生产需要大量中等技术人才。这一时期职业技术教育对科技和经济的发展具有直接的决定性作用，然而职业技术教育建立在至少具有初等教育水平的基础上。因此，在存在大量文盲、普遍受教育年限很低的情况下，最重要的是通过大力发展初等教育和中等教育，为工业化发展和技术学习提供大量的中等技术人才，高等教育也要提前布局同步发展，但其重要性不应超过初等和中等教育。

从为"科学技术的进口替代"提供大量高端科学技术人才的角度讲，拉美国家的高等教育也没有发挥应有的作用。拉美国家具有精英主义的教育制度传统，自 19 世纪末至 20 世纪 50 年代之前，拉美国家的高等院校被认为是为政治领域培训统治精英的机构。人文社会科学，特别是法律和医学是传统的热门专业。20 世纪 50~70 年代，进口替代工业化战略的发展对科学技术类人才产生大量需求，大学被视为培养工业化所需的人力资源的机构，开始进行现代化改革。改革的首要任务就是将课程和专业设置转向科学和技术。然而，部分受制于制度惯性，部分受制于天主教重人文科学和社会科学

---

① 苏振兴主编《拉丁美洲的经济发展》，经济管理出版社，2000，第 94 页。

轻自然科学与技术的文化传统，改革的效果不甚理想，尽管大学科学和技术类的专业和课程设置有了很大增长，但选择人文科学和社会科学的大学生仍占多数，只不过人文科学由过去的以法律为主转变为更加多元化的学科设置。总体上而言，这一时期高等教育系统未能充分响应生产要求和发展过程。

二 新时期的考察

（一）技术政策

20 世纪 90 年代以来，在技术政策方面，拉美国家进行了一些积极的改革，拉美国家的技术政策由线性模式变成了更具活力的模式，在这个新模式中，研发由需求驱动并以对知识的明确需要为基础，同时政策也支持创新。[①] 在原来的科技体系基础上，通过机构重组、完善法律法规等，拉美一些国家如巴西、墨西哥、阿根廷和智利等建立了复杂的大规模国家创新体系，并建立了更为丰富的政策工具。第一，技术创新资金的来源更加多元化。例如，哥伦比亚于 2011 年成立一般特许权使用费系统基金，将该基金收入的 10% 用于科学技术和创新。秘鲁 2001 年成立佳能基金，将开采自然资源获得的特许权使用费的 25% 分配给进行采矿的地方政府，其中 20% 专用于公共研究投资，以促进地区发展。2004 年秘鲁立法规定将采矿的特许权使用费的 5% 分配给大学。2005 年智利通过一项类似法律将采矿收入的 20% 分配给创新基金。第二，研发基金模式由不区分行业的水平基金向垂直基金倾斜，以更有效地支持优先领域的发展。巴西在 1999～2002 年设立了 14 个部门基金，引导对特定国有公司征收的税款促进石油和天然气、能源、太空或信息技术等关键行业和服务业的发展。阿根廷、墨西哥和乌拉圭等国也效仿巴西建立了各自的行业基金，并逐渐将这种垂直基金模式作为主要的基金模式。第三，企业一直是研究开发和创新行为的弱势或边缘性主体，为激励企业研发和创新，拉美国家建立了多种政策工具，包括为企业研发创新提供直接的公共资金支持和奖助金、篮子基金，建立项目融资机制与税收激励机制，引

---

① UNESCO，*UNESCO Science Report* 2010，UNESCO Publishing，2010：79.

入风险资本、种子基金等。第四，线性模式下的创新体系最重要的问题之一在于知识难以向生产部门转移，研究部门孤立于社会和生产体系之外。为此，拉美政府采取多种措施促进大学、研究机构和企业之间的合作和联系，包括对大学与工业的合作项目给予财政支持或贷款优惠，建立和发展科学技术园区、孵化器、技术中心等联结机制和机构。第五，为提高研发活动质量，20世纪90年代以来拉美国家将质量评价和监督机制引入科技政策领域，在公共研究中心和高等教育中心建立评价机制，实施战略管理，包括组织监督、将资源配置与任务目标、业绩和质量标准挂钩等，并对公共科学技术和创新政策的实施情况进行评估、监督和问责。

尽管拉美国家的技术政策在概念框架上有了进步，政策工具也实现了多样化，然而各国的创新体系仍然不成熟，线性模式依然占据支配地位。这部分是因为制度惯性，部分受精英文化的影响，特别是科学家团体的精英主义倾向，他们更愿意利用先进的技术和设备来进行尖端科学的研究，而不是那些与社会基本需求直接相关的领域。即便在巴西，这种线性模式也十分有生命力，企业更多还是扮演研发机构所生产知识的使用者和消费者的角色。而在研发投入方面，除了巴西之外，其他拉美国家研发支出占GDP的比重都不足1%，且绝大多数都在0.5%以下，拉美国家依然没有给予科学技术足够的重视。拉美国家的研发结构也没有发生根本改变：研发资金仍然以基础研究和应用研究为主，实验开发占比较低；政府机构依然是研发支出的主体，一半以上的研发支出来自政府机构，企业的研发支出仅占1/3左右，远低于工业化国家的水平。尽管有研发和创新政策支持，企业依然对研发活动兴趣不大。这说明，技术政策必须要有产业和贸易政策的配合才能真正有效。新自由主义改革以来拉美国家放弃了扶持高质量生产活动的产业政策和贸易保护政策，基于比较优势的专业化分工，使得拉美国家越来越专业化于边缘化的、技术含量低的、与技术前沿相距较远的生产活动。这样的生产活动本身就没有对技术的大量需求，政府提供激励研发和创新活动的政策又怎能促使企业研发和创新呢？在这方面，韩国是很好的参照。20世纪60~70年代，韩国政府为支持企业开展研发活动，提供了各种税收奖励和优惠的金融政策，但这一时期工业发展对技术的需求没有那么大，而且获得和吸收国外技术更为容易，因此这些激励机制被工业部门忽视了。到了 20 世纪 80 年代，工业活动的发展对技术活动的需求大大增加，这些支持企业研发活动的支持政策才开始发挥作用。1980 年，韩国的研发支出还主要由政府机构承担，企业仅占研发开支的 36%；到 1985 年，企业就成为研发支出最重要的主体，占比达 75%。产业结构对研发活动的影响也可以从研发开支的经济部门分配中体现出来。由于农业等初级部门在生产结构中占重要地位，拉美国家政府大力支持在初级经济部门中获得研究成果，在公共部门研发支出中，初级经济部门所占比重将近 30%，而知识密集型部门的开支相对较少。2012 年，巴拉圭用于农业领域的研发费用占比更是高达 66%。① 拉美地区在生物技术方面具有相对优势，因为生物技术可以广泛应用于农业部门。

（二）教育制度

最近几十年来，拉美地区受教育机会显著增加。初等教育和中等教育基本普及，2018 年拉美国家中等教育入学率平均达到 95.9%，高等教育的入学率超过 50%。政府教育投入占 GDP 比重由 1990 年的 2.7%增加到 2009 年的 5.3%，此后有所回落，2016 年该比例为 4.5%，总体水平与发达国家相当，例如美国 2014 年为 4.96%。教育投入结构方面，相对于其他国家来看，拉美国家高等教育投入比重较高，中等和初等教育投入比重较少。拉美国家教育投入中高等教育占比 31.1%（2013 年）、中等教育占比 15%（2016 年）、初等教育占比 15.2%（2016 年），同期美国分别为 20.4%、22.1%、19.85%；日本分别为 24%、24%、21.8%。②

尽管受教育机会大大增加，教育质量却普遍低下。在国际化的标准化测试中，如在国家数学与科学测评趋势（TIMSS）和国际学生评估项目中③，

---

① 李明德、宋霞、高静：《拉丁美洲的科学技术》，世界知识出版社，2006，第 130 页。
② 世界银行 WDI 数据库，https：//datatopics.worldbank.org/world-development-indicators/。
③ TIMSS 是面向 41 个国家的八年级学生进行的国际标准化测试，国际学生评估项目是由经合组织实施的一项标准化测试。见塞巴斯蒂安·爱德华兹：《掉队的拉美——民粹主义的致命诱惑》，郭金兴译，中信出版社，第 191~192 页。

拉美国家的排名都十分落后，不仅落后于发达国家，也落后于南欧国家和东亚新兴经济体。智利学者塞巴斯蒂安·爱德华兹（Sebastian Edwards）指出，教师备课不足、课程体系设置不合理、过度的集权和缺乏问责，是拉美地区教育质量低劣的主要原因。拉美国家试图通过推进教育体系的现代化改革来提升教育质量，但大多都因强大的教师工会和中左翼政府的抵制而难以推进。高等教育也存在诸多结构性缺陷。首先，研究生教育体系不发达，研究型人员培养不足，博士生数量相对有限。在拉美地区，除了巴西等个别国家建立美国模式的研究型大学外，大多数拉美国家都是传统的综合型大学，更重视通过全面的课程提高本科生教育水平。其次，学科设置不合理，不利于科学和工程技术人才的培养。在课程和专业设置上，拉美的高等院校依然以人文科学和社会科学为主。而且自 20 世纪末 21 世纪初开始，这一趋势进一步得到了强化，无论是本科生还是博士研究生，攻读社会科学的学生占比都有明显提升。2012 年，60% 的学士学位毕业生专门研究社会科学；而工程和技术领域的毕业生只有 14%，且这一比例自 1996 年以来一直下降（1996 年该领域毕业生人数占比 23.16%）。这种趋势与韩国、新加坡等亚洲经济体形成鲜明对比，这些经济体中，大多数毕业生都学习工程技术，教育的实用性更强。博士研究生中，学习社会科学和人文科学的人数占比由 1996 年的 38.07% 增加到 2012 年的 48.06%；而学习自然和精确科学的人数则由 33.86% 下降到 14.75%；工程和技术领域则一直维持在一个较低的水平，2012 年占比为 10.95%。[①] 如果考虑到拉美国家自新自由主义改革以来所进行的产业结构调整的话，这种变化倒也说明教育的需求导向，即对知识和技术需求高的生产活动减少了，贸易、金融等商业和服务业活动增多了，因此对人文社科类人才需求增多，而对科学和工程技术类人才需求减少。再次，海外留学生占比高，而且相当一部分留学生选择继续待在国外发展。2013 年，拉美地区在国外攻读高等教育的学生中，居住在北美或西欧的学生（13.3 万名）是拉丁美洲（3.4 万名）的近四倍。2008～2011 年，约有

---

① UNESCO，*UNESCO Science Report: Towards* 2030，UNESCO Publishing，2015：181-184.

3900 名来自拉丁美洲的学生获得了美国大学的科学或工程博士学位，其中有 1/3~1/2 的人选择无限期地留在美国。为减少人才流失带来的损失，进入 21 世纪以来，一些拉美国家试图通过加强与海外侨民的联系来加强国内的知识网络，例如阿根廷 2003 年推出的"寻根计划"①，墨西哥 2005 年推出的"人才网络"，2014 年墨西哥和美国高等教育、创新与研究双边论坛，智利推出的"全球计划"和巴西 2011 年推出的"科学无国界计划"等。有的计划通过与国内工业和生产发展政策的协调吸引了一批科学家回国，有的则鼓励专家通过短期访问（2~3 个月）的形式回国给研究生授课。尽管这些计划的实施一定程度上挽回了一些人才流失所导致的损失，但如果不从根本上营造崇尚知识和科学技术的文化氛围、提高科学技术和研究人员的地位和待遇，以及将生产转向对知识和技术真正有需求的方向以为高素质人才提供足够的就业岗位，人才流失的现象不会得到根本改善。

总的来说，20 世纪 90 年代以来，拉美国家在技术政策和教育制度方面都有了一些改进，但结构性的问题并没有得到解决。更重要的是，这一时期拉美国家的生产结构严重倒退，越来越专业化于低端的、距离技术前沿远的自然资源密集型和劳动密集型行业，大大降低了对知识和技术的需求。没有对知识和技术的需求，技术供应政策的效果自然难以发挥。

小　结

技术进步和创新是经济增长的核心动力。一国发展经济的关键之一，就是提高本国的技术能力。然而，技术能力的发展是一个长期复杂的系统工程，需要强有力的政府制定和实施一系列相互协调的制度和政策。有效的制度和政策，既要激励对技术的需求，又要促进技术的供给，同时还要促进需求与供给之间的连接，在供给与需求的互动反馈过程中，实现产业结构升级

---

① 2008 年该计划上升为一项国家政策，通过该计划，到 2015 年左右时累计约 1200 名高素质研究人员回国，该计划还促进了发达国家中阿根廷科学家网络的建立。

与技术能力的同步发展。这离不开系统的产业政策、贸易政策、技术政策以及其他一些制度和政策的协调与配合。首先，技术的发展是一个需求拉动的过程，没有对技术的需求，技术的发展也就失去了动力和方向。鉴于不同的生产活动对技术的需求不同，创新的机会窗口（技术进步的潜力）也相差很大，而农业、自然资源类行业和加工装配等劳动密集型制造业对技术的需求有限，创新的机会窗口小，专业化于这些产业自然也就没有多少技术进步和创新的动力。因此，对于后发国家来说，发展的首要任务，就是违背比较优势原则，选择高质量生产活动，从而创造对技术的需求。其次，高质量生产活动是本国的"幼稚产业"，难以在激烈的国际竞争面前存活下来。为此，需要通过贸易政策为其提供一段时间的市场保护，待积累起经验和技术与经营管理能力之后，逐步降低保护程度，以激发企业更高的创新和技术需求，并争夺更大规模的市场以更好地发挥规模经济效应。再次，对技术的需求引发对技术的供给，技术的发展有其自身的阶段特征和规律。为此，要根据技术发展的规律，提供有利于技术投入和技术供应的政策措施，激励各主体开展研究开发和创新，促进技术的产生（获得）、扩散、传播和消化吸收；加强技术供应方与需求方的连接与反馈机制，提高技术供应效率，最终在满足产业技术需求的同时，实现本国技术能力的增长。

进口替代工业化时期，拉美国家违背比较优势发展工业，引发了对技术的需求，需求引致了供给，拉美国家建立了以国有研究机构为主的技术供应体系，技术能力得以提高。然而，当进口替代发展到第二阶段之后，无论是技术能力，还是产业发展都陷入困境。究其原因，关键是拉美国家没有将建立和发展本国的技术能力作为工业化的主要目标给予了足够的重视，政府缺少推动和激励本国技术能力发展的意识和努力，技术能力的发展没有得到有力的政策支持。

首先，产业和贸易政策等方面存在诸多不利于技术创新和产业发展的因素，没有有效激发对技术的需求。产业和贸易政策的失效主要表现在以下几个方面。第一，缺乏清晰的产业和贸易政策目标，受保护的不只是"幼稚产业"，而且包括了本国的所有制造业。赖纳特指出，有两种贸易保护，一种是好的贸易保护，一种是坏的贸易保护。"好的保护"是针对少数高质量生产活动进行的保护，并且随着产业竞争力的提高，保护程度不断降低，直至国内企业有能力直面国际竞争。这是李斯特和汉密尔顿所主张的，也是通过保护"幼稚产业"成功实现赶超的发达国家所采用的保护政策。拉美国家却对所有工业生产活动不加区分进行全面保护，保护的同时缺少有效激励竞争的产业政策的配合，使得产业只满足于最低的技术需求，产业竞争力长期得不到提高，是一种"坏的保护"。第二，市场是产业发展的前提和关键，然而，高度集中的土地制度、精英主义的教育制度等诸多制度因素限制了本国市场的扩大，而对出口的歧视又限制了对外部市场的探索。第三，产业升级不是沿着产业链前后延伸的方向进行的，而是直接跳到了耐用消费品，继耐用消费品之后再发展资本品工业，产业升级缺乏大规模市场支撑的内在动力，难以实现规模经济。

其次，在促进技术供给和供给与需求的连接方面，政策也是失效的。第一，在拉美国家，技术不是被当作一种战略资源，而是作为普通商品一样，被纳入进口替代的目标，因此，拉美国家限制技术的进口，以激励自有技术的开发。这对于尚处于追赶阶段的发展中国家来说，无疑是一种后发优势上的浪费，因为从基础知识到市场化技术的开发和应用过程，不仅耗时漫长，而且充满了不确定性，所需投入的成本也十分高昂。第二，为开发自有技术，在科学推动的线性创新模型的理论指导下，拉美国家建立了简单线性的技术创新体系。然而，这种创新体系因忽视市场与技术的反馈互动，使得知识、技术和市场脱节，不仅造成大量潜在知识的浪费，也不利于技术的扩散和传播，因此，线性的技术创新体系总体上是失败的。第三，对于不得不引进的技术，拉美国家又选择了通过引进跨国投资的方式来引进，结果不仅将本国受保护的市场拱手让给了跨国公司，还陷入了对外国的技术依赖，使本国丧失了提升技术能力的平台和机会。

新自由主义改革后，拉美国家完全放弃了选择高质量生产活动的产业政策和贸易保护政策，这使得拉美地区的生产结构重新向自然资源和劳动密集型方向调整，即向对技术需求小的、创新机会窗口小的所谓"技术死胡同"

的生产模式调整，拉美国家越来越专业化于距离技术中心远的、技术边缘化的生产活动。这一时期尽管在技术供给政策方面出现了一些有力的调整。但一方面，这些调整非常有限，没有根本改变拉美国家的技术供应模式和教育模式；另一方面，更关键的是，失去了对技术有需求的生产活动，技术的供给也就缺乏内在动力和发展方向，这应该是拉美国家企业很少开展研发活动的关键所在。

总的来说，拉美国家促进生产和技术进步的制度和政策不仅未达到既定目标的，反而导致本地区的技术能力始终得不到发展，是拉美国家长期陷入经济发展困境的根源所在。

第六章　结论与启示

第一节　对拉美国家发展困境的认识

在 20 世纪六七十年代进口替代工业化时期，拉美国家曾因快速的工业化和高速的经济增长被视作最有希望的发展中地区。然而，20 世纪 80 年代的债务危机中断了拉美国家的工业化进程。自此之后，拉美国家没能恢复到之前的水平，经济长期在低水平徘徊，而且危机和动荡不断，在世界经济体系中越来越被边缘化。

对于拉美国家面临的发展困境，主流经济学家提出了多种政策处方。首先是提出放松管制、稳定化、市场化、自由化的新自由主义改革处方，将经济增长动力单纯寄希望于市场机制，认为只要政府退回到"守夜人"的角色，市场机制就能自动引导资源最优配置，实现增长。这种理念本质上是一种交换主义，只关注资源的配置，忽视了资源的创造，而资源创造才能真正突破生产可能性集边界和财富的零和博弈。而且，成熟的市场机制需要靠一系列正式和非正式制度去运作和约束，而这些制度是西方发达国家数百年历史演化的结果，并不是"想当然"的存在。

当新自由主义改革失败后，主流经济学家便将矛头指向这些制度，认为拉美国家的制度、政府治理模式影响了改革清单的执行力度和效力，因此，又提出一套宽泛的制度改革清单，即扩展的"华盛顿共识"。这一套制度改革清单，基本是以发达国家当前的制度为蓝本的。正如丹尼·罗德里克（Doni Rodrik）所批评的那样，扩展的清单和发展之间几乎是一种同义反复的关系，制度改革的清单描述的不是为了发展这些国家需要做什么，而是一旦发展完成后将会是什么。[①] 从制度演化变迁的逻辑来看，制度是由生产方

[①]　黄平、崔之元主编《中国与全球化：华盛顿共识还是北京共识》，社会科学文献出版社，2005，第 111 页。

式内生决定的，而非相反。落后的生产方式只能带来落后的制度，现代民主制度是随着制造业发展而建立起来的，缺少强大的熟练工人和制造业阶层的农业社会不可能建立真正的民主。正如驼队和远程贸易的发展导致了保险制度的建立，而将保险制度引入狩猎-采集社会，却不会获得和远程贸易商一样的效果。[①] 制度无疑是重要的，但制度的功能在于满足生产力发展的需要，为国民生产结构提供支撑和保障，制度作用的发挥是要围绕生产方式进行的。制度本身不是经济发展的发动机，认为只要建立了发达国家那样完善的制度，经济就能实现发展，实则是忽视了制度背后的逻辑，颠倒了因果。而且，制度是有成本的，要完成清单上极为宽泛的改革需要大量人财物的支撑，而这些资源都是发展中国家所稀缺的。这一点也使得改革清单不能被证伪。爱德华兹在《掉队的拉美——民粹主义的致命诱惑》一书中在罗列了拉美在各方面改革效果的指标数据后指出，拉美国家的新自由主义改革是支离破碎的，远没有完成，由此为新自由主义改革辩护，并将矛头指向拉美的民粹主义。

一些主流经济学家将视角转向创新和教育，认为缺乏创新和教育，是拉美地区落后的主要原因。这无疑是正确的，然而，他们却忽视了创新和教育背后的因素——生产结构。对于专业化于对技术没有多少需求的生产活动的拉美国家来说，缺乏创新是必然的，一味地强调供给侧的创新，而不改革生产结构，只会增加对发达国家产品创新的需求，而这种创新（过程创新）所带来的收益却不一定会由本国居民获得。汉斯·辛格（Hans Singer）指出，第三世界国家的原材料生产部门的创新往往以对第一世界国家的低价格的形式扩散，而创新（基本上是生产创新）在第一世界国家则往往转化为第一世界国家自己的高工资。[②] 同样，一味强调教育的供给，而不改变生产和就业结构，只能加剧人才外流，使本国的教育变成为发达国家提供高素质

---

① 埃里克·S. 赖纳特：《富国为什么富　穷国为什么穷》，杨虎涛等译，中国人民大学出版社，2013，第174页。

② 埃里克·S. 赖纳特：《富国为什么富　穷国为什么穷》，杨虎涛等译，中国人民大学出版社，2013，第179页。

人才的工具，最终结果只能是拉大与发达国家的差距，而不是缩小。

不满足于主流经济学家失败的政策建议，21世纪初以来，以委内瑞拉为代表的部分拉美国家探索出一套"21世纪社会主义"的理论，认为拉美国家经济落后的根源在于严重的两极分化和收入分配不公，将改革的焦点转向社会再分配领域。这本质上仍然是一种交换主义，注重的是现有资源的再分配，而非资源的创造。严重的社会不公固然会阻碍增长，但社会公正只是增长和发展的必要条件，而非充分条件。

总之，上述解释也许有一定的道理，有的看起来也极富迷惑性，却都没有触及问题的根本。要探寻拉美国家的发展困境，必须对经济发展有更为本质的理解，深入那些真正带来经济增长和实现国民富裕的机制。我们可以从成功的国家中寻找经验，但不是看它们现在做了什么和怎么做的，而是看它们当初是做了什么才由不发达变为发达的。世界是变化的，但变化是有规律的。最初的成功可能是偶然或意外的结果，我们要探寻的就是偶然中的必然性，从这些偶然的经验中寻找规律，据此制定出明智的经济政策。演化发展经济学就是这样一种理论，不满足于主流经济学对经济增长过于表面化和形式化的理解，而是深入人类社会发展的历史经验去寻找规律。在演化发展经济学看来，知识和创新是经济发展的核心驱动力，正是因为创新，人类社会才能克服报酬递减的自然资源约束和财富的零和博弈，实现财富的增长。创新和技术变迁带来报酬递增，报酬递增效应的发挥使工人工资提高与生产成本下降同时发生成为可能，国民福利得以增加。劳动分工和协同效应的存在使得技术进步和工资的提升蔓延到其他部门，提高了其他部门的生产率。而实际工资的提升一方面扩大了市场需求，推动报酬递增效应的进一步发挥，从而使成本进一步下降，国民福利进一步增加；另一方面，市场规模的增加和工资的提升进一步刺激科技进步，而科技进步又推动报酬递增，如此循环……技术进步、报酬递增和协同效应共同推动经济进入实际工资提高和福利增加的累积向上的因果循环。创新、报酬递增和协同效应是经济发展的核心机制。不同的生产活动在这三个方面是高度异质的：不是所有的生产活动都具有报酬递增的特质，像农业等自然资源类行业是报酬递减的；不同的生产活动对技术的需求是不同的，创新的机会窗口也是不同的；不同的生产活动所能产生的协同效应也相差很大，劳动分工更少的、专业化更强的生产活动缺乏协同效应。这意味着，经济发展是生产活动特定的，只有那些创新机会窗口大、报酬递增和协同效应强的生产活动才能带来经济发展累积向上的良性因果循环。对于后发国家来说，建立这种良性循环的起点，就是改变生产结构，通过强有力的制度和政策，选择和发展高质量的生产活动。

用演化发展经济学的理论分析拉美国家的发展困境，可以得出如下结论。

第一，新自由主义改革以来，拉美国家便放弃了通过使用产业政策和贸易保护政策来选择高质量生产活动的做法，而是根据比较优势专业化于自然资源密集型或劳动密集型生产活动。这样的生产活动劳动附加值低、规模报酬不变或递减、对技术需求低、创新的机会窗口小、劳动分工程度低因而也缺乏分工基础上的协作和协同效应，专业化于这样的生产活动，也就意味着边缘化于技术中心，专业化于贫困，这是拉美国家发展困境的根源。

第二，进口替代工业化时期，拉美国家通过产业政策和贸易保护政策建立了高质量的生产活动。然而，在促进高质量生产活动成长方面，拉美国家没有提供有效的制度和政策，因此虽然通过保护建立了高质量生产活动，却没有带来产业成长。保护是要为产业成长赢得时机，保护的最终目的是自立，这是李斯特贸易保护理论的核心所在。不是所有的制造业都是高质量生产活动，只有那种需求弹性高、创新机会窗口大、产业关联性强的生产活动，才值得保护。在轻工业阶段，主要是纺织业。当通过一定时间的保护纺织业发展成熟之后，对纺织业的保护随之取消，而将保护沿着产业升级的顺序迁移到更高质量的生产部门，也就是为纺织业提供大规模运输能力的重化工业和为纺织业提供机器的资本品行业。因此，保护与产业结构升级（工业化）是同步的过程，先从较低阶段的产业保护开始，当产业成长起来之后，保护取消，随之开启更高阶段的保护，直到工业化完成为止。保护是一个不断开启又不断结束的过程，在这个过程中，生产结构实现变迁，产业向着规模报酬高、创新机会窗口大的方向逐步升级，创新和技术能力不断提高。每一个在保护下成熟起来的产业，都成为下一个受保护产业的市场支撑。

拉美国家产业政策和贸易保护政策的问题首先在于，没有受保护产业的选择机制，保护是盲目的、全面性和永久性的。只要本国能够生产的制造品，拉美国家均提供保护，保护的同时缺乏激励企业成长的机制，使得产业一直没能实现保护基础上的自立，保护也变成永久性的保护。其次，产业升级缺少内在动力，在轻工业产业尚未充分发展时，盲目推进到重化工业和资本品行业，使产业升级得不到来自下游产业的足够大规模的市场支撑，最终不得不依赖外债。再次，为扶持受保护产业发展，李斯特型的贸易政策主张对制造业所需的原材料出口征收高额税收，而对原材料进口免税，对制成品进口征收高额关税。拉美国家的贸易政策没有这种清晰的思路，对本国制造业不得不进口的中间产品也征收高额税收，从而削弱而不是增强了受保护产业的竞争力。

产业的成长有两个关键因素：一是市场，二是技术。市场是产业建立和发展的前提，对于规模报酬递增的产业来说，市场更是一种重要的战略资源。通过实施贸易保护政策为本国产业提供市场是第一步，接下来还要为产业发展积极谋求更大的市场，包括通过基础设施建设联通国内市场，通过收入分配政策扩大本国市场规模，通过激励出口政策积极谋取国外市场等。然而，在扩大本国市场规模方面，拉美国家存在诸多制度制约。高度集中的土地制度从根本上制约了市场规模扩大的潜力，而更加重视中高等教育、忽视初等教育的精英主义的教育结构，又进一步加剧了收入分化的程度，不利于市场规模扩大。同时，歧视出口的政策妨碍企业对外部市场的拓展。技术是产业的核心竞争力，产业升级的核心目标是提高本国的知识、技术和创新能力，这是报酬递增和国民财富的源泉。然而，在进口替代工业化过程中，拉美国家缺少积极主动和有效的技术政策。将技术视作普通产品，而非战略资源，试图在本国知识和技术存量以及人力资源都不足的情况下，实施"技术的进口替代"政策，这本身是十分不经济的，是对后发优势资源的一种浪费，严重制约了核心产业竞争力的提高。而为技术的进口替代建立的线性技术创新体系是十分低效的，割裂了知识、技术和市场，造成大量知识和资源的浪费。另外，在引进外部技术方面，拉美国家错误地选择了通过跨国投资的方式引进技术，把为发展本国产业所保护的市场拱手让给了跨国公司。在跨国公司竞争压制下，本国产业失去了立足之地，彻底丧失了本国技术学习和技术能力发展的平台，产业升级不仅没有带来技术能力的提高，反而陷入了对发达国家的技术依赖。

总的来说，进口替代工业化的失败，问题不在于进口替代模式本身，也不在于政府的干预影响了市场机制。对于发展中国家来说，通过政府干预扭转资源配置是改变生产结构，进而摆脱贫困落后、实现发展的唯一选择。政府干预也许会像拉美国家这样因政策和制度失误而失败，但政府不干预绝对不可能成功。更何况，拉美国家的经验显示，尽管进口替代工业化最终失败了，但这段时期仍然是拉美历史上发展最好的时期。市场机制本质上也是一个公共品，需要在一系列基础设施和公共制度的支撑下才能运转起来，因此，市场机制是与一国的经济发展同步孕育的，市场机制只是在一国已经有了发展的核心要素，包括报酬递增、不完全竞争、大规模劳动分工、创新机会窗口、多样化和协同之后，也即经济结构已经成熟之后，才会真正起到自发促进经济增长的作用。因此，问题不在于要政府干预还是要自由市场，问题在于自由市场时机的选择。经济发展的过程，也是政府干预慢慢减少、市场机制慢慢增多的过程。实际上，就连倡导自由市场的鼻祖亚当·斯密在《国富论》中唯一一次提到"看不见的手"，也是在他赞扬了英格兰《航海条例》中的高关税政策之后。而且他还接着指出，在这一成功的保护政策实施之后，才好像存在一只看不见的手指引着英国的消费者去购买英国的工业产品。经过一段时间之后，当制造业变得具有国际竞争力时这只看不见的手就取代了高关税。如果这样来解读亚当·斯密，他实际上可能是一位被误解了的重商主义者。对他来说，自由贸易的选择时机也很重要。[①]

---

① 埃里克·S. 赖纳特：《富国为什么富 穷国为什么穷》，杨虎涛等译，中国人民大学出版社，2013，第 103 页。

如果用一句话概括本书的结论，那就是，经济发展是生产活动特定的，拉美国家发展困境的根源在于，没有建立和发展起来经济发展特定的生产活动，即报酬递增的高质量生产活动。新自由主义改革之后，拉美国家完全放弃了通过积极的产业政策、贸易政策、技术政策等选择和建立高质量生产活动的努力，生产活动越来越专业化于低端化，远离财富机制；进口替代工业化虽然选择了建立高质量生产活动，却没有抓住高质量生产活动发展的核心因素和内在逻辑，在为其营造有序运转的大规模市场和建设所需的内生技术能力方面制度和政策是失效的。对于拉美国家来说，要突破经济发展困境，就要在生产领域谋求大变革，综合借助产业政策、贸易政策和技术政策等有利于生产和创新的工具，建立和发展高质量的生产活动，改变当前的生产结构。

第二节　从拉美国家经验中获得的启示

一　贸易理论应服务于本国的发展战略，根据本国的发展阶段和发展战略灵活调整

自由贸易有两种理论基础。一种是大卫·李嘉图的比较优势理论，这一理论作为自由贸易的理论基石，指导了 20 世纪 90 年代以来的全球化。根据比较优势理论，任何两个国家之间按照比较优势进行专业化生产和自由贸易，对贸易双方都是有利的。对于发展水平相当的两个国家来说，这一理论是正确的。但对发展水平不同的两个国家来说，如果着眼于短期消费的最大化，这一理论也是正确的，但如果着眼于长期经济发展，这一理论无疑是有害的。生产结构是经济发展的基础，对于穷国来说，按照比较优势进行专业化生产，意味着将生产结构锁定在技术含量低、规模报酬递减或不变、创新机会窗口小的生产活动，专业化于这样的生产活动，就等于专业化于贫困。对于发展中国家来说，是否开展与发达国家的自由贸易，取决于短期消费还是长期增长的权衡。但比较优势理论本身不会告诉发展中国家需要做这种权衡，而只会告诉它们无论在何种情况下，开展自由贸易都是有利的。

　　另一种是保罗·克鲁格曼提出来的规模经济理论。根据规模经济理论，对于具有报酬递增特质的生产活动而言，市场越大、产量越多，产品的单位生产成本越低，通过自由贸易可以扩大双方的市场规模，有利于规模经济效应的发挥，贸易双方都可以获得更加便宜的商品和服务。在国际贸易领域，常常用比较优势理论解释和指导发达国家与发展中国家的贸易，而用规模经济理论解释和指导发达国家之间的贸易。然而，从生产和经济增长的角度来看，对发展中国家而言，具有指导意义的是规模经济理论而非比较优势理论。但一直以来，发展中国家都是按照比较优势理论来指导对外贸易的，我们应该将自由贸易的理论基础转到规模经济理论上来。从生产和经济增长的角度而言，开展自由贸易的核心目标，是为本国报酬递增的生产活动营造大规模市场，与发展水平相当的国家开展自由贸易是有利的，既为本国的生产活动扩大了市场，又不会因竞争力差距过大导致本国产业被碾压。与发达国家开展自由贸易则是有害的，由于竞争力的显著差距，本国产业完全无法在发达国家的竞争面前存活。在这种情况下，与发达国家开展自由贸易，等于将本国宝贵的市场资源拱手让给了发达国家。正如联合国贸发会议曾说过的，对称的自由贸易对双方都有利，而非对称的自由贸易对富国有利，但对穷国有害。[①]

　　对穷国是否要开展自由贸易，以及何时开展何种程度的自由贸易，早在1841年，李斯特在《政治经济学的国民体系》一书中就提出了系统的贸易阶段理论。根据贸易阶段理论，如果一国尚处于未开化的状态，那应该与比较先进的国家实行一段时间的自由贸易，以便吸收外部先进的思想和理念，使自己脱离未开化状态。接下来则是通过实行产业和贸易保护政策，促进本国产业的发展。当本国的产业得到一定程度的发展之后，可以与发展程度相当的国家开展自由贸易，以促进竞争提升效率，而对与先进国家的贸易仍然实行保护政策。最后，当本国的竞争力达到最高程度之

[①]　埃里克·S. 赖纳特：《富国为什么富 穷国为什么穷》，杨虎涛等译，中国人民大学出版社，2013，第103页，第68页。

后，就与所有国家开展自由贸易。由此可以看出，李斯特实际上是被误解的保护主义者，他虽然强调关税保护，但他的目的则是通过保护提高竞争力，最终开展自由贸易。李斯特看到了市场狭小对工业化的制约，为此他积极倡导德国统一，是欧洲一体化最早的支持者。李斯特认为在所有国家都完成工业化之后，要实现自由贸易和全球化，而在此之前，应当形成一个中间级的大陆自由贸易区，为此他积极推动欧洲一体化。李斯特的这种依据经济发展阶段和发展程度，逐步推进自由贸易的理论，以及在发展水平相近的国家之间开展区域经济一体化的思想，对发展中国家来说仍具有重要的指导意义。

当然，以国家发展水平来衡量是否要开展自由贸易是比较笼统的，更为细致的贸易战略应该拓展到更为具体的产业层面，根据两国之间产业竞争力的差距制定和实施不同的贸易政策。如果两国产业竞争力相差不大，或者本国产业竞争力远超对方，就对这一产业实行自由贸易；如果本国产业与对方差距过大，这一产业又是该国决心要大力发展的、关乎未来经济增长和国际竞争力的高质量产业，则要对其实行一段时期的保护。当然，在保护的同时还要有意识地促进国内竞争，通过实施有效的产业与技术政策为其发展创造条件；经过一段时间的发展，该产业足以与对方竞争之后，就对其实行自由贸易；当本国产业的竞争力足够强大的时候，就对这一产业实行全面的自由贸易。对产业保护程度随产业竞争力的提高而降低，这是李斯特贸易保护政策的核心，也是韩国等国家采取的贸易战略。实际上，将韩国的关税总体水平与拉美国家相比，得出韩国比拉美国家贸易保护程度低，甚至韩国是通过实行自由开放政策取得成功的判断是不严谨的，韩国只不过是取消了对已经成长起来的产业的贸易保护，而对成长中的"幼稚产业"依然实行高关税和贸易保护政策。总之，采纳何种贸易理论、制定和实施何种贸易战略和贸易政策，核心是要服务于一国的国家发展战略，与一国的产业政策和技术政策相协调，在不同时期，根据一国发展的不同阶段、产业发展的不同需求进行灵活调整。

二　在引进跨国投资的同时要注意保护产业安全

市场是一种重要的战略资源，是产业发展的动力和支撑。产品的生产最终是为了在市场上销售，如果没有来自市场的需求，生产活动也就难以为继。换句话说，供给不能创造需求，而只能由需求引致。对于后发国家来说，为了建立和发展超越比较优势的高质量生产活动，首先就要通过保护主义政策保护本国市场，以支持本国产业的发展。规模经济效应强的高质量生产活动要求一个较大的市场临界规模，达不到这一规模，就难以实现规模经济和赢利。而市场规模越大，产量越高，单位成本越低，产品和服务的价格越便宜，企业赢利水平越高，国民福利得以增进。市场规模与技术创新之间也有不可分割的关系。市场规模越大，创新和技术变迁的成本就可以分摊到更多的消费者手中，也就越有利于激励创新。因此，市场应被视作一种重要的战略资源，在初期要对其保护，之后则要不断将其扩大，不仅扩大本国市场，还要积极拓展国际市场。

一国高质量生产活动的建立和发展，都是从保护本国市场开启的。拉美国家也通过高关税和非关税壁垒，保护本国市场以支持本国工业的发展。然而，在保护本国市场的同时，拉美国家却大力引进跨国投资，给予其国民待遇，甚至是超国民待遇，致使先进制造业领域完全被跨国公司控制，本国民族产业难以在跨国公司的竞争压力下生存，只能退回到食品、纺织业等低端制造业。这等于是将为发展本国民族产业所保护起来的宝贵的市场资源，拱手让给了跨国公司，市场保护政策失去了应有之义。拉美国家引进外资的意图在于通过跨国投资引进本国稀缺的技术。然而，技术始终被牢牢掌握在跨国公司手里，引进跨国公司并不意味着引进技术，更不等于引进了技术能力，而掌握在本国国民手中的技术，特别是本国企业组织中的技术和创新能力，才是一国发展潜力的关键。技术是跨国公司的核心竞争力，跨国公司自然会极力保护它，拉美国家引进跨国投资的结果，只能导致对跨国公司的技术依赖。

拉美国家不加限制地引进跨国投资导致了对跨国公司的依附，那么如果限制跨国公司投资比例，采取合资的模式，是否就能达到引进技术、提高本国技术能力的效果呢？宋泓等[1]对中国汽车产业以市场换技术的合资之路、金麟洙[2]对韩国大宇与通用合资企业的分析显示，试图通过与跨国公司合资的形式引进先进技术是无效的。首先，技术是跨国公司的核心竞争力，是其在东道国获取利润的核心资源，跨国公司必然不肯轻易让合资方习得技术。在合资公司中，东道国一方往往都被排除在核心技术环节之外，而对于东道国企业原有的技术研发组织，跨国公司也力图将其解散或"圈养"。[3] 其次，在合资公司，开发与母公司产品直接竞争的新产品，是违背母公司利益的，这种内在的利益冲突，从根本上抑制了合资公司的创新动力，它们不会开启真正的产品研发和创新，而只是会引进母公司的产品和技术。再次，因为合资企业总是可以获得来自跨国公司母公司的技术支持，而且在受保护的市场中，合资企业仅靠引进母公司的适宜技术就可以轻松获得高利润，大大降低了合资方的技术学习动力，而积极主动、高强度的技术学习努力是获得技术能力的关键。在上述种种因素作用下，以市场换技术的合资战术必然是失败的，最终结果与拉美国家一样，合资不仅没有带来技术的引进，反而导致对跨国公司的技术依赖。

对于创新研究的理论指出，创新与技术进步是一个累积性的技术学习的过程；无论是创新还是模仿，都是企业发展新知识解决现实或潜在问题的过程。知识具有两个维度，明确的和缄默的，企业的技术能力不是明确的知识的总和，更大程度上是缄默知识的总和。这意味着，技术知识很难在组织之

---

① 宋泓、柴瑜、张泰：《市场开放、企业学习及适应能力和产业成长模式转型——中国汽车产业案例研究》，《管理世界》2004 年第 8 期；路风、封凯栋：《为什么自主开发是学习外国技术的最佳途径？——以日韩两国汽车工业发展经验为例》，《中国软科学》2004 年第 4 期。

② 金麟洙：《从模仿到创新——韩国技术学习的动力》，刘小梅、刘鸿基译，新华出版社，1998。

③ 例如，韩国大宇汽车被收购的过程中，虽然通用继续采用了大宇原有的几个产品平台（如马提兹（Matiz）、凯悦等车型），但其原有的开发团队仍然被废弃。一是因为这支团队的技术积累特性与收购者的技术路径不同（技术的积累具有企业特定的特征），二是因为收购方也不愿看到这支能够开发产品的团队存在。见路风：《走向自主创新：寻找中国力量的源泉》，中国人民大学出版社，2019，第 67 页。

间转移，只能靠组织通过观察、模仿、实践等经验性的方式获得；一个组织吸收外部技术知识的能力，主要取决于组织现有的知识基础和技术学习强度。正是因为技术学习的累积性和技术知识的缄默性，技术能力是组织特定的。这意味着，本国的创新和技术能力只能通过本国的企业组织持续学习内生得来。路风、金麟洙等的比较研究也显示出，本国的民族企业完全有能力在不借助跨国公司的力量下实现技术的引进、模仿、消化和吸收，最终内化形成本民族的技术能力。

对于发展中国家来说，引进跨国投资主要基于四种考虑，获取先进技术、补充资本、借助跨国公司国际营销网络进入国际市场，以及促进竞争激励。对于跨国公司来说，对外投资的动机主要包括寻求市场、寻求资源、效率驱动和内部化等。经过几十年出口导向型经济的发展，中国不仅积累了高额资本和外汇储备，破除了资本对经济发展的制约，企业也已经积极融入世界市场，建立了自己的营销网络。因此，对于现阶段的中国来说，引进跨国公司的主要考虑已经不是获取资本和国际市场的进入渠道，而是通过引进跨国投资学习国外先进技术，以及通过引进跨国投资促进市场竞争。对于跨国公司而言，之前中国非熟练劳动力数量庞大且成本低廉，跨国公司进入中国的动机以效率驱动为主。经过几十年的发展，中国的劳动力成本大大提高，资源和环境的压力也开始凸显。与此同时，中国孕育了庞大的市场规模，跨国公司进入中国的动机转变为寻求市场为主。从发展阶段来看，中国经历了几十年由要素投入增加所带来的粗放式经济增长阶段，随着闲置要素潜力发挥殆尽，经济也进入结构调整和转型升级的关键时期。要顺利实现这一转型，就要将以往的要素驱动型经济转变成创新驱动型经济，以实现由中等收入经济体向高收入经济体的跨越。在这一历史关键时期，我们需要重新审视对跨国投资的态度。

党的二十大报告把"推进高水平对外开放"作为"加快构建新发展格局，着力推动高质量发展"的重要内容。高水平对外开放是中国当前基本的对外经济战略，这是随着经济和产业的逐步发展壮大，党中央做出的英明举措。高水平对外开放的核心目标是以高水平对外开放促进高质量发展，发展是硬道理。从投资的角度看，更多领域、更大范围向外国资本开放是高水平对外开放的应有之义。经过几十年的积累，中国诸多产业在国际上已经具有了较高的竞争力，对于这些产业进一步向外资开放，引进跨国投资可以有效促进国内市场的竞争，激励企业增强创新和改善管理。同时应该意识到，中国大力发展的高端制造业和服务业的某些部门与领域，与发达国家的技术差距还很大，民族企业尚没有建立起与跨国公司相匹敌的竞争力，关键技术还没有突破，在很多领域和关键环节上被"卡脖子"，严重威胁产业安全和经济安全。在这些领域，对跨国投资的态度仍需谨慎。拉美国家和韩国以及中国之前的经验都显示，无论独资还是合资引进跨国公司的模式，都不能实现市场换技术的目的，结果只是既丢失了市场，又加重了对外国的技术依赖。在这些事关经济结构调整转型和实现赶超的关键部门，要极为审慎地制定外资政策。在引进跨国投资的同时，尤其要注意保护产业安全，尽量将外资限制在样本工厂的范围以内，将宝贵的市场资源留给民族企业，它们才是发展自主创新能力的根本所在，而不是将市场资源拱手让给跨国公司，挤占民族企业的生存空间。

三　共建"一带一路"倡议在南南合作中的重要作用

对于发展中国家来说，南南合作是外经贸合作的重点之一。市场是产业发展的起点和关键，在经济发展过程中，发展中国家面临的首要问题，就是收入水平低、总体购买力有限导致的本国市场规模狭小，难以有效支撑规模经济产业的发展。而且，原本就有限的市场规模，又因基础设施落后、交通运输和通信体系不发达、物流成本高，而被分割成很多更小规模的市场。市场的分散化也导致市场交易成本高、交易效率低下，从而制约产业的发展和国民福利水平的提高。基础设施是典型的公共产品，基础设施建设不仅所需资金规模大，而且建设周期长，从项目本身来讲赢利周期长或者不赢利，但其对统一市场、促进产出所起到的效益，远非项目本身的赢利水平所能衡量。正是因为建设周期长、资金需求量大，项目本身直接的赢利能力差，资金短缺的发展中国家难以短时间内快速提高基础设施建设水平。而基础设施不足的问题，也成为制约发展中国家经济发展的瓶颈。

"一带一路"倡议为发展中国家的经贸合作提供了重要的平台。"一带一路"倡议以共商共建共享为原则，致力于实现政策沟通、设施联通、贸易畅通、资金融通、民心相通。其中的设施联通，就是通过大力发展基础设施建设，实现互联互通，统一区域市场。一国的资金和技术力量有限，但众人拾柴火焰高，通过发展中国家的抱团取暖、优势互补，可以短时间内快速突破制约经济发展的基础设施瓶颈，为经济起飞奠定基础。而且，通过"一带一路"基础设施建设，有效连接各个经济体，建立大规模的区域合作市场，将显著扩大共建国家市场规模，提高共建国家的发展潜力。

在"一带一路"倡议下加强中拉合作，对于中拉双方都具有重要的战略意义。首先，拉美国家是发展中国家的重要力量，中国是最大的发展中国家，这两个发展中经济体的经贸关系是对称性的，加强经贸合作、统一两个大的发展中经济体的市场，对双方都有利。其次，拉美许多国家都面临基础设施差、交通和通信不畅的问题，拉美政府受制于本国经济收入不稳定、社会政策和制度刚性等因素，缺乏大规模供应基础设施的能力，基础设施问题迟迟得不到改善。交通运输和通信等基础设施不完善，严重制约了拉美地区一体化市场的形成。中国在基础设施建设领域经验丰富，且具备一定的资金实力和较高的装备制造和工程建设能力，中国企业可以助力拉美国家的基础设施建设，为拉美地区的经济发展奠定更好的基础；中国企业也可以通过与拉美国家的合作延长技术的生命周期，同时，通过工程项目的带动，为中国的装备制造业寻求新的市场。从长期来说，互联互通的拉美市场将直接扩大中拉之间的区域化市场，大大提高双方经贸合作和经济发展的潜力，实现共赢。

参考文献

埃里克·S. 赖纳特：《富国为什么富 穷国为什么穷》，杨虎涛等译，中国人民大学出版社，2013。

埃里克·S. 赖纳特、贾根良主编《穷国的富国论——演化发展经济学论文选》（上卷），贾根良等译，高等教育出版社，2007。

埃里克·赫莱纳：《布雷顿森林体系被遗忘的基石——国际发展与战后秩序的构建》，张士伟译，人民出版社，2019。

爱德华多·加莱亚诺：《拉丁美洲被切开的血管》，王玫等译，人民文学出版社，2001。

布朗温·H. 霍尔、内森·罗森伯格主编《创新经济学手册》（第一卷）（第二卷），上海市科学学研究所译，上海交通大学出版社，2017。

蔡昉：《"刘易斯转折点"近在眼前》，《中国社会保障》2007年第5期。

陈杰：《日本经济增长过程中的技术创新体系研究》，博士学位论文，复旦大学，2004。

陈新田：《日本明治维新时期土地制度改革初探》，《赤峰学院学报》（汉文哲学社会科学版）2005年第1期。

陈志武：《中国人为什么勤劳却不富有》，中信出版社，2010。

戴维·S. 兰德斯：《国富国穷》，门洪华等译，新华出版社，2010。

道格拉斯·C. 诺思：《制度、制度变迁与经济绩效》，杭行译，格致出版社、上海人民出版社，2016。

道格拉斯·诺斯、罗伯斯·托马斯：《西方世界的兴起》，厉以平、蔡磊译，华夏出版社，2009。

德隆·阿西莫格鲁、詹姆斯·A. 罗宾逊：《国家为什么会失败》，李增刚等译，湖南科学技术出版社，2015。

《东亚要摆脱中等收入陷阱》，《国际融资》2007年第5期。

房连泉：《拉美现代福利体制的形成与历史演变》，中国社会科学院拉丁美洲研究所成立50周年纪念大会暨拉美现代化进程及其启示学术研讨会，2011年7月15日。

冯秀文等：《拉丁美洲农业的发展》，社会科学文献出版社，2002。

弗里德里希·李斯特：《政治经济学的国民体系》，邱伟立译，华夏出版社，2013。

冈纳·缪尔达尔：《亚洲的戏剧——南亚国家贫困问题研究》，塞思·金缩写，方福前译，商务印书馆，2015。

韩琦：《拉美结构主义研究中的几个问题》，《世界历史》2008年第2期。

何秉孟、李千：《新自由主义评析》，社会科学文献出版社，2012。

洪银兴：《从比较优势到竞争优势——兼论国际贸易的比较利益理论的缺陷》，《经济研究》1997年6月。

黄平、崔之元主编《中国与全球化：华盛顿共识还是北京共识》，社会科学文献出版社，2005。

黄逸江：《中国绿色公共就业计划——以消除失业实现国家目的和经济增长》，贾根良经济学微信公众号，2020年3月31日。

加里·杰里菲、唐纳德·怀曼编《制造奇迹：拉美与东亚工业化的道路》，俞新天等译，上海远东出版社，1996。

贾根良等：《美国学派与美国19世纪内需主导型工业化道路研究》，中国人民大学出版社，2017。

贾根良等：《西方异端经济学主要流派研究》，中国人民大学出版社，2010。

贾根良等：《新李斯特经济学在中国》，中国人民大学出版社，2015。

贾根良：《劳动分工、制度变迁与经济发展》，南开大学出版社，1999。

贾根良、孟捷：《演化经济学评介》，《政治经济学评论》2004年第2期。

209

贾根良：《演化发展经济学与新结构经济学——哪一种产业政策的理论范式更适合中国国情》，《南方经济》2018 年第 1 期。

贾根良：《演化经济学导论》，中国人民大学出版社，2015。

贾根良：《演化经济学的综合：第三种经济学理论体系的发展》，科学出版社，2012。

贾根良：《演化经济学——经济学革命的策源地》，陕西人民出版社，2004。

贾根良、于占东：《自主创新与国家体系：对拉美教训的理论分析》，《天津社会科学》2006 年第 6 期。

贾根良：《中国新李斯特经济学的发展与当前的任务》，《政治经济学报》2020 年第 7 卷《纪念李斯特诞辰 230 周年暨新李斯特经济学专栏》。

江时学等：《拉美与东亚发展模式比较研究》，世界知识出版社，2001。

江时学：《拉美发展模式研究》，经济管理出版社，1996。

江时学：《拉美国家的收入分配为什么如此不公》，《拉丁美洲研究》2005 年第 5 期。

江时学：《新自由主义、华盛顿共识与拉美国家的改革》，《当代世界与社会主义》2003 年第 6 期。

江时学：《真的有"中等收入陷阱"吗》，《世界知识》2011 年第 7 期。

江时学：《"中等收入陷阱"：被"扩容"的概念》，《国际问题研究》2013 年第 2 期。

金麟洙：《从模仿到创新——韩国技术学习的动力》，刘小梅、刘鸿基译，新华出版社，1998。

金麟洙、理查德·R. 尼尔森编《技术、学习与创新——来自新兴工业化经济体的经验》，吴金希等译，知识产权出版社，2011。

卡萝塔·佩蕾丝：《技术革命与金融资本：泡沫与黄金时代的动力学》，田方萌等译，中国人民大学出版社，2007。

克里斯·弗里曼、弗朗西斯科·卢桑：《光阴似箭：从工业革命到信息革命》，沈宏亮主译，中国人民大学出版社，2007。

李明德、宋霞、高静：《拉丁美洲的科学技术》，世界知识出版社，2006。

李晓：《东亚奇迹与"强政府"——东亚模式的制度分析》，经济科学出版社，1996。

理查德·R. 纳尔逊：《经济增长的源泉》，汤光华等译，中国经济出版社，2001。

理查德·R. 纳尔逊、悉尼·G. 温特：《经济变迁的演化理论》，胡世凯译，商务印书馆，1997。

理查德·R·尼尔森编著《国家（地区）创新体系：比较分析》，曾国屏等译，知识产权出版社，2012。

联合国教科文组织编著《联合国教科文组织科学报告（2010）》，中国科学技术协会调研宣传部、国际联络部译，中国科学技术出版社，2012。

林毅夫：《经济发展与转型——思潮、战略与自生能力》，北京大学出版社，2008。

林毅夫：《新结构经济学——反思经济发展与政策的理论框架》，苏剑译，北京大学出版社，2012。

刘瑞常：《查韦斯的"21世纪社会主义"模式》，《决策与信息》2007年第5期。

刘佛丁、王玉茹：《中国近代的市场发育与经济增长》，高等教育出版社，1996。

刘福垣：《中等收入陷阱是一个伪命题》，《南风窗》2011年第16期。

路风、封凯栋：《为什么自主开发是学习外国技术的最佳途径？——以日韩两国汽车工业发展经验为例》，《中国软科学》2004年第4期。

路风：《走向自主创新：寻找中国力量的源泉》，中国人民大学出版社，2019。

罗纳德·I. 麦金农：《经济发展中的货币与资本》，卢骢译，上海三联书店、上海人民出版社，1997。

迈克尔·赫德森：《保护主义：美国经济崛起的秘诀（1815—1914）》，贾根良等译校，中国人民大学出版社，2010。

孟捷：《演化经济学与马克思主义》，《当代马克思主义经济理论国际研讨会论文集》，2006。

莫里斯·博恩斯坦编《东西方的经济计划》，朱泱等译，商务印书馆，1980。

南亮进：《日本的经济发展》，毕志恒、关权译，经济管理出版社，1992。

塞巴斯蒂安·爱德华兹：《掉队的拉美——民粹主义的致命诱惑》，郭金兴译，中信出版社，2019。

塞缪尔·P.亨廷顿：《变化社会中的政治秩序》，王冠华等译，上海世纪出版集团，2008。

斯蒂格利茨、段丽萍：《后华盛顿共识（下）》，《现代外国哲学社会科学文摘》1999年第2期。

斯坦利·L.恩格尔曼等主编《剑桥美国经济史（第二卷）：漫长的19世纪》，高德步等总译校，中国人民大学出版社，2008。

宋泓、柴瑜：《跨国公司与发展中国家的产业成长：模式和政策选择》，《改革》1999年第4期。

宋泓、柴瑜：《外国直接投资对发展中东道国的经济影响：理论回顾与展望》，《世界经济与政治》1999年第2期。

宋泓、柴瑜：《以劳动力寻找型为主——我国外国直接投资的性质分析》，《国际贸易》2002年第10期。

宋泓、柴瑜、张泰：《市场开放、企业学习及适应能力和产业成长模式转型——中国汽车产业案例研究》，《管理世界》2004年第8期。

宋泓：《工业优势、比较优势和竞争优势——中国加入世界贸易组织的收益与代价》，《国际经济评论》1999年第7期。

宋泓：《国际产业分工格局对我国经济的影响及对策》，《中国经贸导刊》2005年第23期。

宋泓：《外部市场限制和比较优势产业的发展——中国纺织和服装产业案例研究》，《管理世界》2008年第6期。

宋泓：《远离病态依附——中国引进外国直接投资发展模式》，《国际贸易》2001 年第 2 期。

宋泓：《最优贸易理论》，《世界经济》2008 年第 6 期。

苏振兴、徐文渊主编《拉丁美洲国家经济发展战略研究》，北京大学出版社，1987。

苏振兴主编《拉丁美洲的经济发展》，经济管理出版社，2000。

苔莎·莫里斯－铃木：《日本的技术变革——从十七世纪到二十一世纪》，马春文等译，中国经济出版社，2002。

托马斯·K.麦克劳：《现代资本主义——三次工业革命中的成功者》，赵文书、肖锁章译，江苏人民出版社，2000。

托马斯·弗里德曼：《谢谢你迟到》，符荆捷、朱映臻、崔艺译，湖南科学技术出版社，2018。

万成林、温孝卿、邓向荣主编《市场学原理》，天津大学出版社，2004。

王兵、颜鹏飞：《技术效率、技术进步与东亚经济增长——基于 APEC 视角的实证分析》，《经济研究》2007 年第 5 期。

王春法：《国家创新体系与东亚经济增长前景》，中国社会科学出版社，2002。

王春法：《技术创新政策：理论基础与工具选择——美国和日本的比较研究》，经济科学出版社，1998。

王建宏：《韩国农地改革之再评价》，《江汉学术》2015 年第 4 期。

王侃：《略论 1949—1953 年的台湾土地改革》，《中共浙江省委党校学报》2005 年第 3 期。

王凌云：《比较利益原理合理性质疑》，《金融教学与研究》1996 年第 6 期。

维尔纳·贝尔：《巴西经济：增长与发展》，罗飞飞译，石油工业出版社，2014。

维克托·布尔默－托马斯：《独立以来拉丁美洲的经济发展》，张凡、吴洪英、韩琦译，中国经济出版社，2000。

文一：《伟大的中国工业革命——"发展政治经济学"一般原理批判纲

要》，清华大学出版社，2016。

吴洪英：《20世纪拉美土地改革的原因及影响》，《世界历史》1993年第1期。

吴敬琏：《"东亚奇迹"的政策根源和克鲁格曼教授的挑战》，《改革》1995年第2期。

徐康宁：《"中等收入陷阱"：一个值得商榷的概念》，《中国社会科学报》2012年3月26日。

徐世澄：《当代拉丁美洲的社会主义思潮与实践》，社会科学文献出版社，2012。

徐世澄：《当代拉丁美洲的社会主义思潮与实践》，社会科学文献出版社，2012。

亚当·斯密：《国民财富的性质和原因的研究》，杨敬年译，陕西人民出版社，2001。

亚历山大·格申克龙：《经济落后的历史透视》，张凤林译，商务印书馆，2009。

杨秉珣：《美国和日本的农用土地流转制度》，《世界农业》2015年第5期。

杨承训、张新宁：《科学运用"两期论"把握阶段性特征——兼析"中等收入陷阱"论的非科学性》，《政治经济学评论》2012年第1期。

杨虎涛、陈国涛：《赖纳特的演化发展经济学：理论、政策与中国意义》，《社会科学辑刊》2010年第5期。

杨虎涛、陈国涛：《新部门创生、结构变迁与经济增长——SP演化增长理论述评》，《经济学家》2010年第8期。

杨虎涛、陈国涛：《演化增长理论与内生增长理论的差异分析》，《福建论坛》（人文社会科学版）2011年第3期。

杨虎涛、徐慧敏：《第三次工业革命有何不同?》，《学习与探索》2013年第11期。

姚枝仲：《什么是真正的中等收入陷阱?》，《国际经济评论》2014年第

6 期。

尹保云：《韩国的现代化》，东方出版社，1995。

约瑟夫·E. 斯蒂格利茨：《全球化逆潮》，李杨、唐克、章添香等译，机械工业出版社，2019。

约瑟夫·E. 斯蒂格利茨、沙希德·尤素福编著《东亚奇迹的反思》，王玉清、朱文晖等译，中国人民大学出版社，2013。

约瑟夫·熊彼特：《经济发展理论》，王永胜译，立信会计出版社，2017。

约瑟夫·熊彼特：《资本主义、社会主义与民主》，吴良健译，商务印书馆，1970。

曾云敏：《重构经济发展理论的"另类教规经济学"——评〈穷国的国富论〉》，《经济社会体制比较》2007 年第 3 期。

曾昭耀：《拉丁美洲发展问题论纲——拉美民族 200 年崛起失败原因之研究》，当代世界出版社，2011。

张培刚：《农业与工业化》，中国人民大学出版社，2014。

张夏准：《富国的伪善——自由贸易的迷思与资本主义秘史》，严荣译，社会科学文献出版社，2009。

张夏准：《富国陷阱——发达国家为何踢开梯子（修订本）》，肖炼等译，社会科学文献出版社，2009。

张夏准：《经济学的谎言——为什么不能迷信自由市场主义》，孙建中译，新华出版社，2015。

张宇燕：《经济发展与制度选择——对制度的经济分析》，中国人民大学出版社，2017。

赵丽红：《"资源诅咒"与拉美国家初级产品出口型发展模式》，当代世界出版社，2010。

郑秉文主编《中等收入陷阱：来自拉丁美洲的案例研究》，当代世界出版社，2012。

中国科学技术信息研究所、联合国教科文组织：《世界科学报告（1993）》，科学技术文献出版社，1995。

中国社会科学院"国际金融危机与经济学理论反思"课题组、刘迎秋：《国际金融危机与新自由主义的理论反思》，《经济研究》2009 年 11 期。

朱继东：《查韦斯的 21 世纪社会主义》，社会科学文献出版社，2013。

朱新方、贾开芳：《对日本、韩国、俄罗斯农用土地制度改革的点评与思考》，《调研世界》2005 年第 1 期。

Badunenko, Oleg, Mozharovskyi, Pavlo, "Nonparametric Frontier Analysis Using Stata", *The Stata Journal*, 3（2016）.

Barro, Robert J., Sala-I-Martin, Xavier, *Economic Growth*, New York, McGraw-Hill, 1995.

Cooper, W.W., Seiford, L.M., and Tone, A., *Introduction to Data Envelopment Analysis and Its Uses*, Springer Science Business Media, 2006.

Debreu, G. "The Coefficient of Resource Utilization", *Econometrica*, 19（1951）.

Dodgson, Mark, Bessant, John, *Effective Innovation Policy*, International Thomson Business Press, 1996.

Fare, R., Grosskopf, S., "Anonparametric Cost Approach to Scale Efficiency", *Scandinavian Journal of Economics*, 1 December 1985.

Farrell, M.J., "The Measurement of Productive Efficiency", *Journal of the Royal Statistic Society*, Series A, CXX, Part 3, 1957.

Ferguson, John M., *Landmarks of Economic Thought*, New York, 1939.

Freeman, C., Soete, Luc., *The Economics of Industrial Innovation*, MIT press, 1982.

Friedman, Milton. *Essays in Positive Economics*, Chicago, 1953.

Hodgson, G.m., "Darwinism in Economics: from Analogy to Ontology", *Journal of Evolutionary Economics*, （2002）, 12.

Hodgson, G.M., *Evolution and Institution: On Evolutionary Economics and the Evolution of Economics*, Cheltenham, UK: Edward Elgar, 1999.

Ji, Y., Lee, C., "Data Envelopment Analysis", *The Stata Journal*, 2

（2010）.

Katz, Jorge. , "Market-oriented Reforms, Globalization and the Recent Transformation of Latin American Innovation Systems", Oxford Development Studies, 2010.

Katz, Jorge. , "The Limits of Prevailing Orthodoxy", The Present Paper for the Druid Summer Conference to be Held in Aalbog, Denmark, in June 2004.

Kumar, S. , Russell, R. R. , "Technological Change, Technological Catch-up, and Capital Deepening: Relative Contributions to Growth and Convergence", *The American Economic Review*, 3 （2002）.

Lee, C. , Ji, Y. , "Data Envelopment Analysis in Stata", DC09 Stata Conference, 2009.

Maros, Istvan, *Computational Techniques of the Simplex Method*, Kluwer Academic Publishers, 2003.

Mowery, David C. , Nelson, Richard R. , *Sources of Industrial Leadership : Studies of Seven Industries*, New York: Cambridge University Press, 1999.

Nelson, Richard R. , Winter, Sidney G. , "An Evolutionary Theory of Economic Change", *Administrative Science Quarterly*, 2 （1982）, 32.

Nelson, Richard R. , "The Role of Knowledge in R&D Efficiency", *The Quarterly Journal of Economics*, 1982.

Nelson, Richard R. , *Understanding Technical Change as an Evolutionary Process*, Elsevier Science Publishers B. V. , 1987.

Prebisch, Raúl. , "The Economic Development of Latin America and Its Principal Problems", *Economic Bulletin for Latin America* 7 （1962）, No. 1.

Rodríguez, Francisco, Rodrik, D. , "Trade Policy and Economic Growth: A Skeptic's Guide to the Cross-National Evidence", NBER Macroeconomics Annual, April 1999.

Rodrik, D. , "Industrial Policy: Don't Ask Why, Ask How", *Middle East Development Journal*, 1 （2009）.

Rodrik, D. , "Why do More Open Economies Have Bigger Governments?", CEPR Discussion Papers, 1996.

Rosenberg, N. , *Inside the Black Box*, The MIT press, 1982.

Rosenberg, N. , Nelson, R. R. , American University and Technical Advance in Industry. *Research Policy*, 23 (1994).

Rothwell, Roy, *Industrial Innovation: Success, Strategy*, Trends, in Mark, Dodgson and Rothwell, Roy, eds. , *The handbook of industrial innovation*, Edward Elgar, 1994.

Saavedra-Rivano, Neantro, Mark "From Promising Beginning to Divergent Paths: Brazils and Korea", in Hosono, Akio and Saaveda-Rivano, Neantro, eds. , *Development Strategies in East Asia and Latin America*, Macmillan, 1998.

Sarewitz, Daniel, Nelson, R. R. , "Progress in Know-How: Its Origins and Limits", *Innovations: Technology, Governance, Globalization*, 1 (2008).

Schmookler, J. , *Invention and Economic Growth*, Harvad University Press, 1966.

Tedesco, Juan Carlos, "Trends and Prospects in the Development of Higher Education in Latin America and the Caribbean", United Nations Educational, Scientific and Cultural Organization, Paris, 15 June 1983.

UNESCO, *UNESCO Science Report* 1993, UNESCO Publishing, 1993.

UNESCO, *UNESCO Science Report* 2005, UNESCO Publishing, 2005.

UNESCO, *UNESCO Science Report* 2010, UNESCO Publishing, 2010.

UNESCO, *UNESCO Science Report: Towards* 2030, UNESCO Publishing, 2015.

UNESCO, *UNESCO World Science Report* 1996, UNESCO Publishing, 1996.

Wilson, P. W. , "Testing Independence in Models of Productive Efficiency", *Journal of Productivity Analysis*, 3 (2003).

图书在版编目（CIP）数据

拉美国家的发展困境与出路：演化发展经济学的视
角／王效云著 . --北京：社会科学文献出版社，2024.
12. --ISBN 978-7-5228-4079-6

Ⅰ . F173

中国国家版本馆 CIP 数据核字第 2024JQ2999 号

拉美国家的发展困境与出路：演化发展经济学的视角

著　　者／王效云

出 版 人／冀祥德
组稿编辑／恽　薇
责任编辑／孔庆梅
责任印制／王京美

出　　　版／社会科学文献出版社·经济与管理分社（010）59367226
　　　　　　地址：北京市北三环中路甲 29 号院华龙大厦　邮编：100029
　　　　　　网址：www.ssap.com.cn
发　　　行／社会科学文献出版社（010）59367028
印　　　装／三河市龙林印务有限公司

规　　　格／开　本：787mm×1092mm　1/16
　　　　　　印　张：14　字　数：215 千字
版　　　次／2024 年 12 月第 1 版　2024 年 12 月第 1 次印刷
书　　　号／ISBN 978-7-5228-4079-6
定　　　价／89.00 元

读者服务电话：4008918866